2013 年度教育部人文社会科学研究项目"高校青年教师教学胜任力测评与发展研究"（13YJA880023）、江西省社会科学规划项目"高校中青年教师教学胜任力及其提升策略研究"（12JY04）、江西省教育科学规划专项课题"城镇化进程中县域农村教师队伍的变化特征研究"（13ZCZX00）、江西省高校人文社会科学重点研究基地"江西师范大学教师教育研究中心"成果。

当代教师若干问题研究

何齐宗　等著

中国社会科学出版社

图书在版编目（CIP）数据

当代教师若干问题研究／何齐宗等著. —北京：中国
社会科学出版社，2016.8
ISBN 978 - 7 - 5161 - 8775 - 3

Ⅰ.①当… Ⅱ.①何… Ⅲ.①教师－研究 Ⅳ.①G451

中国版本图书馆 CIP 数据核字（2016）第 196897 号

出 版 人	赵剑英	
责任编辑	许　琳	
责任校对	石春梅	
责任印制	何　艳	

出　　版	中国社会科学出版社	
社　　址	北京鼓楼西大街甲 158 号	
邮　　编	100720	
网　　址	http：//www.csspw.cn	
发 行 部	010 - 84083685	
门 市 部	010 - 84029450	
经　　销	新华书店及其他书店	

印刷装订	北京市兴怀印刷厂	
版　　次	2016 年 8 月第 1 版	
印　　次	2016 年 8 月第 1 次印刷	

开　　本	710×1000　1/16	
印　　张	16.25	
插　　页	2	
字　　数	219 千字	
定　　价	62.00 元	

凡购买中国社会科学出版社图书，如有质量问题请与本社营销中心联系调换
电话：010 - 84083683

目　　录

第一章

我国高校教师胜任力研究的进展与思考

高校教师作为一种重要的职业，其胜任力有其自身的特殊性。10年来，我国不少学者开始关注高校教师胜任力这个新的研究领域，至今已取得了许多有价值的成果。不过，该领域的研究也还存在一些不容忽视的问题。本文在分析我国高校教师胜任力研究的缘起、总结研究进展和剖析存在问题的基础上，对未来改进该领域的研究提出了若干建议。

一 高校教师胜任力研究的缘起

我国关于高校教师胜任力的研究始于 21 世纪初。这种情况并不是偶然的，它与国内外胜任力研究热潮的推动和教师胜任力研究的兴起密不可分。

（一）胜任力研究的热潮

关于胜任力的研究最早可以追溯到 20 世纪 20 年代"科学管理之父"弗雷德里克·温斯洛·泰勒（Frederick Winslow Taylor）的探索。泰勒主张管理层通过动作和时间分析员工之间业绩差异的原因，他通过"时间－动作研究"（time and motion study）将复杂的工作拆分成一系列简单的步骤，来识别不同工作活动对能力的要求。但当时他仅把人当作机器的附属物，主要关注智力和能力，忽视了人的主动性和创造性。20 世纪 50 年代，约翰·弗拉纳根（John Flanagan）也进行了相关研究，他提出了一种新的考察个体行为的方法——关键事件技术（Critical Incident Technique，CTT）。虽然弗拉纳根当时没有明确提出胜任力的概念，但为后来的胜任力研究奠定了一定的方法基础。胜任力的正式研究始于20世纪70年代。美国心理学家、哈佛大学教授戴维·麦克利兰（David McClelland）应美国国务院邀请参与设计"预测外交官实际工作绩效"的技术。经过潜心研究，他于1973年在《美国心理学家》杂志发表《测量胜任力而非智力》① 一文，首次明确提出"胜任力"的概念。他指出，学校成绩、智力、能力倾向测验不能预测职业或生活成就，主张用胜任特征测试取而代之。该文的发表成为"胜任力运动"（Competency Movement）的标志。从此，胜任力的理论研究和实际应用风靡美、英、加等西方国家。随着胜任力思想逐渐被人们所认同和接受，胜任力研究日益深化，胜任力理论不断得到发展。20世纪80年代，胜任力成为管理学、心理学、教育学等领域研究的热点问题。自20世纪90年代以来，这一理念和方法在西方国家掀起应用的狂潮，许多以胜任特征建模服务为主要业务的咨询公司开始创建，各种胜任特征模型数据和通用胜任词典也不断被开发出来。我国的相关研究起步相对较晚，始于21世纪初，公开发表的成果最早见于2001年。国内外关于胜任力的研究主要涉及胜任力内涵、胜任力特征、胜任力模型、胜任力测评等内容。

（二）教师胜任力研究的兴起

胜任力运动不仅在管理领域盛行，而且逐步被引入教育领域中。教育领域的胜任力研究最早是对教育管理者胜任力的研究。② 20世纪70年代后期，美国中学校长协会提出了校长的胜任力指标体系，旨在指导校长的选拔及其职业的发展。20世纪80年代，英国政府也开始重视胜任力研究，提出通过管理教师绩效来提高学校教育质量。到20世纪90年代初，英国又成立了"国家教育评估中心"，构建了具有英国特色的教育管理者胜任力研究模式，先后开发出侧重技能和行为、侧重职业资

---

① McClelland, D. C., Testing for competence rather than for intelligence. *American Psychologist*, 1973, 28（1）: 1 – 14.

② 罗小兰:《教师胜任力研究的缘起、现状及发展趋势》,《教育理论与实践》2007年第12期。

格、侧重素质和侧重特质的教育管理者胜任力模型。随着各国教育教学改革的不断深入，对教育管理者胜任力的研究逐步向教师胜任力研究发展。1993 年，美国学者西蒙兹（Symonds）研究了学生喜爱的教师所具有的特征。1996 年，澳大利亚国家教学委员会依据教师胜任力标准实施的全国教学质量项目中，为新教师开发设计了一个胜任力框架，提出了教师入职教学胜任力的指标。1997 年，英国学者乔丹（Jordan）对称职与不称职的教师胜任特征进行了研究，总结了两者各自的特征。2000年 6 月，Hay/Mcber 公司向美国教育与就业部提交了一份题为"高绩效教师模型"的报告，提出了高绩效教师的胜任特征群。卡比兰（Kabilan）于 2004 年提出了教师胜任力的评价标准。赫伯特·赫尼曼（Herbert. G. Heneman）和米兰诺维斯基（Milanowski）于同年提出了提高教师胜任力的战略和基于人力资源的教师绩效胜任模型。

我国学者关注教师胜任力问题始于 21 世纪初，公开发表的教师胜任力研究成果最早见于 2003 年，到 2014 年共发表论文 200 余篇，出版相关著作多部。研究的问题主要有：教师胜任力的内涵、模型与测评，教师胜任力与工作绩效的关系，教师胜任力的影响因素及提升策略等。教师胜任力的研究取向从最初的理论探索逐渐转向实证研究，从构建通用的胜任力模型转向研究具体职位的胜任力。

正是在国内外胜任力和教师胜任力研究热潮的推动下，我国有不少学者开始关注和研究高校教师的胜任力问题。

二　高校教师胜任力研究的进展

（一）研究的概况

我国关于高校教师胜任力的研究起步相对较晚，这方面的成果最早见于 2004 年，但表现出较快的发展速度。10 年来，我国关于高校教师胜任力的研究大致可分为起步和发展两个阶段。2004—2008 年属于起步阶段。在该阶段，期刊发表的论文数量较少，每年均为个位数，最高年份为 9 篇。2009—2013 年为发展阶段。这个阶段的论文有较大的增长，每年均在 20 篇以上。除论文外，在此期间还出版了两部相关著作。① 值得注意的是，这一时期还有不少研究生将高校教师胜任力作为其毕业论文的选题，10 年来共有 38 篇这方面的硕士与博士学位论文。具体情况见表 1 - 1。

表 1 - 1　　　　2004—2013 年我国高校教师胜任力研究论文统计

（单位：篇）

类别 ＼ 年份	2004	2005	2006	2007	2008	2009	2010	2011	2012	2013	小计
期刊论文	1	1	5	9	8	26	35	26	26	29	166
学位论文	0	1	0	1	5	9	4	9	6	3	38
小计	1	2	5	10	13	35	39	35	32	32	204

经过 10 年的积累和发展，高校教师胜任力研究已成为我国高等教育研究的重要课题之一，并在教师胜任力研究中占据着主导地位。从期刊发表的论文看，2004—2013 年关于教师胜任力的论文共 259 篇，其中关于高校教师胜任力的论文就有 166 篇，占总数的 64%。从学位论文看，2004—2013 年关于教师胜任力的论文共 94 篇，其中关于高校教师胜任力的论文有 38 篇，也占到总数的 40%。关于教师胜任力的期刊论文和学位论文两者合计 353 篇，其中关于高校教师胜任力的论文为 204 篇，占总数的 58%。可以预计，随着相关理论研究的不断深化和实践的不断探索，今后高校教师胜任力研究的文献数量仍将继续保持增长的态势。

（二）研究的主题

1. 高校教师胜任力的内涵界定

"胜任力"一词来源于拉丁语"competere"，意为"适当"（suit-

_____

① 两部著作分别是：林立杰：《高校教师胜任力研究与应用》，中国物资出版社 2010 年版；黄艳：《中国"80 后"大学教师胜任力评价研究》，中国社会科学出版社 2013 年版。

able）。在英文文献中，关于"胜任力"的表述有两个词汇，即 competence 和 competency，其内涵有一定的差异，但在实际使用中一般不作严格的区分。国内也有人将其译为"素质、能力、才能、资质、资格、胜任特征、胜任特质、胜任素质、受雇用能力"等，但大多采用"胜任力"的说法。迄今为止人们对胜任力概念的理解尚未达成共识，学界一般比较认同莱尔·斯潘瑟（Lyle Spencer）和西格·斯潘瑟（Sige M. Spencer）于1994年提出的定义，即胜任力是能将某一工作或组织、文化中有卓越成就者与表现平平者区分开来的个人潜在的深层次特征。它可以是动机、特质、自我形象、态度或价值观、某领域知识、认知或行业技能——任何可以被可靠测量或计数的，并且能显著区分优秀与一般绩效的个体特征。① 我国学者主要依据他们的观点对高校教师胜任力的内涵进行了探讨。邢强等提出，高校教师胜任力是指高校教师个体所具备的、与实施成功教学有关的一种专业知识、专业技能和专业价值观。② 徐智华等指出，高校教师胜任力是指能将高校教师岗位上有卓越成就与表现平平者区分开来的个人潜在的、深层次的特征，它包括动机、特质、自我形象、态度或价值观、某领域知识、认知或行为技能——任何可以被可靠测量计数的并且能显著区分为优秀与一般绩效的个体的特征。③ 黄艳认为，高校教师胜任力是将成功实施大学教育教学与科研服务等职业活动需要具备的专业知识、专业能力、专业价值观与个人特质等用行为方式描述出来，并且这些行为方式是可指导、可观察和可衡量的。④ 关于高校教师胜任力内涵的具体表述存在一定的差异，但也具有一致性。一般都认同以下观点：首先，高校教师胜任力关系到高校教师能否成功履行其职能；其次，它是专业知识、专业能力、专业价值观和个人特质等特征的综

① Lyle M. Spencer, Sige M. Spencer：《才能评鉴法：建立卓越的绩效模式》，魏梅金译，汕头大学出版社2003年版，第5页。

② 邢强等：《未来教师胜任力测评：原理和技术》，《开放教育研究》2003年第4期。

③ 徐智华等：《高校教师胜任力模型研究述评》，《现代教育科学》2012年第5期。

④ 黄艳：《中国"80后"大学教师胜任力评价研究》，中国社会科学出版社2013年版，第32—33页。

合表现；再次，这些特征可以被测量。

2. 高校教师胜任力模型的构建

胜任力模型（Competency Modle）是指担任某一特定的任务角色需要具备的胜任特征的总和，它是针对特定职位表现要求而组合起来的一组胜任特征。胜任力模型为某一特定组织、工作或角色提供了一个成功模型，反映了某一既定工作岗位中影响个体成功的所有重要的行为、技能、知识和个人特质等。[①] 近年来，我国已有不少人尝试构建高校教师的胜任力模型，其中代表性的成果见表1－2。

表1－2　　　　　　　高校教师胜任力模型构建的代表性成果一览

研究者	研究方法	研究结论
汤舒俊等（2010）	行为事件访谈法、问卷调查法	高校教师胜任力包括4个维度和22个指标：人格魅力（为人师表，求实创新，对高教事业的热爱，奉献精神，善于学习，进取意识，开放性）；学生导向（关爱学生，对学生负责，全面培养学生，及时解决学生困难，和谐的师生关系，建设性地指导学生）；教学水平（丰富的教学经验，优秀的教学策略，良好的教学组织能力，专业基础扎实，高学历）；科研能力（良好的学术声誉，广泛的学术人脉，掌握学科前沿动态，良好的科学与人文素质）
林立杰（2010）	文献法、访谈法、行为事件访谈法、问卷调查法	高校教师胜任力由3族和36项要素组成：个性要素族（身体适应能力，责任心，独立性，自信心，自控力，移情能力，变革性，坚忍性，恃强性，成就动机）；必备知识族（专业知识，理论知识，环境知识，组织知识）；工作技能和综合能力族（学习能力，语言表达能力，创新能力，信息采集能力，指导能力，解决问题能力，解决冲突能力，应变适应性，提供与反馈能力，影响他人能力，综合分析能力，动手能力，团队合作能力，自我发展能力，定量分析能力，前瞻性思维能力，关系构建能力，倾听能力，理解能力，逻辑思维能力，观察能力，发散思维能力）
谢晔等（2010）	关键行为事件访谈法、问卷调查法	民办高校教师胜任力包括5个维度和15个指标：知识素质（专业理论知识，专业实践知识，教育理论知识）；能力素质（课堂教学能力，课堂管理能力，学习能力）；服务素质（敬业精神，尊重关爱学生，责任感）；人格特质（自我认同，自我激励，教学效能感）；情感特征（宽容，情绪稳定，挫折容忍）

[①] 霍晓丹：《高校辅导员的素质标准与开发——基于胜任力模型的分析》，北京大学出版社2013年版，第18页。

续表

研究者	研究方法	研究结论
方向阳 (2011)	行为事件访谈法、问卷调查法	高职院校专业教师胜任力包括6个维度和28个指标：自我管理（应变能力，调控能力，组织协调能力，学习能力，成就感，善于总结）；科技素养（科研能力，科研成果转化能力，技术研发能力，开拓创新能力，实践探索能力）；教学能力（语言表达能力，职教理念和方法，多种教育教学方法，专业知识，指导实践教学）；工作态度（换位思考，尊重学生，亲和力，职业道德与素养）；实践能力（技能专长，社会实践经验，企业工作经历，技能证书获取）；职业素养（事业心和责任心，自信心，进取精神，奉献精神）
牛端等 (2012)	O＊NET工作分析法	高校教师胜任特征包括8个指标：创新，批判性思维，教学策略，专注，社会服务意识，逻辑分析能力，成就欲和尊重他人
陈红敏等 (2012)	行为事件访谈法、问卷调查法	高校优秀青年教师胜任力包括8个指标：教学技能，专业知识，调控能力，职业素质，工作态度，师生沟通，育人能力，成就动机
许安国等 (2012)	行为事件访谈法、问卷调查法	研究型大学教师胜任力包括4个维度和18个指标：基本素质（分析问题的能力，良好的沟通能力，较强的信息搜索能力，良好的学习能力，良好的观察力和洞察力）；教学能力（亲和力、与学生关系融洽，知识的共享和传授，良好的组织能力，明确的教学目标）；专业知识（先进的教育理念，不断更新教学内容，扎实的本学科知识，掌握本学科的前沿理论）；科研能力（为科学研究奉献的精神，良好的批判性思维，良好的科学道德，研究的持久性和专注性，创新性思维）
黄艳 (2013)	层次分析法、访谈法、问卷调查法、德尔菲法	高校教师胜任力包括5个维度和19个指标：教育教学胜任力（师生关系，课堂教学，指导实验与实习，指导课程设计与毕业设计，教学建设与研究，学生成就）；科学研究胜任力（科研项目与经费，科研成果与奖励，科研合作与共享）；社会服务胜任力（参与大学或学院公益工作，参与服务企业或其他社会机构，参与本学科相关社会学术活动）；师德修养胜任力（政治思想品德，职业道德规范，学术道德规范）；素质发展胜任力（知识素质，技能素质，身心素质，自我发展意识与能力）

以上所列高校教师胜任力模型基本上反映了我国高校教师胜任力模型研究的现状。它们多数是高校教师通用性胜任力模型，同时也有研究型大学教师、高校青年教师、民办高校教师、高职院校专业教师等不同类型和层次高校教师的胜任力模型。这些胜任力模型从内容看有详有略，具体的维度和指标也有多有少。各种胜任力模型既有共同之处，又各具特色，表现出高校教师胜任力模型的丰富性与多样性。

3. 高校教师胜任力的现状调查

在高校教师胜任力的研究中，关注高校教师胜任力现状的学者还不多。林立杰的调查结果显示，高校教师的个性要素中除独立性和恃强性①总体水平偏低外，其余要素都处于中等偏上水平；必备知识中理论知识水平较高，但专业知识、环境知识和组织知识水平较低；工作技能与综合能力中有 14 项，即应变适应能力、提供与反馈能力、语言表达能力、自我发展能力、倾听能力、定量分析能力、理解能力、团队合作能力、解决冲突能力、综合分析能力、解决问题能力、动手能力、学习能力、观察能力处于较高水平，而思维能力和创新能力总体水平偏低。② 黄艳对高校青年教师的调查发现：教师教育教学胜任力评价指标中绩效表现优秀的人数占调研样本总数的比例为16.8%、良好者占 34.3%、合格者占 32.1%、基本合格者占 13%、不合格者占 3.8%；科学研究胜任力中绩效表现优秀的人数占调研样本总数的比例为 45%、良好者占 19.1%、合格者占 14.5%、基本合格者占 18.3%、不合格者占 3.1%；社会服务胜任力中绩效表现优秀的人数占调研样本总数的比例为 13%、良好者占 19.8%、合格者占29.8%、基本合格者占 18.3%、不合格者占 19.1%；师德胜任力中绩效表现优秀的教师人数占调研样本总数的比例为 55.7%、良好者占19.1%、合格者占 12.2%、基本合格者占 7.7%、不合格者占 53%；素质发展胜任力中绩效表现优秀的教师人数占调研样本总数的比例为3.8%、良好者占 31.3%、合格者占 38.9%、基本合格者占 16.8%、不合格者占 9.2%。青年教师胜任力的综合评价结果是：绩效表现优秀的教师人数占调研样本总数的比例为 9.9%、良好者占 26%、合格者占 38.1%、基本合格者占 22.2%、不合格者占 3.8%。③ 以上研究结果表明，当前我国高校教师的胜任力状况还不能令人满意，有较多指标的水平偏低或处于基本合格及不合格状态。

---

① 作者所说的"恃强性"指一个人试图影响他人的倾向水平。

② 林立杰：《高校教师胜任力研究与应用》，中国物资出版社 2010 年版，第 54—57 页。

③ 黄艳：《中国"80 后"大学教师胜任力评价研究》，中国社会科学出版社 2013 年版，第 77—193 页。

4. 高校教师胜任力提高策略

高校教师的胜任力是不断发展的，但是这种发展不会自动、自然地发生，而是有意识地付出切实努力的结果。林立杰通过调查发现，高校教师胜任力的提高主要靠工作中的经验积累和自我学习，学习的途径主要是自我分析和反思、阅读专业资料、在指导别人中学习和参加培训等，以团队或项目组的方式工作和参加国内外学术会议也是高校教师学习提高的重要途径。她还进一步提出，组织在高校教师的学习过程中具有重要的作用，建议高校提供适当的产生学习需要的外部刺激、采取激励措施使学习需求变成现实的学习行为、创造条件协助个体采用有效的学习途径、提供有效的引导及培训。① 黄艳就提升高校青年教师的胜任力提出了如下策略：创新制度环境，重构评价理念；增加资源投入，改变培育模式；规范场域秩序，完善评价体系；立足专业发展，规划职业生涯；把握关键指标，突破成长"瓶颈"；巩固优势因素，填补劣势环节。② 郑洁等人针对高校青年教师胜任力存在的问题提出了如下提升路径：建构青年教师实践性知识，加快知识更新速度；培养青年教师反思能力，提升教学水平；构筑青年教师学习共同体，提高科研能力；树立正确的职业价值观，坚定职业信念；历练青年教师职业韧性，增强抗压能力。③

5. 高校教师胜任力应用研究

高校教师胜任力研究的主要目的在于改善高校的教师管理和促进教师的专业发展。为此，近年来有不少学者关注高校教师胜任力的应用研究，研究的问题主要包括以下方面：

（1）高校教师胜任力与高校教师的选聘制度

李巧林等针对高校教师招聘中存在的问题，以及基于胜任力评价

① 林立杰：《高校教师胜任力研究与应用》，中国物资出版社 2010 年版，第 100—104 页。

② 黄艳：《中国"80 后"大学教师胜任力评价研究》，中国社会科学出版社 2013 年版，第 268—272 页。

③ 郑洁等：《我国高校青年教师胜任力发展的困境与提升路径》，《现代教育管理》2013 年第 6 期。

的教师招聘与传统教师招聘的比较，将胜任力模型的研究成果引入到高校教师的招聘中。他认为，在教师招聘中不仅应考虑应聘者的学历和智力，更应考察其胜任力水平；不仅要考察其知识和技能等容易了解与测量的外在表现，更应关注其动机、特质、自我形象、态度或价值观等内在的、难以测量的部分。[①] 吴树勤运用层次分析法探讨了基于胜任力模型的高校教师招聘问题。他将高校教师招聘过程中对应聘者的胜任特征进行分类，把一级指标确定为 4 个，即知识素质、能力素质、职业个性和求职动机。其中知识素质和能力素质属于表层素质，职业个性和求职动机属于深层素质。4 个一级指标的重要性程度不同，按重要性排序依次是求职动机、职业个性、能力素质和知识素质。根据所设计的胜任力模型和各个一级指标的权重，可以求得应聘者胜任力的得分，再根据其胜任力的得分决定是否予以录用。[②] 胡晓军的研究指出，在知识素质、能力素质和人格素质中，人格素质对高校教师的岗位胜任力起着更重要的深层作用，即高人格素质的教师在工作岗位上表现得更为出色，更有发展潜力，而知识素质对高校教师的岗位胜任力只起着表层的作用。知识丰富、专业能力强的人不一定是教师岗位的卓越胜任者，还应具备正面积极的人格素质。因此，高校在选聘教师，尤其是关键岗位的高校教师时，应加强人格素养的评价和考察。[③]

（2）高校教师胜任力与高校绩效管理策略

徐木兴将胜任力理论引入高校的绩效管理中，并提出了相应的策略建议。他认为，基于教师胜任力的高校绩效管理主要是通过将教师个体目标和高校组织目标合理契合，不断获取、使用、激励和开发教师个体的胜任力，以提高教师个体的绩效，进而实现高校组织发展目标的一个循环往复的过程。这个过程包括绩效计划、绩效辅导、绩效

---

① 李巧林等：《基于高校教师胜任力的选聘研究》，《科技创业月刊》2009 年第 2 期。

② 吴树勤：《层次分析法在高校教师招聘胜任力模型建构中的应用》，《科技管理研究》2011 年第 3 期。

③ 胡晓军：《高校教师岗位胜任力的评价方法研究及其应用》，《理工高教研究》2007 年第 3 期。

考核和绩效反馈四个步骤，并通过绩效沟通来实现绩效管理的目标。与传统的高校绩效管理相比，基于教师胜任力的高校绩效管理不仅有利于提升教师的主动性和绩效水平，而且能使教师与学校的愿景实现科学契合，从而保证学校的有效发展。① 林立杰在分析高校传统的教师考核方式存在的问题的基础上，提出了基于胜任力模型的高校教师绩效管理办法。具体做法是：首先将高校教师胜任力要素的层级标准进行客观量化，以便对各岗位的绩效考核结果进行准确评价；其次要建立量化考评体系，通过量化考核来核查教师实际完成的工作结果，通过综合评价指出教师需要改进的地方，通过胜任力模型评价分析教师胜任力水平的实际差距。再次，在绩效考核过程中，要建立与胜任力模型相配套的工作绩效信息采集系统，只有如实统计工作信息和绩效结果才能顺利实施客观的量化考评。②

（3）高校教师胜任力与教师工作绩效的关系

宋倩对高校教师胜任力与工作绩效进行了研究，她采用的测量工具是高校教师胜任力量表和教师工作绩效量表，前者包括 5 个分量表，即认知胜任力、人际互动、成就特征、师德特征和知识技能，后者包括任务绩效和情境绩效两个分量表，其中情境绩效分量表又包括人际促进和工作奉献两个分量表。她的研究表明：第一，认知胜任力与工作绩效中的三个维度的关系都不显著；第二，人际互动对工作绩效中的任务绩效有直接显著正向预测作用，对人际促进有间接显著正向预测作用，对工作奉献既有直接显著正向预测作用，也有间接显著正向预测作用；第三，成就特征、接纳特征、知识技能对任务绩效有直接显著正向预测作用，对人际促进和工作奉献有间接显著正向预测作用；第四，师德特征对人际促进有直接和间接显著正向预测作用，对工作奉献有直接显著正向预测作用，而与任务绩效的关系不显著。③

---

① 徐木兴：《基于教师胜任力的高校绩效管理策略》，《继续教育研究》2010 年第 7 期。

② 林立杰：《高校教师胜任力研究与应用》，中国物资出版社 2010 年版，第 112—114 页。

③ 宋倩：《高校教师胜任力与工作绩效关系研究》，《广西教育》2012 年第 19 期。

涂云海具体研究了高职院校专业课教师胜任力与绩效的关系。其研究结论是：高职院校专业课教师的核心胜任力模型包括行事风格、双师特有素质、专业知识与技能、自我意象、追求卓越、沟通与交往等 6 项胜任特征。这 6 项胜任特征与其任务绩效都有正相关，而且多数相关显著；专业课教师的双师特有素质在一定程度上可以预测专业课教师的任务绩效，对其任务绩效有积极影响。另外，在高职院校中，专业课教师的利他、尽职、树立学校形象、谦恭等 4 个组织公民行为维度与其任务绩效都存在正相关。[①] 陈植乔探讨了民办高校教师胜任力与工作绩效的关系。他的研究表明，民办高校教师的胜任力与工作绩效呈极显著的正相关；专业知识与技能、沟通与交往和双师特有素质三个胜任特征分别对工作绩效的任务绩效、人际促进和工作奉献三个维度有重要的影响。双师特有素质对民办高校教师的整体工作绩效有重要影响，在一定程度上可以预测专业课教师的工作绩效。[②]

（4）高校教师胜任力与教师薪酬体系的建立

目前我国高校多实行双轨制的薪酬体系，由国家事业单位的工资体系和校内岗位津贴制度两部分构成，这种体系是基于助教、讲师、副教授、教授四级岗位的薪酬体系，忽视了教师胜任力指标。有鉴于此，谢攀峰提出了基于胜任力的高校教师薪酬体系的构想。他认为，实施基于胜任力的高校教师薪酬体系，首先要建立高校教师的胜任力模型，其次要对胜任力进行定价，再次要建立薪酬结构，最后是评估教师胜任力，确定其薪酬水平。作者指出，随着社会对教师专业化程度的要求越来越高，以教师所具备的知识、技能、能力和行为特征能否带来优秀的工作业绩，即是否具有胜任力为测量依据，设计一套能够体现"优劳优酬""优绩优酬"的高校教师薪酬体系，才能真正激

---

① 涂云海：《高职院校专业课教师胜任力与绩效的关系》，《黑龙江高教研究》2010年第 9 期。

② 陈植乔：《民办高校教师胜任力与工作绩效关系研究》，《中国成人教育》2012 年第 9 期。

励教师的理论创新、教育教学和科研能力的提高。[①] 王金凤探讨了以绩效为核心的高校教师胜任力薪酬模式，其基本措施：一是强化职务要素和技能要素，适度体现绩效要素；二是引进宽带薪酬做法。宽带薪酬是指把传统薪酬结构中分为几个甚至十几个级别的层次划分到同一级别中，同时拉大每一个薪酬级别内部薪酬浮动的范围，这样可以使高绩效的普通工作者享受到与管理者同样甚至更高的薪酬；三是建立针对各个教职工不同特点的绩效考核制度。[②]

三　高校教师胜任力未来研究的思考

我国高校教师胜任力的研究虽然已历经十年，但总体水平还不高，尚有较大的提升空间。在未来的研究中，应不断拓展研究的视野，对一些基本问题的认识需要进一步深化，研究方法也需要不断予以改进。

（一）拓展研究视野

从现有成果看，大多局限于建立高校教师通用的胜任力模型，而针对不同具体情况的高校教师胜任力的研究相对不足。

众所周知，高校可以分为不同的类型和层次，如研究型高校、教学研究型高校与教学型高校，综合性高校与单科性高校，公办高校与民办高校，本科高校与专科高校，等等。不同类型和层次高校的任务与职能不尽相同，其教师的胜任力也无疑有其自身的特点，需要进行专门的研究。同样的道理，高校教师不同的专业发展阶段或任教不同学科（专业）的教师，其胜任力也有各自的差异，也需要进行有针对性的研究。

一般认为，高校教师具有教学、科研和社会服务等多种职能，因此在研究其胜任力时应同时予以兼顾，即应研究其通用性的胜任力。

①　谢攀峰：《基于胜任力的高校教师薪酬体系初探》，《广西财经学院学报》2009 年第 1 期。

②　王金凤：《我国高校教师的胜任力薪酬管理》，《河南科技》2009 年第 11 期。

但从实际情况看，高校教师的多种职能并非等量齐观，而是有所侧重，有的以教学为主、有的主攻科研、有的偏重社会服务。教师职能的差异对其胜任力的要求自然有不同之处。这就要求我们在研究高校教师胜任力时，除探讨其通用性的胜任力外，也应分别研究其教学胜任力、科研胜任力和社会服务胜任力。

现有研究主要关注的是高校教师的通用性胜任力，而从以上其他视角探讨高校教师胜任力的成果则较少见到。在今后的研究中，除要继续深化高校教师通用性胜任力的研究外，还应加强分门别类的研究，以建立更具有针对性的高校教师胜任力模型。

此外，关于高校教师的核心胜任力或关键胜任力、高校教师胜任力的影响因素及高校教师胜任力与其他各种有关变量之间的关系等，也有待关注和研究。

（二）深化研究内容

调查统计发现，在期刊发表的论文中，第一作者出现 2 次及以上的只有 13 人，占 9%；其中出现 2 次的 11 人，出现 3 次和 5 次的各 1 人；只发表 1 篇论文的作者为 136 人，比例高达 91%。这反映出我国高校教师胜任力研究的作者非常分散，缺乏持续的关注，研究不够系统、不够深入。统计分析还发现，发表在核心期刊的论文所占比例明显偏低，尚不足 20%。以上情况在一定程度上反映出该领域研究的质量有待提高。

概念的界定是任何一项研究首先需要面对和解决的问题。关于高校教师胜任力的内涵理解虽然取得了一些共识，但也还存在着一定的分歧。概念界定的多样性反映了研究者对胜任力内涵与外延理解的不一致。未来关于高校教师胜任力的研究，需要进一步加强概念的整合。

现有的高校教师胜任力模型与中、小学教师胜任力模型相比，没有体现出高校教师的独特品质。国外已有一些学者对这种差异进行了分析，Marston（2005）等人的研究表明，高校教师尽管对其教学的社会目标同样重视，但更加注重于学术成果。同中学、小学教师相比，高校教师更重视学生的独立性和良好工作习惯的培养，并具有更高的期望值。Mizelle（2005）指出，高校教师的亲和力往往较中学、小学教师低。① 今后我国高校教师胜任力模型的研究应体现高校教师胜任力的特色，要与其他层次学校教师的胜任力相区分。

研究高校教师胜任力的主要目的之一是为了提高高校教师的工作绩效，但目前有不少研究忽视了高校教师胜任力要素与工作绩效的关系。今后的研究除继续深化高校教师胜任力的结构要素及其特征以外，还应进一步探讨这些要素、特征与工作绩效的关系。②

（三）优化研究方法

当前高校教师胜任力的研究多属理论研究，而实证研究则偏少，使得研究成果的信度和效度及提出的策略的针对性和可行性都有差距。近几年这种情况虽然有所改观，但仍然不足。在高校教师胜任力的研究中，应当将理论研究与实证研究结合起来，尤其应当重视规范的实证研究。在现有的实证研究中，普遍存在调查样本数量偏小，样本缺少代表性的问题。从期刊发表的论文看，问卷调查的对象绝大多数局限于某个省，甚至只是某个城市，只有极少数研究是从不同省份或城市抽取调查对象；调查的样本中学校偏少，大多数为 5 所左右，有相当一部分只是 1 所高校，有的甚至只局限于某所高校的部分学院乃至某一个学院；问卷调查的被测试人数也偏少，调查的平均人数为300 名左右，有一部分为 100 名以下，最少的只有 30 余名。这种情况在较大程度上影响了高校教师胜任力模型的信度和效度。

在构建高校教师胜任力模型时，人们大多采用行为事件访谈法（BEI）来作为一种定性与定量相结合的胜任力提取的方法。BEI 法具有诸多优点，如能够鉴别优秀者与一般者的区分性胜任力，获得的行为描述具有较强的现实功用等，但是这种方法也有局限性：过程复

---

① 龙永保：《我国高校教师胜任力研究溯源与进展》，《中国电力教育》2009 年第 5 期。

② 罗小兰：《教师胜任力研究的缘起、现状及发展趋势》，《教育理论与实践》2007 年第 12 期。

杂、工作量大、样本量受到严格限制、对访谈主持人要求高、无法提取通用性胜任力等。为了使研究结果更能被广泛接受，应注重多种方法的综合运用和最优搭配。例如工作日志法是前期资料收集的有效途径，BEI 法和结构化访谈是构建初始胜任力的较好选择，小组讨论快速便捷，问卷调查则是大样本验证模型信效度的较好方法。① 今后还要进一步关注高校教师胜任力模型的验证方法。目前对高校教师胜任力模型的检验主要采用探索性因素分析或验证性因素分析对模型内部结构进行检验。在未来的研究中要丰富高校教师胜任力模型的验证方法，应适当增加外部变量；要研究高校教师胜任力模型与这些外部变量的关系，从而检验胜任力模型本身的结构。②

此外，在一些研究中存在简单移植和套用西方有关教师胜任力研究方法的现象。今后在研究中，应在借鉴国外相关理论与方法的基础上，紧密结合我国的实际情况，设计出适合我国高校教师胜任力的模型和相应的测量工具。

（执笔：何齐宗）

附录一　我国教师胜任力主要文献缩引
（2003—2014 年）

（一）2003 年

邢强等：《未来教师胜任力测评：原理和技术》，《开放教育研究》2003 年第 4 期。

---

① 龙永保：《我国高校教师胜任力研究溯源与进展》，《中国电力教育》2009 年第 5 期。

② 罗小兰：《教师胜任力研究的缘起、现状及发展趋势》，《教育理论与实践》2007 年第 12 期。

（二）2004 年

1. 程凤春：《学校管理者胜任力研究及其成果应用》，《比较教育研究》2004 年第 3 期。

2. 黄专途等：《高职教师胜任特征与其绩效关系的研究》，《浙江工贸职业技术学院学报》2004 年第 4 期。

3. 徐建平：《教师胜任力模型与测评研究》，博士学位论文，北京师范大学，2004 年。

4. 韩曼茹：《中学班主任胜任力研究》，硕士学位论文，山西大学，2004 年。

（三）2005 年

1. 高田钦：《基于胜任力的高校教师评价探究》，《安徽工业大学学报》（社会科学版）2005 年第 1 期。

2. 李英武等：《中小学教师胜任特征的结构维度》，《首都师范大学学报》（社会科学版）2005 年第 4 期。

3. 段华平：《胜任特质理论及其在构建高校教师评价体系中的应用研究》，硕士学位论文，江西师范大学，2005 年。

（四）2006 年

1. 徐建平等：《中小学教师胜任力模型：一项行为事件访谈研究》，《教育研究》2006 年第 1 期。

2. 陈虹等：《学校心理健康教育教师的胜任力探析——以福建省为例》，《教育评论》2006 年第 1 期。

3. 舒莹：《教师胜任力研究综述》，《韩山师范学院学报》2006 年第 2 期。

4. 吴贵明：《高职高专教师胜任力的培养》，《福建商业高等专科学校学报》2006 年第 2 期。

5. 高田钦：《基于胜任力的高校教师评价探究》，《中国高等教育评估》2006 年第 2 期。

6. 王昱等：《高校教师胜任特征的结构维度》，《高教探索》2006年第4期。

7. 李英武等：《中小学教师胜任特征的结构维度》，《首都师范大学学报》（社会科学版）2005年第4期。

8. 胡孝德等：《高职院校辅导员胜任力研究综述》，《湖州职业技术学院学报》2006年第4期。

9. 俞来德等：《高校师资管理方式的新思路——关于运用胜任力模型进行师资管理的思考》，《江西金融职工大学学报》2006年第4期。

10. 焦伟红：《高职院校教师胜任力初探》，《河南职业技术师范学院学报》（职业教育版）2006年第6期。

11. 李骥昭等：《高等职业院校教师胜任力评价研究》，《科技信息》（学术研究）2006年第10期。

12. 张议元等：《高职院校教师胜任特征研究》，《中国市场》2006年第36期。

13. 李秋香：《高中化学教师胜任特征模型及其测评体系的初步建构》，硕士学位论文，湖南师范大学，2006年。

（五）2007年

1. 刘钦瑶等：《教师胜任力研究述评》，《高等工程教育研究》2007年第1期。

2. 余新丽等：《胜任力：高校就业指导教师研究的新视角》，《高等工程教育研究》2007年第1期。

3. 秦旭芳等：《幼儿教师胜任特征结构探析》，《沈阳师范大学学报》（社会科学版）2007年第2期。

4. 张俊友：《从"教师胜任力"的视角对我国教师资格认定的反思》，《江西教育科研》2007年第2期。

5. 胡晓军：《高校教师岗位胜任力的评价方法研究及其应用》，《理工高教研究》2007年第3期。

6. 苏晓红：《高职院校教师胜任力初探——以黔东南民族职业技

术学院为例》,《南宁职业技术学院学报》2007 年第 4 期。

7. 姜睿馨:《高校教师胜任力评价探究》,《长春工业大学学报》(高教研究版) 2007 年第 4 期。

8. 彭丽云:《教育见习与师范生职前专业胜任力的提升》,《桂林师范高等专科学校学报》2007 年第 4 期。

9. 曾玲娟:《学校心理健康教育教师胜任力培养初探》,《心理科学》2007 年第 4 期。

10. 王玉芬:《关于教师胜任力的两种不同观点的分析》,《呼伦贝尔学院学报》2007 年第 5 期。

11. 王丽平等:《综合评价高校教师岗位胜任力的方法研究》,《天津理工大学学报》2007 年第 5 期。

12. 林日团等:《高校中层管理干部胜任力模型的初步建构》,《心理科学》2007 年第 6 期。

13. 刘凤英等:《基于胜任力的高校教师培训体系》,《技术经济》2007 年第 9 期。

14. 罗小兰:《教师胜任力研究的缘起、现状及发展趋势》,《教育理论与实践》2007 年第 12 期。

15. 闫华飞等:《高校教师胜任力评价探析》,《当代经济》2007 年第 18 期。

16. 杨晓辉:《论胜任特征模型在高校教师评价中的应用》,《教育与职业》2007 年第 24 期。

17. 任嵘嵘等:《河北省高校教学型教师胜任力模型》,《中国教师》2007 年第 S1 期。

18. 王七林:《基于胜任力的中学教师校本培训研究》,硕士学位论文,苏州大学,2007 年。

19. 陈虹:《学校心理健康教育教师胜任力研究》,硕士学位论文,福建师范大学,2007 年。

20. 宋晓芳:《高校教师教学胜任力模型研究》,硕士学位论文,华中科技大学,2007 年。

21. 雷鸣:《广州市中学教师胜任特征初探》,硕士学位论文,暨南大学，2007 年。

22. 寇阳：《中小学教师胜任特征的课堂行动研究》，硕士学位论文，暨南大学，2007 年。

23. 朱晓颖：《幼儿教师胜任力问卷的编制及初步运用》，硕士学位论文，江西师范大学，2007 年。

（六）2008 年

1. 李玉华等：《国内外教师胜任力研究比较及思考》，《辽宁教育研究》2008 年第 1 期。

2. 刘先锋：《高校教师胜任力及其发展策略初探》，《中国成人教育》2008 年第 1 期。

3. 王黎华等：《基于胜任特征的教师资格认证的初步探索》，《教育测量与评价》（理论版）2008 年第 2 期。

4. 金洁：《基于教师胜任力模型的民办中小学教师招聘》，《四川职业技术学院学报》2008 年第 3 期。

5. 王婷婷：《我国高校教师胜任力探析》，《消费导报》2008 年第 3 期。

6. 徐鹏等：《高校教师胜任力研究述评》，《西北医学教育》2008 年第 4 期。

7. 王强等：《幼儿教师胜任力模型之构建》，《上海教育科研》2008 年第 4 期。

8. 曲海英等：《临床教师胜任特征结构模型的研究》，《中国高等医学教育》2008 年第 6 期。

9. 曲海英等：《临床教师胜任特征的成分分析研究》，《中国卫生事业管理》2008 年第 6 期。

10. 牛端等：《高校教师胜任特征：O * NET 工作分析研究》，《教师教育研究》2008 年第 6 期。

11. 张庆等：《研究型大学教师胜任力研究述评》，《中国校外教育（理论）》2008 年第 6 期。

12. 罗洪兰等：《远程教育专职教师胜任力的研究》，《中国电化教育》2008 年第 9 期。

13. 秦旭芳等：《幼儿教师胜任力的特点与类型》，《学前教育研究》2008 年第 9 期。

14. 王正东：《远程教师的胜任力模型及其应用意义研究》，《电化教育研究》2008 年第 10 期。

15. 姚恩菊等：《中学教师胜任力对职业压力应对策略的影响研究》，《继续教育研究》2008 年第 12 期。

16. 范张淑等：《幼儿教师胜任力行为情景判断测验的编制研究综述》，《科技创新》（学术研究）2008 年第 19 期。

17. 王健等：《高校教师胜任力模型研究及其应用》，《管理观察》2008 年第 24 期。

18. 姚蓉：《高校教师胜任力模型构建初探》，《科技情报开发与经济》2008 年第 30 期。

19. 张英娥：《幼儿教师胜任力模型及胜任力现状研究》，硕士学位论文，福建师范大学，2008 年。

20. 童成寿：《熟手型教师胜任力模型建构与测评研究》，硕士学位论文，福建师范大学，2008 年。

21. 刘立明：《上海高中教师胜任力模型初步构建》，硕士学位论文，上海师范大学，2008 年。

22. 潘高峰：《中学体育教师胜任力的调查研究》，硕士学位论文，华中师范大学，2008 年。

23. 季海君：《基于胜任力的高校教师评价研究》，硕士学位论文，苏州大学，2008 年。

24. 徐锋：《基于胜任力模型的高校教师信息化管理研究》，硕士学位论文，南京师范大学，2008 年。

25. 曹炳政：《高职教师胜任特征模型的构建》，硕士学位论文，北京交通大学，2008 年。

26. 周利涛：《高校职业指导教师胜任能力特征与应用研究》，硕士学位论文，华中师范大学，2008 年。

27. 刘晶：《心理健康教育教师胜任特征模型研究》，硕士学位论文，重庆师范大学，2008 年。

28. 余琳燕：《优秀幼儿教师胜任特征结构的研究》，硕士学位论文，江西师范大学，2008 年。

29. 宋倩：《高校教师胜任力模型及与工作绩效的关系研究》，硕士学位论文，广西师范大学，2008 年。

30. 韩英：《大学辅导员胜任力模型及其应用研究》，硕士学位论文，复旦大学，2008 年。

31. 王英：《初中班主任胜任特征初探》，硕士学位论文，重庆大学，2008 年。

32. 胡艳琴：《高职"双师型"教师通用胜任力模型构建研究》，硕士学位论文，苏州大学，2008 年。

33. 阳利平：《教育变革中的语文教师专业素质研究》，博士学位论文，华东师范大学，2008 年。

34. 王强：《知德共生：教师胜任力发展研究》，博士学位论文，华东师范大学，2008 年。

（七）2009 年

1. 常欣等：《中小学教师教学胜任特征模型的检验》，《心理科学》2009 年第 1 期。

2. 谢攀峰：《基于胜任力的高校教师薪酬体系初探》，《广西财经学院学报》2009 年第 1 期。

3. 陈亮等：《教师胜任力研究现状及其未来研究方向》，《人才开发》2009 年第 1 期。

4. 李巧林等：《基于高校教师胜任力的选聘研究》，《科技创业月刊》2009 年第 2 期。

5. 党圣鸣等：《基于灰关联的学生管理型教师胜任力评价模型研究》，《西北师范大学学报》（自然科学版）2009 年第 2 期。

6. 来婷婷等：《农村中小学教师胜任特征模型的初步构建》，《网络财富》2009 年第 2 期。

7. 刘丽：《中小学教师胜任力的影响因素及提升策略》，《聊城大学学报》（社会科学版）2009 年第 2 期。

8. 姚恩菊等：《胜任力和应对策略对教师职业压力的影响》，《心理发展与教育》2009 年第 2 期。

9. 李黔蜀：《360 度反馈评价在教师胜任力评价中的运用》，《内蒙古民族大学学报》2009 年第 3 期。

10. 冯君莹：《高校教师胜任力评价指标体系研究》，《合作经济与科技》2009 年第 3 期。

11. 段开周：《职业院校体育教师核心胜任力模型及综合评价研究》，《改革与开放》2009 年第 3 期。

12. 周小敏：《普通高校体育教师胜任特征及指标评价研究》，《山东体育学院学报》2009 年第 3 期。

13. 陈德明等：《基于胜任力：高校职业指导课教师培训的新视角》，《高教探索》2009 年第 4 期。

14. 贺娟：《建立非现役文职教员岗位胜任力模型构思》，《武警工程学院学报》2009 年第 4 期。

15. 张大伟：《研究型大学教师胜任力文献综述》，《科教文汇》（上旬刊）2009 年第 4 期。

16. 杜兰英等：《高校教师教学胜任力研究》，《湖北师范学院学报》（自然科学版）2009 年第 4 期。

17. 田金长等：《基于胜任力理论的高校教师评价管理机制创新与发展》，《陕西教育学院学报》2009 年第 4 期。

18. 张长城：《福建省中学体育教师胜任特征及其现状的调查分析》，《湖南文理学院学报》（自然科学版）2009 年第 4 期。

19. 刘银、李星：《英语教师胜任能力培养初探》，《黑龙江史志》2009 年第 4 期。

20. 何鹏：《构建应用型本科院校营销专业教师胜任力模型的探讨》，《福建师大福清分校学报》2009 年第 4 期。

21. 李昌庆等：《我国教师胜任力研究纵横》，《牡丹江教育学院学报》2009 年第 5 期。

22. 龙永保：《我国高校教师胜任力研究溯源与进展》，《中国电力教育》2009 年第 5 期。

23. 王宏丽等:《国际汉语教师的胜任力研究——任务分析和招聘面试问题归类得出的结论》,《河北大学学报》(哲学社会科学版) 2009 年第 5 期。

24. 曹南学:《浅议新课程下高中英语教师"胜任力"的提升》,《宿州教育学院学报》2009 年第 5 期。

25. 张祥兰等:《项目化课程改革中高职院校教师教学胜任力研究》,《高教探索》2009 年第 6 期。

26. 李光等:《高校教师关键胜任力及其建议》,《湖北大学成人教育学院学报》2009 年第 6 期。

27. 王金凤:《我国高校教师的胜任力薪酬管理》,《河南科技》2009 年第 6 期。

28. 徐鹏等:《基于胜任力的医学院校教师评价分析》,《重庆医学》2009 年第 9 期。

29. 伏干等:《幼儿园男教师的胜任力对幼儿性别角色发展的影响》,《现代中小学教育》2009 年第 11 期。

30. 成鹏等:《小学教师胜任特征模型的构建与应用研究》,《中小学教师培训》2009 年第 11 期。

31. 颜秋实等:《高校教师胜任特征模型研究探析》,《科教文汇》(上旬刊)2009 年第 12 期。

32. 黄雪琼:《高等职业院校教师胜任力发展研究》,《继续教育研究》2009 年第 12 期。

33. 陈鸿雁等:《高校思想政治理论课教师胜任力研究的意义》,《今日南国》(理论创新版)2009 年第 12 期。

34. 娄小韵:《从定义角度浅谈幼儿园教师胜任力的特点与提高》,《科教文汇》(中旬刊)2009 年第 12 期。

35. 吴树雄:《高校教师胜任力:评价模型与指标体系》,《中国成人教育》2009 年第 13 期。

36. 蔡晓军:《高校教师胜任力模型分析综述》,《教育与职业》2009 年第 15 期。

37. 陈鸿雁等:《高校思想政治理论课教师现状分析及胜任力提升途径研究》,《消费导报》2009 年第 22 期。

38. 王斌等:《职业院校教师胜任力模型构建研究》,《消费导报》2009 年第 23 期。

39. 姜琳:《我国高校教师胜任力评价初探》,《才智》2009 年第 25 期。

40. 陈专:《高等职业院校数学教师胜任评价分析》,《教育与职业》2009 年第 27 期。

41. 孙远刚、杨文军:《中小学教师胜任特征模型的创建构想》,《黄冈师范学院学报》2009 年第 S1 期。

42. 成鹏:《小学教师胜任特征模型的构建与应用研究》,硕士学位论文,苏州大学,2009 年。

43. 隋文婧:《特殊教育教师胜任力模型的构建》,硕士学位论文,哈尔滨师范大学,2009 年。

44. 关旒彦:《126 教育集团的中学教师胜任力模型》,硕士学位论文,东北大学,2009 年。

45. 厉明:《高校教师胜任力模型及其相关研究》,硕士学位论文,暨南大学,2009 年。

46. 刘吉良:《我国高校教师胜任力评价体系研究》,硕士学位论文,湖南师范大学,2009 年。

47. 李茂华:《高校教师胜任力研究》,硕士学位论文,陕西师范大学,2009 年。

48. 鲍广德:《北京市高校经济管理类教师胜任力模型研究》,硕士学位论文,首都经济贸易大学,2009 年。

49. 梅玲:《特殊职业教育教师胜任力研究》,硕士学位论文,上海师范大学,2009 年。

50. 范张淑:《幼儿教师胜任力行为情景判断测验编制》,硕士学位论文,江西师范大学,2009 年。

51. 戴宜雯:《普通高校教师胜任力评价研究》,硕士学位论文,山东科技大学,2009 年。

52. 王莹彤：《中学科任教师胜任特征模型建构与测评》，硕士学位论文，苏州大学，2009 年。

53. 崔斌：《基于胜任力的高校教师绩效评估研究与实证》，硕士学位论文，山东师范大学，2009 年。

54. 张少卿：《胜任力模型在高职院校教师人力资源管理中的运用研究》，硕士学位论文，天津大学，2009 年。

55. 何凤英：《基于胜任力的高职院校师资队伍建设》，硕士学位论文，中南民族大学，2009 年。

56. 陈娟：《幼儿教师胜任特征模型的建构》，硕士学位论文，西南大学，2009 年。

57. 邓辅玉：《高校院系管理者胜任力问卷的编制及初步应用》，硕士学位论文，西南大学，2009 年。

58. 齐艳：《专业护士培训指导教师胜任特征模型构建的研究》，硕士学位论文，延边大学，2009 年。

（八）2010 年

1. 罗小兰等：《基于工作情境下的教师胜任力影响因素》，《中国教育学刊》2010 年第 2 期。

2. 刘叶云等：《基于社会责任的我国高校教师胜任力评价体系创新研究》，《教育与经济》2010 年第 2 期。

3. 刘叶云等：《我国高校教师胜任力评价指标体系的构建》，《湖南师范大学教育科学学报》2010 年第 2 期。

4. 张颖等：《高职院校"双师型"教师胜任力模型的构建》，《安徽农业大学学报》（社会科学版）2010 年第 2 期。

5. 陈鸿雁等：《高校思想政治理论课教师胜任力模型构建》，《河北师范大学学报》（教育科学版）2010 年第 2 期。

6. 齐艳等：《专业护士培训指导教师胜任特征模型的理论架构》，《护理研究》2010 年第 3 期。

7. 陈丽金等：《高职院校专业课教师胜任力现状及影响因素分析》，《今日南国》（理论创新版）2010 年第 3 期。

8. 肖智泓等：《幼儿园主班教师胜任力模型的构建》，《学前教育研究》2010年第3期。

9. 闫晓春等：《远程教育教师胜任力研究现状与思考》，《北京广播大学学报》2010年第3期。

10. 常叔杰：《从学生发展的角度谈高校教师的胜任力》，《江西金融职工大学学报》2010年第3期。

11. 卞月芳：《高职院校项目化课程改革中的英语教师胜任力略论》，《湖北经济学院学报》（人文社会科学版）2010年第4期。

12. 谢晔等：《民办高校教师胜任力模型及胜任力综合评价》，《高教发展与评估》2010年第4期。

13. 薛姗：《高校教师关键胜任力研究》，《科技创新与生产力》2010年第4期。

14. 强国民：《胜任力视角下高校教师招聘体系探究》，《中小企业管理与科技》（上旬刊）2010年第4期。

15. 李中国：《科学课教师胜任力研究立论及其进展》，《临沂师范学院学报》2010年第5期。

16. 陈鸿雁等：《基于胜任能力模型的河北省高校思想政治理论课教师胜任力评价研究》，《河北工业大学学报》2010年第5期。

17. 刘晶等：《心理健康教育教师胜任特征的初步研究》，《重庆师范大学学报》（自然科学版）2010年第5期。

18. 马芳等：《特殊教育教师资格认证制度分析——基于教师胜任力理论》，《江西教育学院学报》2010年第5期。

19. 黄瑞霞：《体育教师教学胜任力研究》，《教学与管理》2010年第6期。

20. 汤舒俊等：《高校教师胜任力模型研究》，《教育研究与实验》2010年第6期。

21. 刘玉勇等：《论基于胜任力模型的高校教师绩效评价》，《消费导刊》2010年第6期。

22. 王丽：《基于"胜任特征"的职业发展规划与就业指导教师队伍建设构想》，《教育探索》2010年第6期。

23. 薛琴等:《基于胜任力模型的高校教师人力资源管理体系的构建》,《继续教育研究》2010 年第 7 期。

24. 徐木兴:《基于教师胜任力的高校绩效管理策略》,《继续教育研究》2010 年第 7 期。

25. 梁茜等:《构建高等医学院校临床医学教师胜任力模型的意义》,《医学教育探索》2010 年第 7 期。

26. 徐洋:《应用型本科院校教师胜任特征的研究》,《北方文学》(下半月) 2010 年第 7 期。

27. 李永瑞等:《管理类课程实验教师胜任特征模型探讨》,《实验技术与管理》2010 年第 8 期。

28. 程刚等:《用 BEI 法构建小学教师胜任特征模型》,《贵州师范学院学报》2010 年第 8 期。

29. 周斌等:《高职院校专业课教师胜任力培养策略分析》,《大众科技》2010 年第 9 期。

30. 龚正华:《高校新教师的胜任力及其培养》,《大理学院学报》2010 年第 9 期。

31. 涂云海:《高职院校专业课教师胜任力与绩效的关系》,《黑龙江高教研究》2010 年第 9 期。

32. 李岚等:《高职院校教师绩效评价体系设计分析——基于胜任力模型和 AHP 法》,《技术与市场》2010 年第 11 期。

33. 翟海燕等:《高校教师胜任力的"人 – 岗 – 战略"三维整合模型》,《职业时空》2010 年第 11 期。

34. 陈朝晖:《高职课程改革与教师胜任能力构建初探》,《价值工程》2010 年第 11 期。

35. 祝大鹏:《高校体育教师胜任特征模型建构》,《体育学刊》2010 年第 11 期。

36. 张珏:《基于胜任力模型的高校教师多轨制评价体系构建》,《继续教育研究》2010 年第 11 期。

37. 罗小兰:《中学教师胜任力模型探究》,《教育理论与实践》2010 年第 12 期。

38．童成寿：《高校熟手型外语教师胜任力测评问卷的编制》，《高教论坛》2010 年第 12 期。

39．齐艳：《专业护士培训中指导教师胜任特征模型的构建》，《江苏医药》2010 年第 14 期。

40．朱晓颖：《小学教师教学胜任力的调查研究》，《教学与管理》2010 年第 15 期。

41．李义安等：《中小学教师职业胜任力的现状与特点分析》，《出国与就业》（就业版）2010 年第 18 期。

42．涂云海：《基于管理学视角的高职院校教师胜任力研究》，《教育与职业》2010 年第 18 期。

43．袁元：《也谈高职院校教师胜任力研究的发展》，《科技信息》2010 年第 19 期。

44．涂云海：《基于胜任力的高职院校教师培训体系构建》，《职业技术教育》2010 年第 22 期。

45．杨茜等：《高校工程实践课程教师胜任力模初型探》，《中国新技术新产品》2010 年第 23 期。

46．杨先梅等：《关于高职院校青年教师技术胜任力培养的研究》，《职业》2010 年第 24 期。

47．景阳雪等：《专科院校英语教师胜任力分析》，《职业》2010 年第 29 期。

48．赵婉莉等：《中学英语教师胜任力调查与分析——以陕西省关中地区为例》，《价值工程》2010 年第 31 期。

49．赵姗：《高中教师胜任力、教学效能感与幸福感的关系研究》，硕士学位论文，南昌大学，2010 年。

50．李云亮：《小学语文教师胜任力模型研究》，硕士学位论文，辽宁师范大学，2010 年。

51．胡娜：《农村中小学教师胜任力现状调查与对策分析》，硕士学位论文，西南大学，2010 年。

52．邢延清：《中学心理健康教育教师胜任力研究》，硕士学位论文，苏州大学，2010 年。

53. 冯君莹：《普通本科院校计算机专业教师胜任力模型构建及应用》，硕士学位论文，中南大学，2010年。

54. 张常维：《高校教师胜任力模型与绩效关系研究》，硕士学位论文，西南交通大学，2010年。

55. 殷严严：《基于创业型人才培养的安徽MBA教师胜任力研究》，硕士学位论文，合肥工业大学，2010年。

56. 逄娜：《教育培训行业教师胜任素质研究》，硕士学位论文，西安建筑科技大学，2010年。

57. 董静静：《湖南省高校教师胜任特征问卷的初步编制》，硕士学位论文，湖南师范大学，2010年。

58. 钟秋明：《基于素质教育的中学职业指导教师胜任特征研究》，硕士学位论文，湖南大学，2010年。

（九）2011年

1. 王贤文等：《中学信息技术教师胜任力现状与培养》，《软件导刊》（教育技术）2011年第1期。

2. 陈斌：《高职院校教师队伍建设胜任力模型构建》，《北方经贸》2011年第1期。

3. 徐建平等：《优秀中小学教师胜任特征分析》，《教育学报》2011年第1期。

4. 岑延远：《从"教师胜任力"的视角看高师心理学教学改革》，《肇庆学院学报》2011年第1期。

5. 童成寿等：《高校熟手型外语教师胜任力模型研究》，《职业时空》2011年第1期。

6. 彭彦铭等：《教师胜任力研究述评》，《湖北师范学院学报》（自然科学版）2011年第1期。

7. 翟海燕：《高校教师岗位胜任力评析——基于个体、任务、战略三维整合模型的研究》，《中国高等教育评估》2011年第2期。

8. 王智等：《学校心理健康教育教师胜任特征结构及测量》，《心理科学》2011年第2期。

9. 陈鸿雁：《高校思想政治理论课教师胜任力研究》，《教育与职业》2011 年第 2 期。

10. 王燕等：《我国中学班主任胜任力研究综述》，《科协论坛》（下半月）2011 年第 3 期。

11. 李县飞：《对新时期中职教师胜任力的思考》，《职业教育研究》2011 年第 3 期。

12. 吴树勤：《层次分析法在高校教师招聘胜任力模型建构中的应用》，《科技管理研究》2011 年第 3 期。

13. 韦洪涛：《基于胜任力模型的高校教师评价》，《苏州科技学院学报》（社会科学版）2011 年第 3 期。

14. 兰继军等：《聋校优秀教师的胜任力特征》，《当代教师教育》2011 年第 4 期。

15. 李保勤：《高职院校青年教师胜任力校本培训研究》，《中国成人教育》2011 年第 4 期。

16. 徐云清等：《职教师资胜任力研究溯源与展望》，《天津职业技术师范大学学报》2011 年第 4 期。

17. 李红：《高职青年教师理论胜任力及其校本培养方式》，《职业教育研究》2011 年第 4 期。

18. 沈会超：《工学结合背景下高职教师胜任能力素质研究》，《理论导报》2011 年第 4 期。

19. 李建中：《大学英语教师胜任力的调查研究》，《湘南学院学报》2011 年第 4 期。

20. 商漱莹：《教师胜任力影响因素及提升策略研究》，《山东青年政治学院学报》2011 年第 5 期。

21. 高永惠等：《高校教师人才胜任力品质因子模型实证研究》，《湖南科技大学学报》（社会科学版）2011 年第 5 期。

22. 商漱莹：《教师胜任力影响因素及提升策略研究》，《山东青年政治学院学报》2011 年第 5 期。

23. 牛端：《新课程背景下高中教师胜任素质：O·NET 工作分析》，《教育导刊》2011 年第 5 期。

24. 李义安等：《教师教育专业大学生职前职业胜任力提升的途径》，《现代教育科学》2011 年第 5 期。

25. 孙静华：《职业教育课程改革中教师胜任能力之发展简说》，《职业教育研究》2011 年第 5 期。

26. 陈斌等：《高等职业院校教师胜任力模型的构建》，《高教发展与评估》2011 年第 6 期。

27. 孙远刚等：《小学班主任教师胜任特征模型的研究》，《教育科学》2011 年第 6 期。

28. 杨政水等：《职业技能竞赛对高职院校教师胜任力的影响研究》，《淮海工学院学报》（社会科学版）2011 年第 7 期。

29. 李中国：《科学课教师胜任特征模型实证性研究》，《教育研究》2011 年第 8 期。

30. 云鹏：《我国高校教师绩效评价研究述评》，《河南科技学院学报》2011 年第 8 期。

31. 刘治宏：《教学型高校教师胜任特征模型研究》，《黑龙江高教研究》2011 年第 8 期。

32. 方强敢等：《关于高校教师胜任力模型的理论构建研究——以思想政治理论课教师为例》，《湖北经济学院学报》（人文社会科学版）2011 年第 8 期。

33. 马爽：《中学体育教师胜任力的研究》，《赤峰学院学报》（自然科学版）2011 年第 10 期。

34. 黄芳等：《高校双语教师胜任力模型的构建及应用指导》，《北方经贸》2011 年第 10 期。

35. 董丽华：《高职院校专业教师胜任力研究述评》，《太原城市职业技术学院》2011 年第 10 期。

36. 朱小丽等：《国内外高校教师胜任力模型研究现状》，《成功》（教育版）2011 年第 23 期。

37. 方向阳：《高职院校专业教师胜任力模型研究》，《职业技术教育》2011 年第 25 期。

38. 方向阳：《高职专业教师岗位胜任力的政策文本分析》，《教育与职业》2011 年第 27 期。

39. 赵雷等：《高校教师胜任特征模型及其应用思考》，《教育与职业》2011 年第 32 期。

40. 李军兰等：《基于胜任力理论的中小学体育教师招聘》，《教学与管理》2011 年第 33 期。

41. 冀虹飞：《高校教师胜任力模型构建流程研究》，硕士学位论文，天津工商大学，2011 年。

42. 张长城：《中学体育教师胜任力模型构建与实证研究》，博士学位论文，福建师范大学，2011 年。

43. 陈鸿雁：《高校思想政治理论课教师胜任力研究》，博士学位论文，河北工业大学，2011 年。

44. 范飞：《中学教师胜任力的调查研究》，硕士学位论文，河北大学，2011 年。

45. 胡庆淑：《北京林业大学教师胜任力素质体系研究》，硕士学位论文，北京林业大学，2011 年。

46. 许芳芳：《特岗教师胜任力与工作绩效关系研究》，硕士学位论文，西南财经大学，2011 年。

47. 王静：《汉语国际教师胜任力研究》，硕士学位论文，暨南大学，2011 年。

48. 娄小韵：《提高贵阳地区高师教育学教师胜任力研究》，硕士学位论文，西南大学，2011 年。

49. 卞丽芳：《临床护理教师胜任力模型的初步构建》，硕士学位论文，浙江大学，2011 年。

50. 冀虹飞：《高校教师胜任力模型构建流程研究》，硕士学位论文，天津商业大学，2011 年。

51. 胡佳妮：《中学化学教师胜任力的调查与反思》，硕士学位论文，陕西师范大学，2011 年。

52. 赵姗：《高中教师胜任力、教学效能感与幸福感的关系研究》，硕士学位论文，南昌大学，2011 年。

53. 张群：《理工科高校思想政治理论课教师胜任力研究》，硕士学位论文，哈尔滨工程大学，2011 年。

54. 刘悦：《中学物理教师胜任力模型的初步构建》，硕士学位论文，扬州大学，2011 年。

55. 王海希：《基于胜任力的初中教师继续教育研究》，硕士学位论文，广西大学，2011 年。

56. 蔡育：《基于纺织产业背景的高职高专教师胜任力模型构建研究》，硕士学位论文，西南财经大学，2011 年。

57. 周敏：《基于胜任力的教师资格考试制度研究》，硕士学位论文，华中师范大学，2011 年。

58. 李慧亭：《中学信息技术教师教学胜任力研究》，硕士学位论文，南京师范大学，2011 年。

59. 何秋菊：《西南地区农村中小学教师胜任特征研究》，硕士学位论文，西南大学，2011 年。

60. 杨文军：《小学班主任教师胜任特征模型的构建与验证研究》，硕士学位论文，辽宁师范大学，2011 年。

61. 吕建华：《中学教师胜任素质模型构建与测评》，硕士学位论文，东北师范大学，2011 年。

62. 徐静伟：《高职课程开发与实施中教师胜任能力的构建》，硕士学位论文，吉林农业大学，2011 年。

63. 李晓雯：《广州市南沙区农村初中班主任胜任力研究》，硕士学位论文，广州大学，2011 年。

（十）2012 年

1. 左海燕等：《基于教师胜任能力角度探析高校教师中的弱势群体》，《太原城市职业技术学院学报》2012 年第 1 期。

2. 张楠等：《高职"双师型"教师胜任力研究的现状与发展趋向》，《天津职业技术师范大学学报》2012 年第 1 期。

3. 王林雪等：《研究型大学教师胜任力模型构建》，《现代教育科学》2012 年第 1 期。

4. 许广运等：《高校教师胜任力对大学生创业能力培养的作用机

制——基于交互决定论》,《潍坊教育学院学报》2012 年第 2 期。

5. 卢三姝等:《基于团体焦点访谈的高职院校专业课教师胜任力研究》,《体育学刊》2012 年第 2 期。

6. 娄小韵:《浅谈幼儿园教师胜任力——以指导幼儿阅读为例》,《长春教育学院学报》2012 年第 2 期。

7. 瞿晓理等:《研究型与职业型高校教师胜任特征比较研究》,《中国成人教育》2012 年第 2 期。

8. 姚业戴等:《广东省体育教师胜任力的调查研究》,《体育成人教育学刊》2012 年第 2 期。

9. 刘衍玲等:《大学生心理健康教师胜任特征》,《四川文理学院学报》2012 年第 2 期。

10. 马红宇等:《中小学教师胜任特征模型构建及其绩效预测力研究》,《教育研究与实验》2012 年第 3 期。

11. 肖韵:《远程教育教师胜任力模型结构研究》,《北京广播电视大学学报》2012 年第 3 期。

12. 彭建国等:《小学优秀教师胜任力人格特征研究》,《教育导刊》2012 年第 3 期。

13. 黄炯华:《高校艺术教育专业教师工作胜任力因素分析》,《沈阳师范大学学报》(社会科学版)2012 年第 3 期。

14. 马宏宇等:《中小学教师胜任特征模型构建及其绩效预测力研究》,《教育研究与实验》2012 年第 3 期。

15. 丰潇:《高校教师胜任特征研究综述》,《长春理工大学学报》2012 年第 3 期。

16. 周翠霞:《中职教师胜任特征模型的构建》,《中国健康心理学杂志》2012 年第 3 期。

17. 金东梅:《基于中职课程改革的教师胜任能力建构》,《科教导刊》(上旬刊)2012 年第 3 期。

18. 韦洪涛等:《基于胜任力模型的初中理科教师专业发展探究》,《苏州科技学院学报》2012 年第 4 期。

19. 陈红敏等:《高校优秀青年教师胜任能力特征》,《中国青年研究》2012 年第 4 期。

20. 靳彤等：《学科教学胜任模型的理论建构》，《湖南社会科学》2012 年第 5 期。

21. 宋倩：《高校教师胜任力与工作绩效关系研究》，《广西教育》2012 年第 5 期。

22. 牛端等：《高校教师胜任特征模型的构建与验证》，《心理科学》2012 年第 5 期。

23. 郝海涛等：《高校体育教师胜任能力结构研究》，《科教导刊》（上旬刊）2012 年第 6 期。

24. 李中国：《科学课教师胜任特征与工作绩效关系研究》，《教育研究》2012 年第 8 期。

25. 赵辉：《基于教师胜任力的学校管理创新》，《教育与教学研究》2012 年第 8 期。

26. 陈植乔：《民办高校教师胜任力与工作绩效关系研究》，《中国成人教育》2012 年第 9 期。

27. 郭春才：《信息化教育环境下教师胜任力研究》，《中国远程教育》2012 年第 9 期。

28. 徐智华等：《高校教师胜任力模型研究述评》，《现代教育科学》2012 年第 9 期。

29. 陈植乔：《民办高校教师胜任力与工作绩效关系研究》，《中国成人教育》2012 年第 9 期。

30. 卞丽芳等：《临床护理教师胜任力模型的研究》，《中华护理杂志》2012 年第 10 期。

31. 王强：《我国 K－12 教师胜任力深层结构实证研究》，《教育研究》2012 年第 10 期。

32. 许安国等：《研究型大学教师胜任素质模型构建研究》，《中国高教研究》2012 年第 12 期。

33. 秦勇等：《基于胜任力理论的体育教育专业教师综合评价》，《教育与职业》2012 年第 17 期。

34. 杜贺敏：《高等职业教育教师胜任力研究》，《中国电力教育》

2012 年第 17 期。

35．路姝娟等：《基于工作过程导向的课程模式下职教教师胜任能力素质分析》，《教育与职业》2012 年第 21 期。

36．任鹏杰：《教师胜任力重在发展教育智慧——由束鹏芳的历史教学延展开来》，《江苏教育研究》2012 年第 21 期。

37．丁越兰等：《师范类和管理类教师期望胜任特征差异性比较研究——基于人才培养目标》，《教育教学论坛》2012 年第 28 期。

38．王红：《大学英语视听说课程与教师胜任特征研究》，《教育理论与实践》2012 年第 33 期。

39．娄红平等：《基于团体焦点访谈的高职院校专业课教师胜任力研究》，《教育与职业》2012 年第 36 期。

40．陈敏等：《高校体育教师胜任特征模型及相关性研究》，《社会科学家》2012 年第 S1 期。

41．李欣：《中小学体育教师胜任特征模型的构建与检验》，博士学位论文，华中师范大学，2012 年。

42．薛琳琳：《培训机构教师胜任力与工作绩效关系研究》，硕士学位论文，西北农林科技大学，2012 年。

43．张玉刚：《民办高校教师胜任力研究》，硕士学位论文，江西师范大学，2012 年。

44．薛蔚蔚：《高职院校任课教师胜任力评价体系研究》，硕士学位论文，南京农业大学，2012 年。

45．易晓丽：《基于胜任力模型的成人教育教师评价体系构建研究》，硕士学位论文，浙江工业大学，2012 年。

46．慈琳：《高校教师网络教学胜任力模型构建研究》，硕士学位论文，东北师范大学，2012 年。

47．李晶：《高等院校金融学科专业教师胜任特征与绩效关系研究》，硕士学位论文，西南财经大学，2012 年。

48．张冬梅：《幼儿教师教学胜任力及其激励因素研究》，硕士学位论文，西南大学，2012 年。

49．孔瑜：《高校教师胜任特征模型及其应用研究》，硕士学位论文，苏州大学，2012 年。

50. 王丽：《小学"学思维"活动课教师胜任特征研究》，硕士学位论文，陕西师范大学，2012 年。

51. 王林跃：《学教师胜任特征模型、结构化面试评价维度的构建及性别、外貌印象对评分误差影响的研究》，硕士学位论文，辽宁师范大学，2012 年。

52. 潘午丽：《高校博士生指导教师胜任特征模型构建》，硕士学位论文，湖南大学，2012 年。

（十一）2013 年

1. 梁建芳等：《服装专业高校教师胜任力的模型构建与分析——基于"卓越工程师培养计划"视角》，《西安工程大学学报》2013 年第 1 期。

2. 陈冬梅等：《基于政策视角的高职院校教师胜任力提升路径探析》，《广东轻工职业技术学院学报》2013 年第 1 期。

3. 容泽文：《高校教师胜任力提升视角下负激励强化管理》，《重庆高教研究》2013 年第 1 期。

4. 李晔等：《对教师胜任力建模中"绩优"标准的思考》，《湖南师范大学教育科学学报》2013 年第 2 期。

5. 许欢乐：《我国高校教师胜任力研究进展》，《学理论》2013 年第 2 期。

6. 刘福泉等：《中小学教师胜任力与教学效能感的关系研究》，《天津市教育学院学报》2013 年第 3 期。

7. 王庆华：《护理专业教师岗位胜任力指标体系的构建与思考》，《护理研究》2013 年第 3 期。

8. 陈冬梅：《基于胜任力的高职教师资格制度设计》，《华南师范大学学报》（社会科学版）2013 年第 3 期。

9. 魏向君等：《论农村教师胜任力的提升》，《西北成人教育学报》2013 年第 4 期。

10. 李雪：《中小学数学教师胜任力模型研究》，《佳木斯教育学院学报》2013 年第 4 期。

　　11. 牛金芳：《从职业胜任力的角度探讨幼儿教师教育课程体系》，《教育观察》（上旬刊）2013 年第 4 期。

　　12. 丁越兰等：《管理类教师胜任素质模型建构——基于管理专业人才培养目标》，《黑龙江高教研究》2013 年第 5 期。

　　13. 郑洁：《胜任力视角中的高校教师资格认定》，《教育评论》2013 年第 5 期。

　　14. 靳彤：《学科教学胜任模型的理论建构（二）——以新入职语文教师为例》，《语文建设》2013 年第 5 期。

　　15. 李志刚：《咸宁市中学体育教师胜任特征研究》，《湖北科技学院学报》2013 年第 5 期。

　　16. 郑洁：《教师专业自觉：胜任力发展的内在诉求》，《教育探索》2013 年第 5 期。

　　17. 严尧：《高校教师胜任力模型的构建与初探》，《价值工程》2013 年第 5 期。

　　18. 胡慧敏等：《小学英语教师胜任力实证研究价值初探》，《广西教育学院学报》2013 年第 5 期。

　　19. 赵霞：《论语言类教师胜任力特征的三个维度》，《重庆大学学报》（社会科学版）2013 年第 5 期。

　　20. 唐小花等：《中学女性体育教师胜任力模型的构建》，《衡水学院学报》2013 年第 5 期。

　　21. 张耘：《基于创业型人才培养的高职专业教师胜任力研究》，《中国成人教育》2013 年第 5 期。

　　22. 景时：《教师角色与特殊教育教师胜任力模型的构建》，《辽宁教育行政学院学报》2013 年第 6 期。

　　23. 王静：《汉语国际教师胜任力模型构建》，《广州广播电视大学学报》2013 年第 6 期。

　　24. 郑洁等：《我国高校青年教师胜任力发展的困境与提升路径》，《现代教育管理》2013 年第 6 期。

　　25. 程东亚等：《藏汉双语教师胜任力问卷编制》，《现代教育科学》2013 年第 6 期。

26. 苏敏等：《基于素养课程的高职教师胜任力模型构建》，《高教论坛》2013 年第 6 期。

27. 齐红梅：《中学体育教师胜任力研究》，《才智》2013 年第 6 期。

28. 高永惠等：《浅谈高职院校教师胜任力模型与聘用制的关系》，《科技信息》2013 年第 6 期。

29. 刘晶等：《高职院校教师胜任力模型研究》，《北京科技大学学报》（社会科学版）2013 年第 6 期。

30. 王惠等：《浅析医学高等专科学校英语教师胜任素质的培养》，《南昌教育学院学报》，2013 年第 7 期。

31. 陆慧：《高等学校教师岗位胜任力评价指标体系及胜任力行为特征研究》，《现代教育管理》2013 年第 7 期。

32. 李昌庆等：《幼儿教师胜任力研究的现状、困境与出路》，《现代教育科学》2013 年第 8 期。

33. 李敏等：《关于高职院校公共课教师胜任力模型的研究》，《经济研究导刊》2013 年第 8 期。

34. 祁艳朝等：《高校教师胜任力模型的思考》，《黑龙江高教研究》2013 年第 9 期。

35. 李雪等：《近十年我国中小学教师胜任特征模型内容的研究综述》，《教育导刊》2013 年第 9 期。

36. 刘福成等：《基于助教制度视角的青年教师胜任力提升研究》，《吉林省教育学院学报》2013 年第 10 期。

37. 张春雷：《普通高等学校公共体育课教师胜任能力模型的建立——基于 5 所高校调查数据的研究》，《吉林广播电视大学学报》2013 年第 11 期。

38. 杜景萍等：《大学英语教师胜任力模型的构建》，《黑龙江高教研究》2013 年第 11 期。

39. 张佳洁：《中国教师胜任力研究及发展》，《黑龙江教育学院学报》2013 年第 11 期。

40．谢勇：《省属高校研究型教师胜任力特征初探》，《人力资源管理》2013 年第 12 期。

41．孙远刚等：《中职教师胜任特征模型的创建构想》，《理论观察》2013 年第 12 期。

42．于雯等：《在校专职护理教师与临床护理带教教师胜任力比较研究》，《护理研究》2013 年第 13 期。

43．唐艳辉：《基于胜任力的高校教师继续教育研究》，《中国成人教育》2013 年第 15 期。

44．程东亚等：《藏汉双语教师胜任力理论模型的初步建构》，《长春教育学院学报》2013 年第 18 期。

45．朱海：《教师胜任力理论在高校教师继续教育中的应用》，《中国成人教育》2013 年第 20 期。

46．鲍学英等：《基于模糊层次分析法的高等学校教师胜任力评价研究》，《中国电力教育》2013 年第 20 期。

47．徐丽等：《民办本科高校实践教学教师胜任力模型构建》，《大学教育》2013 年第 23 期。

48．吴绪东、练一龙：《中学体育教师胜任特征培养》，《当代体育科技》2013 年第 29 期。

49．胡颂：《农村中小学教师胜任特征模型构建研究》，《教学与管理》2013 年第 36 期。

50．秦世波：《基于学生视域的高校教师胜任力特征研究》，《华中师范大学学报》（人文社会科学版）2013 年第 S3 期。

51．吴婷：《朝鲜族幼儿教师胜任力研究》，硕士学位论文，延边大学，2013 年。

52．申琳：《鄂尔多斯市 K 地区小学教师胜任力现状研究》，硕士学位论文，首都师范大学，2013 年。

53．郭正良：《高校外籍教师胜任力现状评价》，硕士学位论文，福建农林大学，2013 年。

54．李冉龙：《"匠师型"历史教师的胜任力研究》，硕士学位论文，首都师范大学，2013 年。

55. 胡胜：《随班就读教师胜任力特征的研究》，硕士学位论文，重庆师范大学，2013 年。

56. 朱峰：《补习学校教师胜任力模型构建及其应用研究》，硕士学位论文，闽南师范大学，2013 年。

57. 黄晓慧：《学前教师胜任力的研究》，硕士学位论文，上海师范大学，2013 年。

58. 高源：《民办高职高专教师岗位的胜任力模型研究》，硕士学位论文，安徽大学，2013 年。

59. 付慧芳：《小学班主任胜任力现状调查研究》，硕士学位论文，上海师范大学，2013 年。

60. 许安国：《行业特色研究型大学教师胜任素质模型构建及实证研究》，硕士学位论文，北京交通大学，2013 年。

61. 汪碧云：《特殊教育师资胜任力模型建立及初步应用》，硕士学位论文，温州大学，2013 年。

（十二）2014 年

1. 董丽华：《高职院校专业课教师胜任力研究——以宁夏高职院校为例》，《湖北广播电视大学学报》2014 年第 1 期。

2. 溪昕：《应用型高校教师胜任特征模型的实证研究》，《滁州学院学报》2014 年第 1 期。

3. 孟琛：《基于教师胜任力的中小学教师招考制度改进》，《伊梨师范学院学报》（社会科学版）2014 年第 1 期。

4. 张卓等：《远程教育教师胜任力模型的构建和检验》，《人类工效学》2014 年第 1 期。

5. 高静等：《汉语教师志愿者文化传播胜任力调查》，《才智》2014 年第 1 期。

6. 李冬兰：《基于心理资本干预模型下艺术专业双语教师胜任力研究》，《黄钟》（武汉音乐学院学报）2014 年第 1 期。

7. 李梦玲：《基于学生视域的高职教师胜任力现状调研与提升路径》，《职教论坛》2014 年第 2 期。

8. 谢燕卿：《高校心理健康教育教师胜任力调查及提升途径》，《教育教学论坛》2014 年第 2 期。

9. 于雯等：《护理专业学生对在校专职护理教师胜任力的评价研究》，《中华护理教育》2014 年第 2 期。

10. 李梦玲：《基于学生视域的高职教师胜任力现状调研与提升路径》，《职教论坛》2014 年第 2 期。

11. 张长城：《高校体育教师胜任力评价体系构建》，《嘉应学院学报》2014 年第 2 期。

12. 张丽萍等：《农村中小学教师胜任力及其培育路径》，《求索》2014 年第 2 期。

13. 吕催芳：《高校研究生导师多重角色胜任力模型的构建》，《西华师范大学学报》（哲学社会科学版）2014 年第 2 期。

14. 宋微等：《基于模糊综合评价的高职教师胜任力评价研究》，《赤峰学院学报》（自然科学版）2014 年第 3 期。

15. 张博：《基于胜任力模型的高校教师继续教育评价方法研究》，《中国成人教育》2014 年第 3 期。

16. 唐振宇等：《基于学生认知的高校体育教师胜任特征模型研究》，《黑龙江高教研究》2014 年第 3 期。

17. 张等菊：《从"依附"到"内生"——高职教师的三元胜任力模型建构》，《广东水利电力职业技术学院学报》2014 年第 4 期。

18. 周榕：《高校教师远程教学胜任力评估体系构建——基于灰色系统方法》，《电化教育研究》2014 年第 4 期。

19. 张立波等：《基于胜任力模型的高校就业指导队伍的发展模式研究》，《中国大学生就业》2014 年第 4 期。

20. 李俊强等：《"职业性、应用型"高校教师胜任力整合探讨》，《高教论坛》2014 年第 5 期。

21. 李昌庆等：《滇西北幼儿教师胜任力选拔指标模型的建构》，《成都师范学院学报》2014 年第 5 期。

22. 黎光明等：《教师胜任特征模型的构建：基于 BEI 与 O * NET 的整合》，《教育测量与评价》（理论版）2014 年第 5 期。

23. 董丽华等：《高职专业课教师胜任力行为分析——以宁夏高职院校为例》，《济南职业学院学报》2014 年第 5 期。

24. 游可为等：《基于岗位设置的高校教师分类管理的人才胜任力模型与开发——以中南财经政法大学教师岗位设置调研为例》，《中国高校师资研究》2014 年第 6 期。

25. 汤舒俊：《高校教师胜任力的结构探索与问卷编制》，《高教探索》2014 年第 6 期。

26. 李越恒等：《基于模糊粗糙集的高校教师胜任力评价模型的实证》，《中南林业科技大学学报》（社会科学版）2014 年第 6 期。

27. 任滨海：《浅析中医院校教师胜任力模型构建的意义》，《中国中医药现代远程教育》2014 年第 6 期。

28. 陈立今等：《临床教师胜任力评价模型研究》，《上海交通大学学报》（医学版）2014 年第 6 期。

29. 林奇清：《高校思想政治理论课教师胜任力模型研究现状及意义》，《福建教育学院学报》2014 年第 7 期。

30. 王林发：《〈教育规划纲要〉视阈下的教师胜任力：挑战与要求、问题与对策》，《课程教学研究》2014 年第 7 期。

31. 侯姝君等：《山西省高校体育教师胜任力的调查研究》，《运动》，2014 年第 8 期。

32. 刘宇：《创新人才培养与大学教师胜任力对接模型构建研究》，《科技管理研究》2014 年第 9 期。

33. 董雷：《健美操专业应届毕业生教师胜任力的调查研究》，《体育世界》（学术版）2014 年第 9 期。

34. 付敏等：《我国高校教师胜任力模型研究述评》，《教师教育论坛》2014 年第 9 期。

35. 刘宇：《创新人才培养与大学教师胜任力对接模型构建研究》，《科技管理研究》2014 年第 9 期。

36. 沈健等：《高校就业教师胜任力模型构建》，《学理论》2014 年第 9 期。

37. 唐名淑：《国内幼儿教师胜任力研究述评》，《科教文汇》（中旬刊）2014 年第 10 期。

38．杨巾夏等：《临床护理教师胜任素质的研究进展》，《护理管理杂志》2014 年第 10 期。

39．陈文：《基于胜任力研究的高职专业教师考核初探》，《教师教育论坛》2014 年第 11 期。

40．石学云等：《我国特殊教育教师胜任力水平及特点研究》，《中国特殊教育》2014 年第 12 期。

41．林莉萍等：《高职教师胜任特征要素的实证分析》，《现代教育管理》2014 年第 12 期。

42．王徽：《胜任力视角下的高校学生管理研究》，《湖北经济学院学报》（人文社会科学版）2014 年第 12 期。

43．肖丽嫣：《中职学校班主任教师胜任力模型理论构建》，《经济研究导刊》2014 年第 14 期。

44．张旭东等：《高校就业指导教师胜任力模型的应用探索》，《中国大学生就业》2014 年第 14 期。

45．刘春兰等：《基于胜任力的高职"双师型"教师培训体系探析——以内蒙古交通职业技术学院为例》，《赤峰学院学报》（自然科学版）2014 年第 20 期。

46．胡杨成等：《高校教师胜任力对工作绩效的影响研究》，《老区建设》2014 年第 22 期。

47．曹颖等：《农林高校专职心理教师胜任力评价模型的构建》，《安徽农业科学》2014 年第 29 期。

48．岳金凤：《基于层次分析法的应用型本科院校教师胜任能力评估指标体系构建》，《职业技术教育》2014 年第 29 期。

49．刘春兰等：《高职"双师型"教师的胜任力探析》，《中国校外教育》2014 年第 33 期。

50．刘雨涛：《高职"双师型"教师胜任特征"洋葱"模型的构建》，《中国教育学刊》2014 年第 S5 期。

51．李强：《A 教育公司课外辅导老师胜任力模型构建和应用》，硕士学位论文，华东理工大学，2014 年。

52. 赵瑞：《教师教育专业大学生学业胜任力及其影响因素的研究》，硕士学位论文，聊城大学，2014 年。

53. 何群：《江西省民办高校教师胜任力研究》，硕士学位论文，南昌大学，2014 年。

54. 赵莉莉：《中小学心理教师效能感问卷编制及其与胜任力的关系和成长团体训练研究》，硕士学位论文，上海师范大学，2014 年。

55. 何晶：《吉林省农村小学教师胜任力模型研究》，硕士学位论文，辽宁师范大学，2014 年。

56. 张瑞敏：《中小学信息技术教师胜任力的研究》，硕士学位论文，上海师范大学，2014 年。

57. 余忠彪：《基于胜任力的广西"特岗教师"岗前培训研究》，硕士学位论文，广西大学，2014 年。

58. 李俊娜：《管理类硕士生导师胜任力模型及提升策略研究》，硕士学位论文，青岛大学，2014 年。

59. 田彩华：《河南省本科护生临床实习阶段带教教师胜任力评价》，硕士学位论文，郑州大学，2014 年。

60. 陈瑞：《护理"双师型"教师胜任力模型构建研究——以湖南省 H 职业院校为例》，硕士学位论文，南华大学，2014 年。

61. 郑鑫：《高中英语教师胜任特征模型的构建与应用研究》，硕士学位论文，辽宁师范大学，2014 年。

62. 孟昭雯：《豫东地区中学体育教师胜任力的现状分析》，硕士学位论文，郑州大学，2014 年。

63. 吴邃霞：《东莞市 D 初中班主任胜任力实证研究》，硕士学位论文，江西师范大学，2014 年。

64. 李玉玲：《泰国国际汉语教师志愿者胜任力分析及培训建议——以 2013 年泰国孔子学院汉语教师志愿者为例》，硕士学位论文，重庆大学，2014 年。

65. 齐瑶：《吉尔吉斯斯坦初级汉语课教师胜任力状况调查》，硕士学位论文，新疆大学，2014 年。

66. 邓勤：《高中教师胜任力自评问卷的初步编制》，硕士学位论文，云南师范大学，2014年。

67. 唐小花：《中学女性体育教师胜任力理论与实证研究——以泉州为例》，硕士学位论文，福建师范大学，2014年。

68. 赵辉：《实习教师胜任力的现状调查与对策研究》，硕士学位论文，福建师范大学，2014年。

69. 陈敏：《福建省普通高校体育教师胜任特征与工作绩效关系研究——基于心理契约调节作用分析》，硕士学位论文，福建师范大学，2014年。

70. 张月：《中学体育教师胜任特征的质性研究》，硕士学位论文，首都体育学院，2014年。

71. 林子：《基于课堂关键事件的教师课堂教学行为分析及干预模型设计研究》，硕士学位论文，首都师范大学，2014年。

72. 罗一萍：《实践社区中在线助学者的ASTD胜任力实证研究——以教师在线实践社区COP为例》，硕士学位论文，首都师范大学，2014年。

73. 熊峰：《幼儿教师焦虑心理与胜任力的关系研究》，硕士学位论文，华中师范大学，2014年。

74. 李雪：《小学教师教学胜任力模型探究——以辽西农村教师为例》，硕士学位论文，渤海大学，2014年。

75. 雷妍：《上海公办幼儿园园长胜任力模型研究》，硕士学位论文，华东师范大学，2014年。

76. 张媛媛：《基于胜任力的高校教师招聘研究》，硕士学位论文，青岛大学，2014年。

第二章

高校青年教师教学胜任力
模型与测评研究

一　高校青年教师教学胜任力研究的背景

（一）胜任力研究的热潮

"胜任力"问题的研究是当代心理学、人力资源管理研究的热点，其正式研究起源于 20 世纪 70 年代，当时以哈佛大学教授戴维·麦克利兰（David McClelland）为首的研究小组在探讨卓越工作绩效时，引发了一场"胜任力运动"，其产生以戴维·麦克利兰于 1973 年发表的《测量胜任力而非智力》一文为标志。该文提出了基于胜任特征的测验原则，指出了评估从事具体工作人员能力大小的方法，即胜任力测评。① 在此之后，有关胜任力的研究在企业界掀起一股热潮，其影响延伸和拓展到公益服务、专业技术及教育培训等领域，并对各行业的人力资源管理产生了一系列的实质性变化。在最近五年内，胜任力理论在教育领域开始得到广泛关注，并已取得了较多成果，有关高校教师胜任力理论和模型的使用也逐渐增多，寻求精细化、专业化、职业化的教师胜任力识别、开发、培训工具成为当前高校转变人力资源管理，促进教师能力提升的重要任务。

（二）高校青年教师队伍的快速发展

当前，中国高等教育规模已经超越美国成为世界第一。根据国家

---

① 徐建平：《教师胜任力模型与测评研究》，博士学位论文，北京师范大学，2004 年，第 5 页。

教育部门的统计，自 1998—2012 年，仅 10 余年间，我国普通高校在学校数量上由 1018 所增长到 2442 所，增长了 140%；普通高校招生人数由 108.2 万增加到 743 万，增长近 6 倍；普通高校专任教师人数由 40.7 万增加到 144 万，增长 3.5 倍。[①] 我国自高校扩招以来，高等教育仅用 10 余年时间便实现了从精英教育到大众化的历史跨越，速度异常之快，而其他发达国家在这条道路上至少用了 30 年甚至更长的时间。随着经济的快速发展，人民生活水平的普遍提升，普通家庭对子女的教育投资比例也相应提高，越来越多的家长和学生期望分享优质高等教育资源，跟随优秀教师学习。与此同时，社会对高层次人才的需求越来越高，在这样的环境下，高校教师成为社会关注的焦点。

据 2012 年统计，我国普通高校教师队伍中，专任教师已达到 144 万，其中 40 岁以下教师 87.7 万，约占总体人数的 61%。其中绝大多数青年教师是自普通高校扩招后进入教学岗位，他们拥有较为完整的学习经历、较高的学历背景、善于尝试新事物的态度以及与普通大学生相类似的生活经历，很自然地成为大学教师主体。在高校快速扩张、发展、建设的大环境下，高校承担的人才培养、科学研究和社会服务的任务日益加重，部分教师开始产生职业倦怠，高校在硬件提升与师资管理之间、教师教学与科学研究之间往往顾此失彼。高校教育教学质量受到越来越多人的关注和讨论。

当前高校大多数青年教师是在缺乏相应职前教育和工作经验的情况下，直接进入高校工作的。他们能否适应高校的教学？在教学与科研的双重压力下，他们能否胜任教学工作？高校是否关注了青年教师的生存状态，对其教学工作是否有一个科学的诊断、评估机制与有效的质量提升方案？这些情况既是高校青年教师生存与发展所面临的关键问题，在一定程度上也是高校能否保证教学质量的重大问题。

（三）传统教师教学评价相对滞后

教学评价是以教学目标为依据，按照科学的标准运用一切有效的

[①] http://www.moe.edu.cn，国家教育部官网。

技术手段，对教学过程及结果进行测量并给予价值判断的过程。本文所指的教学评价侧重对教师教学工作质量的测量、分析及判定。目前，我国高等教育是转型时期，人才质量、教育培养、教学评价等观念正发生悄然变化，高校教师教学质量的评价工作虽然取得了一定成就，一些教学评价研究创新得到运用。但是总体而言，传统的教学质量评价方式、标准及内容存在以下问题和不足。

1. 评价指标片面

教学是一个相当复杂的过程，教师在教学过程中表现出来的与教育教学目标相一致的行为也是复杂的。研究者均认为教师教学绩效的评估就是多维度测量，但教学评价需要包含哪些行为指标，这些指标需要具体概括到何种程度，已有评价体系中没有这样的内容。① 教学评价指标体系似乎更注重那些外显性、抽象性的因素，并将它们简单相加，缺乏教学情境中各要素间的衔接效应。教学评价的指标也仅局限于教师表现出来的知识结构与言行操控，比如讲授的条理性如何，内容表述是否清晰，知识重点是否突出，语言是否流畅，课堂组织是否有序等，其实这些指标只是教学过程的外在表现形式，还不足以考查教师的教学情况，真正影响教学绩效的核心内容应该是教师在教学活动表现出来的知识素养、职业精神及个人影响，因为前者只是传递知识，而后者则是在活动交往中才能表现出的深层次特质，是最终影响学生，实现教学目标的关键因素。

2. 评价过程单一

传统的高校教师教学质量评价侧重于终结性评价，沿袭以追求排名和划分等级为主导的思维方式。评价目的主要是对教师进行管理，强调其鉴定作用，重视的是教学活动结束后的成就，包括学生成绩、评教分数、学校打分结果等，并将其作为工作奖惩、评比的依据。这种单纯的工具定位只能看到评价的显性成效却不易看到教师的隐性潜质，在一定程度上忽略了评价的引导和促进作用。这样有可能使部分

---

① Anderson, L. W., *International Encyclopedia of Teaching and Teacher Education* (2th), Pargamon Press, 1995.

教师还未来得及反思并改进教学工作时，评价者已给他贴了标签，挫伤了积极性，对以后的发展不利，特别是对于年轻教师还可能背上沉重的心理包袱。[①] 学校对教学工作的评价不只是一种对教师进行管理的方式和途径，而更应该是多方共同努力，提高教育教学水平的过程。因此，学校要彻底改变以往那种单纯把教学结果作为判定教师教学质量高低的手段。

3. 教师被边缘化

教师是教学情境中的主导人员，然而教师在当前的教学评价中一般处于被动地位，缺乏主动性、参与性及话语权，是供教育行政干部、领导评价的"外部人员"，每门学科、每个专业、每个班级都有不同的特点，甚至是同一个班级、同一门课在不同的环境和阶段也有不同的特征，这需要教师在教学过程中不断调整、适应并作出新的尝试和改变。然而，在此种地位身份下，教师显然没有参与教学评价指标体系制定和运用方面的话语权，最终结果是高校教师对评价结果的接纳程度不高，行政管理部门的评价结果又无法得到教师的认可，最后使得教学质量评价流于形式。

4. 评价结果抽象

当前的教师教学评价结果一般是由教务部门打分、学院考核与学生评价等几个部分组成，各部分内容基本沿用教育行政部门的标准，存在较大的重叠，其考核内容与结果表现为对教师教学情况的整体评价，过于抽象，无法对教师教学质量进行精细诊断。因此，其结果必然无法转化为诊断报告和提升方案。

（四）人力资源管理技术的新途径

实践证明，传统教学考核方式已不能鉴别一般教师与绩优教师的特征，也无法有效地对其进行评价监管。随着人力资源管理逐渐趋向于精细化，高校教学工作更需走向专业化和职业化。因此，高校需要

---

① 郑延福：《本科高校教师教学质量评价研究》，硕士学位论文，中国矿业大学，2012年。

引进有效的创新性工具开展任课教师的选聘、培训、职业提升、绩效评价、岗位晋升等工作。近年来，由人力资源管理与心理测量相结合的胜任力理论开始进入高校教师研究视野，为社会和高校选聘、考评教师提供了新的理论依据和操作方法。

（五）青年教师教学胜任力研究的现实需要

通过文献检索，我国学者及专家正式发表教师胜任力的成果始于2003年。邢强与孟卫青于《开放教育研究》2003年第4期发表《未来教师胜任力测评：原理和技术》一文。真正对教师胜任力进行系统研究的代表性成果是徐建平于2004年通过的博士学位论文——《教师胜任力模型与测评研究》。自此，学术界对教师胜任力问题的研究开始大幅增加。中国知网检索关键词显示2005—2006年、2007—2008年、2009—2010年与之相关的论文篇幅数分别为11、48、91篇，研究成果呈倍数增长。在此之后，研究对象仅集中在几类特定教师群体，研究内容基本偏向于教师整体胜任力。虽然目前教师胜任力在研究对象、内容与方法上已呈多元化趋势，但是高校教师胜任力的研究成果比较少，关于高校教师教学胜任力的研究成果更少见到。本研究正是基于这样的背景。

二　高校青年教师教学胜任力的界定

（一）胜任力的内涵

胜任力的概念从诞生起就充满了矛盾和争议。其英文来源单词competency是一个在众多学科中被广泛运用的概念。competency在不同的学科中有不同的定义。在临床心理学中，competency用于定义心理能力和意识、关心他人的能力或者从事多种日常活动的能力。后来，competency被职业顾问用于定义与特定职位相关的知识、技能和能力。另外，它还在教育学中被广泛应用，用于拓展传统"知识"的范围。早期工业心理学家也使用competency一词来解释个人在特定职业中的胜任程度。总的说来，competency 一词在不同领域均用于定义个人具有某一领域的知识和技能，并在某一特定任务或活动中有成功表现（业绩）。[1]

McClelland（1973）将胜任力看作是与工作、工作绩效或生活中其他重要成果直接相联系的知识、技能、特质或动机。1994 年，他对此定义进行了修订，认为胜任力是能将高绩效者与一般绩效者分开来的可以通过可信的方式度量出来的动机、特质、自我概念、态度、价值观、知识、可识别的行为技能和个人特质。此后，斯班赛 Spencer（1993）提出胜任力是能将某一工作中表现优异者与表现平平者区分开来的个人潜在的、深层次特征，它可以是动机、特质、自我形象、态度或者价值观、某领域知识、认知或行为技能——任何可以被可靠测量或计数的并且能够显著区分优秀与一般绩效的个体的特征。[2] Schweik and Green（1999）认为胜任力是对为达到工作目标所使用的可测量的工作习惯和个人技能的书面描述。国内学者仲理峰和时勘（2003）认为胜任力是指把某职位中表现优异者和表现平平者区别开来的个体潜在的、较为持久的行为特征。[3] 尽管对胜任力的界定众说纷纭，但从这些定义中我们也可以总结出学者们的一些共识：即胜任力与工作绩效有关，它可以区分高绩效者与一般绩效者；胜任力与具体工作情境相关，与个人所在具体工作岗位的要求紧密联系；胜任力是个体在具体情境中实现高绩效的一些特征，如动机、态度、价值观、知识和技能等。

（二）教师胜任力的内涵

目前，关于教师胜任力与胜任力一样没有统一的定义标准。在国外，Fred&Tyler（1960）认为胜任的教师应该满足促进学生最大限度

---

[1]　刘泽文：《胜任力建模：人才选拔与考核实例分析》，科学出版社 2009 年版，第 5 页。

[2]　Lele M. Spencer, Sige M. Spencer：《才能评鉴法：建立卓越的绩效模式》，魏梅金译，汕头大学出版社 2003 年版，第 5 页。

[3]　仲理峰、时勘：《胜任特征研究的新进展》，《南开管理评论》2003 年第 2 期。

的成长和获得学生、教师以及领导的高评价两个方面。Watts（1999）认为教师胜任力是指成功的教学实践所必需的教育教学方面的知识和技能。Dineke E. H.（2004）提出教师胜任力（teaching competencies）是指教师的人格特征、知识和在不同教学背景下所需要的教学技巧及教学态度的综合。

在国内，邢强与孟卫青（2003）提出教师胜任力（teacher competency）指教师个体所具备的、与实施成功教学有关的一种专业知识、专业技能和专业价值观。它隶属于教师的个体特征，是教师成功教学的必要条件和教师教育机构的主要培养目标。[①] 曾晓东（2004）指出，教师胜任力是指教师知道的（知识）、能做的（技能）、信仰（价值观）的具体内容，它直接影响教师的教学成绩，但它并不指这些因素的作用效果。[②] 徐建平（2004）认为，教师胜任力是指在学校教育教学工作中，能将高绩效、表现优秀的教师与一般普通教师区分开来的个体潜在的特征，主要包括能力、自我认识、动机以及相关的人格特点等个人特性。[③]

由此可见，国内外学术界对于教师胜任力的标准定义，主要有两种代表性观点：即以技能为代表的教师胜任力概念和以素质为代表的教师胜任力概念。国内外学者均认同教师胜任力的定义应该包括与实施成功教学有关的专业知识和专业技能，但在胜任力其他特征上则存在争议：国外学者认为教师的人格特征能够表现胜任力；国内学者则认为教师的专业价值观，即个人品德、职业道德能够表现胜任力。

（三）高校青年教师教学胜任力的界定

本研究中的"高校青年教师"是指在普通高等学校承担本科教学任务且年龄为 40 周岁及以下的在岗教师。"教学胜任力"又称为"教学胜任特征"，是指一个教师所具有的富有成效地完成教学目标所需

---

① 邢强、孟卫青：《未来教师胜任力测评：原理和技术》，《开发教育研究》2003 年第 4 期。

② 曾晓东：《对中小学教师绩效评价过程的梳理》，《教师教育研究》2004 年第 1 期。

③ 徐建平：《教师胜任力模型与测评研究》，博士学位论文，北京师范大学，2004 年。

求的特质群，这些特质可以用教师的教学行为方式加以描述。它除一般所说的教学能力以外，还包括教师的动机、态度、价值观、思维模式、个人特质、人际关系等内容。因此，高校青年教师教学胜任力是指普通高校青年教师所具有的富有成效地完成教学目标所需求的教学能力、动机、态度、价值观、个人特质、人际关系等特性。

三　高校青年教师教学胜任力模型的构建

（一）胜任力建模

1. 胜任力建模的理论基础

胜任力建模理论的发展与其概念一样经历了一个逐渐发展成熟的过程。在这个过程中，众多领域的发展对胜任力模型的演变做出了贡献。

（1）个体差异与教育心理学

在心理学的发展历史上，有两个重要的学派描述到了个人的绩效差异，这两个学派分别是个体差异心理学和教育心理学，前者聚焦于相对持久稳定和明显的能力特性，后者的重点则是绩效产出与如何规范人们的行为使人们获得成功的能力。工业和组织心理学的研究则建立在这两个学派的如下假设之上，即通过测量个人所拥有的不同知识、技能或能力可以预测其未来的工作表现，可以辨识和评估成功的管理绩效和领导行为所具有的个人特质。

（2）工作分析

工作分析的定义是：用于辨别和描述那些最能用于区分高绩效者和一般绩效者的一种分析程序。这实际上也是最常用于定义胜任力模型的语言。这种从工作需要的角度对高绩效者和一般绩效者进行区分的方法导致了工作者导向的工作分析方法的发展。而最早的胜任力模型研究方法之一的 Hay McBer 方法，实际上就是对工作分析方法的一种改造与拓展。虽然一些专家相信，胜任力模型与工作分析是同样的，但是更多的专家认为两者存在差别。例如：大部分专家认为工作分析更多地将目标集中在"做什么",而胜任力模型则聚焦于工作者"怎么做"。当然,两者也有相同的地方,例如:两者的输出结果都是一些人力资源管理应用的基础信息。

(3)多方面智能

McClelland(1973)主张围绕这样一个主题来展开胜任力建模:"传统的智力和态度测试没有和其行为输出结果联系在一起"。他提倡"能力测试"来代替传统的智力测试。之后 Gardner 在一项关于胜任力的研究中,运用神经学研究有天赋的和脑部有缺陷的人群都证明了"多面智力"的理论。在他的研究中,智力是一个复合型的概念,既包括个人自身的多方面能力,还包括是否获得来自社会的发展机会。和 McClelland(1973)一样,他认为人的认知能力内涵是广泛的(有多方面的变量),并且如果这些被社会认可的成就可以在自然的环境下被评估的话,那么人的能力就是可以被测量的。[①]

2. 胜任力建模的思路

目前,胜任力在人力资源管理领域已有大量研究,其建模方法也日趋成熟。在建模方法上,主要有以下三种思路:第一种是确定与组织核心观点和价值观相一致的胜任素质。这种思路确定的胜任素质更关注塑造与所在组织文化相适应的员工。其前提是组织必须有经过检验的核心价值观并已形成相对稳定且鲜明的组织文化,其最大优点是揭示了教师深层胜任素质,它采用的途径是职业分析方法。第二种思路源于麦克利兰和 McBer 咨询公司的研究。这种思路通常使用关键事件访谈方法选择那些高绩效的岗位角色,从中抽取其特征。这种思路要求模型开发人员要达到很专业的访谈技能水平,它在英、美两国的教育管理中产生了一些影响。第三种思路是根据行业关键成功因素开发模型。汤姆森等(Thompson,2001)指出,这种方法的关键之一就是要识别并获取行业的关键成功因素,其原理是"人-职-组织"匹

---

① 刘泽文:《胜任力建模:人才选拔与考核实例分析》,科学出版社 2009 年版,第 7 页。

配原理。[1]

这几种思路各自发展，常常被视为是相互独立的。目前，在我国，建立胜任力模型的基本途径有两种：一种是研究途径，另一种是实践途径。许多研究人员主持开发的模型都是经典的实证研究路线。研究途径则强调系统的数据采集和分析，对有关证据的数量，也要设定一个原则，以保证在模型中能够尽量包括各种胜任表现，其最大优点是可以很好地保证构建胜任力模型的效度，麦克利兰及其同事采用的正是研究途径。

本研究在教师教学胜任力建模中采用的是研究途径，同时运用实践思路进行模型的验证，既有理论指导也有应用借鉴，理论与实践相结合的方式可以使教师教学胜任力模型能够经受住考验。

3. 胜任力数据收集方法

在胜任力建模中，使用的获取数据的具体方法主要有行为事件访谈法、问卷调查法、情境测验法和专家评定法。这些方法有着不同的应用背景及使用程序。

（1）行为事件访谈

目前得到公认且最有效的方法是美国心理学家 McClelland（1973）结合关键事件法和主题视觉测验而提出来的行为事件访谈法。行为事件访谈法是和关键事件访谈法相适应的一种研究形式，最早由福来纳戈（Flanagan，1954）发展起来，波亚齐斯（1982）则把这种方法应用到了实际研究中。行为事件访谈法采用开放式的行为回顾探索技术，通过让被访谈者找出和描述他们在工作中最成功和最不成功的三件事，然后详细报告当时发生了什么。具体包括：这个情境是怎样引起的？牵涉到那些人？被访谈者当时是怎样想的？实际上又做了什么？结果如何？然后对访谈内容进行分析，来确定被访谈者所表现出来的胜任力。[2]

①　Thompson, Arthur A. Jr.; Strickland, A. J. (2003) *Strate Management: Concepts and Cases* (13th Edition). Mc Hilll Irwin.

②　刘泽文：《胜任力建模：人才选拔与考核实例分析》，科学出版社 2009 年版，第 11 页。

行为事件访谈法是一种专业性很强的访谈分析方法，可以在有限时间内全面、深入地了解被访谈者，挖掘大量有价值的信息，是揭示胜任素质的主要途径。但行为事件访谈法也存在着一定的局限性。在访谈过程中，对不同的访谈者之间如何更好地保持一致性，而不掺杂主观因素影响，是需要进一步探讨的问题。另外对访谈结果进行编码评定，要求具有相当的专业领域知识，并且要求在编码训练过程中达到较高的编码一致性。如果编码者把自己的主观因素掺杂在评定结果中或是编码者之间存在较大编码差异，就必然会影响胜任力研究结果的准确性。以上局限在一定程度上限制了这一方法的广泛应用。

（2）问卷调查

问卷法是通过书面形式，以严格设计的心理测量项目或问题，向研究对象收集研究资料和数据的一种方法。采用问卷法来研究胜任力也是使用得比较多的一种方法。它主要采用量表方式进行测定，也可以运用提问方式让受试者自由地做出书面问答。采用问卷调查研究胜任力，首先要编制初始量表，通常采用结构化访谈、半结构化访谈或者开放式问卷的方式来收集胜任力项目。其次是对获得的胜任力项目进行筛选，筛选的过程可以运用问卷初测或是专家评定的方式进行。然后将保留下来的胜任力项目编制成问卷，进行施测，最后是对问卷进行统计分析。一般对问卷数据进行探索性因素分析和验证性因素分析，从而得到胜任力的结构模型。

采用问卷法来研究胜任力的优点是客观统一、效率较高；结果统计高度量化、规范化；费用低，不必花很多力气去训练施测人员；不记名方式使得答卷人更加开放、真实地反映自己的各种观点和态度。但是用问卷法研究胜任力同样存在着不足，它不够灵活，多数问卷要求以结构的方式比较封闭地去回答问题，使人感觉不能充分地表明自己的态度，有时还会由于许多项目没有回答而使问卷失效。此外，胜任力问卷的回收率也是运用问卷调查方法时需要注意的问题。

（3）情境测验

胜任力与工作职位是密切相关的，其评价和测量离不开实际的工作情景，因此情景测验就成为胜任力评价的一种重要的研究方法。以往的研究支持了情景测验能较好地捕捉胜任特征的观点。情景测验就是设置一个社会实际工作生活的问题情境，并提供出几个解决这一情景条件下具体问题的可能反应，令被试者针对这些行为反应进行判断、评价与选择，选出其中最有效（最无效）或被试者最愿意采取（最不愿意采取）的行为反应，或者对每一行为在有效、无效，最愿意、最不愿意等级量表上评定等级，然后根据被试者的判断、评价与选择予以评分，并推论其实有的解决社会工作生活问题的实践能力水平的测验。采用情景测验方法来研究胜任力不只是单纯依靠抽象的逻辑推理而是实践性智力和智慧，这正好符合胜任力的内涵。情景测验从情景提供方式来看，一般可以分为文字描述、录音口语描述与影视短片展现三种。而现阶段对胜任力特征的研究主要采用文字描述的情景测验，最早应用这种方法研究胜任力特征的是斯滕伯格等。经研究与实践，人们普遍认为情景测验可以较好地测查实践智力、内隐知识，是测量个体胜任特征的良好工具。

用情景测验方法研究胜任力，能较好地保证研究问题的实践指向性，这是因为设置和提供的实践情景与实际胜任力特征行为反应选项是对应的。但是此方法也有其局限性，如情景问题并非现实条件下的实际反应，而是对指定的少数行为选项的判断评估，属于在非实际中操作的定向反应，因此要求使用者具备一定的抽象思维能力。这也限制了情景测验的使用范围。

（4）专家评定

采用专家评定法研究胜任力，是由该研究领域权威专家组成的小组通过对每个胜任力项目作详细分析和比较，然后再由专家们经过几轮删除或合并获得胜任力指标的方法。采用这一方法首先是收集相关胜任力条目。一方面可以采用文献法，即通过收集大量研究文献对涉及的条目进行详细分析，根据条目的概念内涵进行归纳、合并来获得胜任力项目；另一方面也可以通过开放式问卷收集胜任力特征。其次，要注意选择合适的专家来进行评定。最后，要把专家评定后的项目编制成评价量表，对研究群体进行施测，然后在此基础上对结果进行统计分析，得到相应的胜任力结构模型。

采用专家评定法研究胜任力有着和问卷调查法相同的优点，但是同样也存在着不足之处：一方面，在专家的选择上，怎样才能保证专家的权威性和专家小组的组成的合理性，是在实际研究中需要解决的问题；另一方面，由专家们来对胜任力项目进行筛选必然带有一定的主观倾向性。这也是采用专家小组评定法来研究胜任力特征需要注意的问题。

从已有研究看，自我评价是高校教师胜任力测评工具中被运用最广的一种方式。这种测评方式能直接测查行为项目，指标描述准确度较高，易于操作，成本低。但同时存在社会赞许性的问题，即被测人员倾向于选择高水平程度来满足个人对职业的主观愿望和期许。对于这个问题目前普遍采取的有效措施是在题目编制时尽量使用中性语句，降低被调查人员主观期许性，在已有教师胜任力研究中，徐建平、童成寿、王强等均使用这种方法。

（二）教师胜任力建模

对胜任力内涵的讨论直接影响教师胜任力内容与模型构建。在胜任力运动中，围绕如何在技能素质、个人效能、知识和理解之间取得平衡，出现了两种倾向：一种认为胜任力模型应该以"技能"为本，另一种则推崇"素质"为本的胜任力模型。这两种模型的心理理论基础分别为斯金纳的行为主义理论和马斯洛的人本主义理论。前者认为个人效能、知识和对事物的了解已通过"表现"清楚地显现出来，只强调技能和表现的重要性。后者认为，判断力、创造力、解决问题的技巧等"素质"在高层管理和学校管理中是关键因素。也有学者把这两种倾向的胜任力模型称为以知识为本的胜任力模型和以人为本的胜任力模型。

20世纪90年代初，英国成立了国家教育评价中心（NEAC），通过借鉴美国在胜任特征研究方面的理论和实践经验，并结合教师的职业标准化，对英国教育背景下的教育管理者展开了研究，构建了具有英国特色的胜任特征模式。1996年澳大利亚国家教学委员会

（NPQTL）为新教师开发设计了一个胜任特征模型，规定教师入职的教学胜任特征包括：使用和发展专业知识与价值、与学生和他人沟通互动共同工作、计划和管理教学过程，监控评估学生的进步和学习成果、对连续性的进步进行反思评估和计划等五个方面。Bisschoff & Grober 等人（1998）提出了二因素模型，即教育胜任力和协作胜任力。Hay McBer（2000）在一份题为"高绩效教师模型"报告中指出，高绩效教师的 5 种胜任特征群是专业化、领导、思维、计划、设定期望及与他人的关系。R. J. Sternberg（2002）等人提出专家型教师有三个共同特点：专家水平的知识、高效、创造性和洞察力。Dineke（2004）采用德尔菲法及验证性因子分析法，对高校教师的教学胜任特征进行研究，发现其模型主要包含五个维度，分别是作为教师的人、学习过程的促进者、主题知识专家、组织者及终身学习者。[1] 从总体上看，国外学者普遍认为教师胜任力模型应该包括高学历、业务能力和发展能力等内容。其关于教师胜任特征模型的理论研究起步较早，并已构建了一些较为成熟的胜任特征模型。

我国关于教师胜任力模型的研究起步较晚，学者们对于胜任模型的研究主要从教师特质、素质、能力、人格和教师评价等角度对教师胜任力进行探讨；研究对象范围涉及高校教师、中小学教师、幼儿教师、班主任、辅导员以及心理教育工作者等，有的研究涉及多个层级的教师，有的研究仅针对某一层级教师；研究方法包括行为事件访谈法、德尔菲法以及问卷调查法等，取得了不少研究成果。

（三）高校青年教师教学胜任力的建模

构建指标体系是高校青年教师教学胜任力调查研究的基础性工作。指标的选择与体系的构建需要综合考虑教学理论、教学实际及体系构建要求等各方面因素，因此这是一项过程严谨、耗时费力的系统工作。本章主要阐述高校青年教师教学胜任力指标体系构建的思考、

---

① 刘泽文：《胜任力建模：人才选拔与考核实例分析》，科学出版社 2009 年版，第12—13 页。

实施过程及结果。

1. 高校青年教师教学胜任力指标体系的思考

（1）指标体系构建的思路与方法

高校青年教师教学胜任力指标的研究主要分两个阶段。第一阶段结合胜任力核心思想，对以往教师胜任力的研究成果进行梳理，构建初步的胜任力指标体系。第二阶段运用德尔菲法征询专家的意见，通过多轮次专家咨询对初步建立的指标体系进行修改与验证，最终构建可以进行预测的教学胜任力指标体系。

（2）指标体系构建的原则

高校青年教师教学胜任力指标体系的构建应遵循以下原则：

一是科学性原则。指标体系的设置要体现高校教学的基本内涵，要客观、全面、真实地反映高校青年教师教学胜任力的现状。

二是全面性原则。指标体系应从整体上全面考虑各个因素的相互关系。

三是可比性原则。教学胜任力指标的收集和使用，需要考虑其表征的含义与重要程度。在模型中不论是量化指标还是定性指标都需转化为可量化的数据，从而进行比较分析。

四是可操作性原则。指标体系所需要的数据应该是能够获得的，计算方法也应该是可以掌握的。在文献梳理过程中应尽可能结合高校青年教师的胜任特征选择综合性和关键性的指标。

（3）指标体系构建的难点与对策

教学胜任力与教师胜任力是两个不同的概念，两者存在关键区别，前者是指教师在实际教育教学活动过程中应该具备的特征，后者则是作为教师所应具备的综合特征。因此，两者在胜任指标上既有相同表现，也有不同之处。然而，在有关教师胜任力指标的文献梳理中，我们发现教师胜任指标比较分散，缺乏概括性。为了构建一个科学的教师教学胜任力模型，我们运用德尔菲法对指标体系进行修改、计算及验证。在此过程中如何筛选指标、如何修正指标、如何计算权重及如何验证指标等问题在教师胜任力研究中尚属首次尝试。在构建高校青年教师教学胜任力指标的过程中存在不少问题和困难。因此，怎样解决这些问题和难点，是指标体系构建的关键。

　　首先是胜任力指标的选择问题。虽然目前专家学者对高校青年教师已有一些研究，但是关注的内容主要集中在职业情感、专业成长及业务培训领域。关于高校教师教学胜任力的研究成果较少，而高校青年教师教学胜任力的成果更未见到，这导致能够被直接借鉴运用的成果非常有限。因此，为了构建一个可以进行专家咨询的胜任力指标结构框架，本研究需要对已有教师胜任力与教学能力的研究成果进行系统梳理，以概括出高校教师的教学胜任力。同时，为了更好地突出青年教师主体，本研究不会拘泥于现有的指标体系，将结合教学情境归纳青年教师其本身应具有的胜任特征。

　　其次是胜任力指标的量化问题。胜任力指标体系的量化是一个难题，每一个教学胜任力指标的量化过程与结果都会对高校青年教师教学胜任力的测查产生重要影响。根据前两个阶段得出了高校教师教学胜任力的指标体系，但是指标体系只能反映教学胜任力的结构维度和特征，还没有明确反映维度间、特征间的相互关系。所以，我们需要得出一个能准确反映指标层次关系的具体结果。在这里，指标权重的计算与评价是构建教师教学胜任力模型的关键。指标体系大体上可以分成定量型、定性型、混合型三类。定量型指标要求单一，一般只涉及硬性指标，例如教师的性别、年龄、教龄、学历、职称等。定性型指标要求指标能够反映事物本身的深层特质，需要具备高度的概括性和准确性，其具体评价方法有很多种，例如文献分析、问卷调查、专家访谈等都是比较通用可行的方法。混合型同时包含了定量型和定性型指标。在教学胜任力指标体系的选择上，定量型数据虽然在高校教师绩效评价中运用较多，但是它只能作为评定教师整体工作情况的一个依据，其多数指标仅是教师职称、专家评教、学生满意度调查和科研工作量的分类结果，并不能从本质上反映教师的实际教学胜任力。所以，此次指标体系将根据胜任力内涵的要求，在参考已有指标基础上，由专家群体匿名选择并打分，最终通过统计方法确定指标权重，这样在保证指标体系科学性的同时，又避免了主观因素造成的个人偏差问题。

再次是咨询专家的偏好问题。该指标体系中的指标选择、量化和权重计算等问题主要依靠专家评价，所以专家的个人偏好对评价结果具有较大的影响。根据德尔菲法的运用原理，为了尽可能减少专家个人偏好造成的影响，主要采取了以下措施：首先，在请专家咨询之前，对已有的高校教师胜任力和教学胜任力研究成果进行胜任特征的梳理，从而构建一个初步的胜任力框架作为专家选择指标的参考，以减少专家评价的随意性。其次，在专家的选择范围上尽可能考虑包含在教学一线、教学理论研究、人才测评及教学管理评价工作等领域具有丰富经验和权威的专家能手；再次，在对专家邮发函询的同时，注明教师教学胜任力的含义，选取当前指标体系的缘由并阐明评价的关键细节，从而保证整个咨询过程的流畅性及整体方向；与此同时，针对专家多轮次评价结果进行数据分析，由计算机及数理运算程序进行信度和效度分析，修正偏差并验证整体一致性。

最后是指标评价的方法问题。胜任力指标体系建立之后，如何对专家咨询所得的指标数据进行分析、如何应用指标模型进行后期教学胜任力测查，都是指标评价方法需要解决的难点和重点。目前指标评价方法主要有层次分析、德尔菲法、模糊分析、二项系数、最小平方及优序图等方法，每种方法的选择与指标的特性有关，例如层次分析与德尔菲法是对定性指标进行主观赋权的量化方法，模糊评价与优序图是对多维度目标决策的评价方法。所以，在评价方法的选择上应遵循科学性、可操作性原则。本研究在多种评价方法的权衡和比较之下，拟采用德尔菲法和优序图法来确定指标及其权重，进而得出可以量化运用的胜任力指标体系与模型。

2. 高校青年教师教学胜任力指标的筛选与分析

（1）指标文献的分析

由对胜任力的分析可知，选择恰当的胜任力指标是构建指标体系的首要任务。通过查阅文献，我们发现现有的高校教师胜任力的研究成果非常有限，并且教师指标体系大体相似，有些相对过于简单。因此，为了构建一个比较全面而准确的教师教学胜任力指标体系，此次指标筛选将参考与胜任力、教师能力、教学评价及教师绩效等相关的指标特征。

表 2 – 1　　　　　　　教师胜任力特征研究的代表性成果

序号	作者及发表时间	研究对象	教师胜任力特征
1	徐建平，2004	中小学教师	组织管理能力、正直诚实、创造性、宽容性、团队协作、反思能力、职业偏好、沟通技能、尊敬他人、分析性思维、稳定的情绪等11项特征
2	李英武等，2005	中小学教师	情感道德特征、教学胜任力、动机与调节、管理胜任力等4维度
3	王昱等，2006	高校教师	创新能力、获取信息的能力、人际理解力、责任心、关系建立、思维能力和成就导向等7维度
4	曹秀娥，2006	高校教师	人格与育人水平、课堂管理能力、教学能力等3维度
5	张厚粲等，2006	中学教师	服务特征、自我特征、成就特征、认知特征、管理特征、个人特质等6大胜任特征群
6	杜兰英，2007	高校教师	教学能力、专业能力、调控能力、育人能力、职业素质、工作态度、人际沟通及成就动机等8因素
7	童成寿，2008	中小学教师	专业知识与技能、责任意识、语言表达、健康心态、教学策略、幽默感、沟通协作、善与人处、反思能力、创新意识、进取心、终身学习、组织管理、情绪健康等14项胜任特征
8	姚蓉，2008	高校教师	责任心、理解和尊重学生、进取心、创新力、自我发展等33条目
9	厉明，2009	高校教师	专业素养、职业操守、主动型人格、人际互动和成就导向等5维度
10	王健，2008	高校教师	敬业精神、责任心、正直诚实、专业知识与技能、学习能力、组织管理能力等6维度
11	喻方元，2008	高校教师	教师教学发展性、学生学习发展性、教学协调发展性等3维度
12	鲍广德，2009	高校教师	进取心、领导能力、反思能力、理解能力、自我完善、接受挑战、科研能力、前瞻性、培养学生、感召力和影响力、成就意识等11项特征
13	冯君莹，2009	高校教师	教育背景、知识结构、工作绩效、师德、创新能力、关系能力、心理素质、终身学习能力等10项外显与内隐指标
14	李茂华，2009	高校教师	服务特征、自我意象、成就特征、认知特征、管理特征、个人特质等6个方面
15	陈鸿雁等，2009	高校教师	专业知识、专业技能、政治素养、职业道德、个人特质、师生和谐等6维度24特征
16	吴树雄，2009	高校教师	准入资格、专业知识、专业技能、专业态度、健康水平等5维度特征
17	黄瑞霞，2010	中学教师	创新能力、主动性、尊重学生、组织协调、教学艺术等7项特征
18	汤舒俊，2010	高校教师	人格魅力、科研能力、教学水平和学生导向等4因子

续表

序号	作者及发表时间	研究对象	教师胜任力特征
19	刘叶云,2010	高校教师	教育理论知识、学科专业知识、学科发展前沿知识、语言表达能力、操作现代教育手段能力、教学启发能力、与学生沟通能力、治学严谨、诚实正直、尊重他人等17项特征
20	罗小兰,2010	中学教师	关系特征、成就动机、长远规划、外界支持、认知特征、教学智能、人格特征、管理能力、情绪特性9胜任力因子等28项特征
21	刘悦,2011	中学教师	热爱学生、敬业、创新意识、学习发展、逻辑思维、问题解决、反思能力、沟通技能、实验能力、业务知识等10项特征
22	张浩,2011	高校教师	教学能力、关爱学生、管理能力、职业素养、个人特质、成就动机和专业能力等7项特征
23	陈红敏,2012	高校教师	教学能力、专业能力、调控能力、职业素质、工作态度、人际沟通、育人能力和成就动机等8项特征
24	卞丽芳,2012	高校教师	职业素质、专业态度、专业能力、教学能力、人际协调能力、人格特征等6维度31项胜任特征
25	牛端等,2012	高校教师	创新、批判性思维、教学策略、专注、社会服务意识、逻辑分析能力、成就欲、尊重他人等8项特征

（2）指标引用频次的统计

通过对教师胜任力特征的文献梳理,这里共列出与教师胜任特征有关的27篇代表性文献。为了筛选出与教学有关的教师胜任力,笔者对文献中引用的胜任指标做定量频次统计。

表2-2　　　　　　　　教师胜任力特征统计频次

胜任特征	统计频次	胜任特征	统计频次	胜任特征	统计频次
教学能力	6	责任心	4	思维严谨	3
专业知识	4	成就动机	3	终身学习	3
管理能力	6	问题解决能力	4	沟通能力	3
多媒体运用	4	幽默	4	亲和力	3
个人特质	5	言语表达	5	尊重他人	4
人格特质	3	学科专业知识	3	育人水平	3
专业能力	4	热爱学生	5	关心学生	3
组织能力	4	观察力	4	调控能力	3
批判思维	2	了解学生	2	进取心	2
情绪特征	2	聆听技巧	2	团队合作	2
领导能力	2	自我完善	2	教育理论知识	2

续表

胜任特征	统计频次	胜任特征	统计频次	胜任特征	统计频次
认知特征	2	学习能力	2	教学理论知识	2
服务水平	2	善于思考	2	宽容	2
成就导向	2	敬业	2	反思能力	2
职业道德	2	师德	2	信息加工	2
教学策略	1	理解能力	2	逻辑分析能力	2
教学机智	1	课堂驾驭能力	2	关系特征	2
教学艺术	1	情感道德	2	成就意识	2
热爱教学	1	成就欲	1	师生关系	1
教学反思	1	社会服务意识	1	教学启发能力	1
热爱教学	1	创新	1	专业态度	1
职业态度	1	主动性	1	灵活性	1
严格要求	1	人际互动	1	教材驾驭能力	1
接受挑战性	1	营造氛围能力	1	不满现状	1
阅读能力	1	获取信息	1	人际理解能力	1
领导力	1	沟通技能	1	创新意识	1
善于相处	1	与人协作	1	教育信念	1
健康水平	1	政治素养	1		

从时间上看，胜任力在教育领域特别是教师教学领域的系统研究中起步较晚，从 2008 年开始才得到广泛专家学者的关注；从研究对象看，涉及幼儿教师有 1 篇，中小学教师有 8 篇，其余 18 篇集中反映了高校教师胜任力；从内容上看，教师胜任特征维度不等，内容整体相似。

（3）指标统计结果的分析

由表 2-2 中数据可以统计出出现频率不小于 4 次的指标有教学能力、责任心、专业知识、管理能力、多媒体运用、幽默、问题解决能力、专业能力、个人特质、言语表达、尊重他人、热爱学生、组织能力、观察力 14 项，这说明此 14 项特征为高校教师所应具备的显著胜任特征。然而，大多数指标的出现频率较为分散，所以仅仅依靠指标统计结果来选择胜任力指标既缺乏事实依据，也没有科学性。因此，根据指标构建的客观性与可操作性原则，本研究综合考虑了以下几个问题：

首先，可供借鉴参考的教学胜任力研究成果非常有限。目前关于教师教学胜任力的研究还没有比较成型的教师教学指标体系，因此教学胜任力指标大多需要从教师一般胜任力指标中进行分析、筛选。例如在现有高校教师教学评价中一般只强调课堂教学的评价，其主要内容仅涉及教学目标、教学仪态、教材准备、教学效果、教学机智、教学方法、教学氛围等与教学过程相关的指标，而教师个人特质、态度、动机等非言语指标往往被忽略。因此，根据现代人力资源的评价要求，科学的教学胜任力指标应包含对教师教学产生重大影响的非言语指标，例如教育信念、责任心、热爱和关心学生的品质、自我反思及善于倾听等胜任特征。

其次，已有教学胜任力指标较为单一，部分关键指标提及频率不高。目前关于教师胜任力的指标在很大程度上借鉴了人力资源指标，在 27 篇教师胜任力论文中，80% 以上的指标反映的是教师的一般胜任特征，具有通用性，这对高校青年教师教学胜任力指标的选择造成了一定的困难。另外，有些指标看似影响不大，提及频率也不高，但它们可能是决定高校青年教师能否胜任教学工作的关键因素，例如自我反思能力、主动性、环境适应性、学习能力等。因此，有些低提及频率或没有提及的指标将根据需要也应加以考虑。

再次，部分指标存在交叉重叠的情况。有些指标其实可以进行归纳概括，比如教学法知识、教育教学理论、教育心理学知识是包含在教育类知识指标中的；语言修养、表达能力指标可以归纳为言语表达；教学反思、教学机智、教学策略、教学方法等一级指标都可以归结为教师教学能力；而教学动机中的成就意识、成就欲是相似指标，可以归纳为成就导向。有些指标需要划清维度，比如自我控制能力、情绪调节能力既可以作为课堂教学能力的特征也可以作为教师个人特质；自我实现、社会责任与服务及成就导向等反映教师动机的指标也是教师个人特质的一定表现。所以，在选择指标时需要综合考虑指标的属性特征。

另外，虽然教师胜任力指标维度在已有研究中内容不尽一致，但都可根据胜任力内涵将其划定为 3—7 维度不等的指标体系。这些指标维度在教师胜任力与教学评价指标体系中都已经得到了较好的论述。因此，对于这样的指标维度可以在教学指标体系中直接引用。例如，教学动机指标几乎在与高校教师胜任力有关的研究中都已提及并验证，教学能力的多数特征只需归纳概括即可选择运用。

由于本研究是运用文献综述法先构建一个初步的指标体系，最后确定高校青年教师教学胜任力指标体系需采用德尔菲法，经过几轮专家评价，结合专家意见对指标体系进行修改。因此，关于具体如何应用德尔菲法确定指标体系与权重，将在专家咨询的结果分析中作进一步的说明。

综上所述，可初步将高校青年教师教学胜任力相应地划分为教学知识、教学能力、教师特质与教学动机四个维度（一级指标）。然后根据每一个维度的类别属性将其划分为若干个与之密切联系的子特征，即二级指标。结果见表2-3。

表2-3　　　　　　高校青年教师教学胜任力指标体系

一级指标	二级指标	一级指标	二级指标
教学知识	教育知识	教师特质	责任心
	学科知识		自信心
	通识性知识		幽默感
教学能力	教学设计		乐观积极
	教材驾驭		思维严谨
	信息运用		敢于创新
	言语表达		主动性
	演示能力		善于沟通
	多媒体操作		善于观察
	课堂管理		亲和力
	启发能力		适应性
	激励艺术		精力充沛
	教学科研		尊重信任
	教学反思		诚实正直
教学动机	热爱教学		热爱学生
	自我实现		严格要求
	成就导向		

3. 高校青年教师教学胜任力指标体系的初步选择与解释

（1）一级指标

胜任力主要从知识、技能、社会角色、自我概念、动机与个人特质六个维度来评价人力资源的特征属性。在教学胜任力指标体系构建中，我们可以将社会角色与自我概念理解为："高校青年教师的身份是什么，应具备何种素质，他们为何奋斗。"那么，这在一定程度上可与教学动机实现重合。据此，可初步将高校青年教师教学胜任力相应划分为教学知识、教学能力、教学动机与教师特质四个维度（一级指标）

（2）二级指标

●教学知识

我国辞书中通行的知识定义是"人们在改造世界的实践中所获得的认识和经验的总和"[1]。它表现为对事物的知觉、表象、概念、法则等心理形式。由此可见，知识是一个种类丰富的体系，它的表现形式与作用途径多种多样，人类的思想传播、生产方式、作业流程及对事物的感知都属于知识的范畴。虽然目前知识的传播渠道越来越广，相对以往获取知识也更为便利，但知识对专业岗位的重要性从未改变，它仍是我们从事一切专业工作的前提与基础。高校教师作为一个专业性很强的特殊的社会群体，传播和研究高深学问是其主要责任，他们不仅应具备高深的专业知识，还需具备从事本专业所需要的教学知识。[2]

所谓高校教师的教学知识，是指高校教师对高校教学的感性与理性认识的成果总和。高校教师的教学知识集中体现为对学生分析、教学准备、教学内容、教学实施、教学反思等方面的认识和体验。高校教师作为从事教学工作的专业人员，其知识结构应包含教育知识、教学知识与通识性知识。教育知识是教师从事教学工作的基础，它是教师对教育者、教育对象及教育影响的认知总和，在高校教学实践中它

---

① 中国社会科学院语言研究所词典编辑室编：《现代汉语词典》，商务印书馆 1996 年版，第 1612 页。

② 张阳春：《大学教师教学知识的形成研究》，硕士学位论文，山西大学，2006 年。

具体表现为教育机智和策略。学科知识是高校教师知识的核心，也是其教学、科研工作的载体。通识性知识是教师提升教学工作质量的保证，它具体包括人文历史、自然科学、信息技术、行为心理及社会科学知识等。虽然通识性知识涉及领域较多，教师也不可能精通每一个领域，但它是高校教师素养的综合体现。博学的教师不仅可以实现学科知识的融合，而且能够调动学生的学习积极性，提升教学质量。结合高校综合性人才培养的目标，高校教师还需要掌握一定量的通识性知识。

综上所述，高校青年教师的教学知识指标应包括教育知识、学科知识和通识性知识等三项内容。

●教学能力

从心理学的角度看，能力是直接影响活动效率、使活动顺利完成的个性心理特征。能力与活动联系在一起，只有通过活动才能发展人的能力和了解人的能力。从教育学的角度看，教学能力是指教师完成教学活动所需要的能力，它反映出教师个体顺利完成教学任务的直接有效的心理特征，是教师从事教育教学工作的基本能力。我国学者对高校教师教学能力内容进行了多种概括。例如薛天祥在《高等教育学》一书中指出，教学能力主要包括教师的教学预见能力、教学实践能力、教学表达能力和教育机智。[1] 周川在《简明高等教育学》一书中指出，教师必须的教学能力主要有教学设计的能力、教学实施的能力、学业检查评价的能力。另外在 21 世纪高校青年教师至少还应具备以下几种核心能力：一是终身学习能力；二是反思教育能力；三是基于网络资源的教育能力；四是激活创造性的能力；五是心理辅导能力。[2] 这些分析和界定对于我们进一步理解青年教师教学胜任力的概念和构成具有启示意义。

通过对高校教师教学能力的简要概述，我们可以概括高校青年教师教学能力的内涵与构成。首先从教学目标制定、教学活动的实施及

---

[1]　薛天祥：《高等教育学》，广西教育出版社 2001 年版，第 347 页。
[2]　周川：《简明高等教育学》，河海大学出版社 2007 年版，第 198 页。

教学方法的运用上看，教学能力主要应包括教学设计能力、教学实施能力和教学研究能力三类；其次从教师的认知状况、思想状态及个性心理特征等心理因素上看，可将教学能力归结为教学认知能力、教学操作能力和教学监控能力三类；最后，结合高校青年教师胜任特征与时代发展要求来看，教师的教学能力应随社会发展而不断变化，教师顺利完成教学工作还需具备良好的沟通能力、终身学习能力、信息运用能力和适应能力。因此，在高校青年教师教学能力指标的选择上，教学实施能力与操作能力在内容上基本一致，主要体现为言语表达能力、演示能力、多媒体操作及课堂提问能力；教学认知能力主要体现为教学设计能力、教材驾驭能力等信息处理能力；教学监控能力主要体现在教学反思与教学评价能力两个方面。此外，良好的激励技巧可以激发学生的学习兴趣与潜力，是教学艺术与智慧的综合体现，而适应能力与观察力则属于个人特征范畴，暂将其纳入教师特质的范畴。

综上所述，高校青年教师的教学能力应包括教学设计、教材驾驭、信息运用、言语表达、演示能力、多媒体操作、课堂管理、启发诱导、激励艺术、教学研究、教学反思等11项内容。

●教学动机

动机一般指由特定需要引起的，欲满足个体自身各种需要的心理状态和意愿，它是驱动个体行为的心理发端，对行为起维护和调节作用。在教育教学活动中，教师的教学动机则是高校教师通过教学活动所要达到的个人心理状态和意愿，其动机可以通过教学态度与行为表现出来。林崇德等（1996）关于中、小学教师教学积极性、责任心及效能感的研究表明：教师强烈而持久的教学动机与教学积极性和责任感成正比，教师教学动机决定其在教学工作中所采取的教学态度和教学行为。因此，教学动机是教师教学胜任力指标维度的重要组成部分。

结合动机结构理论和已有的教师动机研究成果，可将教师教学动机区分为教学内部动机、外部动机和外部内化动机。其中教学内部动机是指推动教师完成教学工作的内在行为动力，例如教学兴趣、实现自我价值；外部动机是指推动教师完成教学工作的社会环境方面的行为动力，例如培养人才、帮助他人、完成教学任务、服务社会等；外部内化动机是指外部动机向内部动机的过渡形态。根据上文教师胜任力指标所引用的统计，成就欲、成就意识、热爱工作、成就感、不满现状、教书育人等指标可以统一归纳为教师教学动机的范畴。

首先，职业兴趣是个人从业的基础。对教学工作而言，许多青年教师由于个人心态、社会环境及科研压力等因素的影响，容易出现职业倦怠、厌恶教学的心理。已有的职业研究表明，工作的兴趣程度越高其工作态度就越好。所以，热爱教学应该是教师从事教学工作的首要动机，青年教师对教学工作的热爱是其促进自身发展的最大源泉。其次，自我实现是青年教师的核心教学动机，满足感、实现价值、不满现状等都是自我实现的初级表现。再次，教育是培养人的活动，高校教师通过传授知识技能培养优秀人才是其履行社会责任承担教育义务的基本价值导向，他的一切教学活动都应以学生为本，以促进学生发展，取得相应成就为本。

综上所述，高校青年教师教学动机指标主要有热爱教学、自我实现和成就导向等 3 项内容。

● 教师特质

已有教学研究表明，高校教师在教学活动中表现出来的思想、文化、心理及群体特征比教学内容更容易被关注和模仿学习，其个性、人格影响力往往比知识和能力更让人印象深刻，教学过程若脱离教师自身的特点便空洞无味，教学活动若脱离教师个性影响便没有生命力。在现代人力资源管理中，特质评价是考察员工是否胜任其工作岗位的关键要素，教师特质也应是高校青年教师教学胜任力指标体系的重要内容。

特质是一个心理学概念，指个人所具有的神经特性。教师特质包含教师个性特质与教师人格特质两个方面。个性特质指一个人在不同的情境下均表现出的一些特点，如进取心、顺从、懒惰、忠诚、畏缩、害羞等。人格特质指在组成人格的因素中，能引发和引导个人行为，并使个人在应对不同种类刺激时都能做出相同反应的心理结构，如外向性、善良、行事风格、智慧、情绪性、人际关系和处世态度等，个性与人格构成了个人特质的主体。

东尼·亚历山卓（Tony Alessandra）和麦可·欧康诺（Michael J. O'Conor）将个人特质表现分为指挥者、社交者、协调者与思考者四种类型。指挥者类型的人果敢、坚定、充满自信，重视效率、勇于接受挑战和冒险，在工作上会努力达成目标。社交者类型的人乐观、活跃、积极、热心，喜欢表现，具有创意、直觉力强。协调者类型的人友善、随和、愉快、谦虚、有礼，乐于和别人合作，关心宽容他人。思考者类型的人理性、细心、深思熟虑，注重逻辑、善于分析，做事有条理，重视细节。这四种类型大体上包含了所有积极的个人特质表现，并且每一种类型都有相应的特质描述。因此，我们可以将其作为教师特质的参照。

高校教师有着多种价值取向，比如科学研究、教育教学、社会服务等。高校青年教师在进入教育教学活动岗位之前，首先需要对组织目标、教学对象、教学内容等因素进行思考，根据自身的特点合理设计教学过程，在教学管理中充当组织目标与教育对象的中介，并做好学校教育与学生发展的协调工作。因此，就教学工作的具体角色而言，高校教师需要充当教学的思考者、领导者、交往者与协调者。所以，高校教师的多元身份决定了其应具备多类型的个人特质。从思考者角色来看，教师需要具备严谨思维、良好的观察判断力、条理性；从领导者角色来看，高校教师需具备自信心、责任心与感染力；从交往者角色看，教师需具备主动性、乐观心态、创造力、外向型品质；从协调者角色看，教师需具备亲和力、协作精神、宽容接纳品质。高校青年教师虽然在教学知识、能力上与具有多年教龄经验的教师相比存在着不足，但相对而言，他们在个人特质上更容易适应时代的变化，更容易贴近学生，在学习工作中精力更旺盛。为了更好地胜任教学工作，青年教师必须正视自身在教学知识、能力方面的不足，重视培养适应品质，及时与领导、同事及学生沟通，向有经验的教师学习，主动参与教学研讨，培养自信心，以乐观积极的心态应对教学工作中遇到的问题和困难，即要注重主动性、适应性、沟通品质、乐观心态及幽默感等个人特质的培养。

另外，教师和大学生是高校的两个最重要的要素，这两者融合在一起的"师生关系"也是高校教学过程中的主要关系。和谐的师生关系不仅有利于形成良好的教学风气，而且有利于培养学生的健康人格。对大学生而言，他们从未成年学生到成年学生的转变时间相对较短，如果稍有不适应便会迷茫。因此，青年教师在身兼教学与科研任务的同时，需要重视师生关系，多与学生进行交流，在此过程中了解学生、赢得信任，从而更好地胜任教学工作。根据教师胜任力指标引用结果，可将构建良好师生关系所需的高校教师特质归纳为热爱学生、诚实正直、尊重信任与严格要求等4个方面。

综上所述，高校青年教师的特质应包括责任心、自信心、幽默感、乐观积极、思维严谨、敢于创新、主动性、善于沟通、善于观察、亲和力、适应性、精力充沛、热爱学生、诚实正直、尊重信任与严格要求等16项内容。

4. 高校青年教师教学胜任力指标体系的修改和建立

初步的指标体系构建之后，还需要作进一步的修改。在指标体系修改过程中主要采用德尔菲法。德尔菲法依据系统的程序，采用匿名发表意见的方式，即专家之间不得互相讨论，不发生横向联系，只能与调查人员发生联系，通过多轮次调查专家对问卷所提问题的看法，经过反复征询、归纳、修改，最后汇总成专家基本一致的看法，作为预测的结果。这种方法具有广泛的代表性，较为可靠。本研究采用德尔菲法，对指标体系进行修改和完善。具体实施步骤如下：

第一，编制咨询问卷。根据初步构建的指标体系设计咨询问卷，咨询问卷主要包含引言、核心概念、咨询内容、专家信息及相关评估依据。

第二，确定专家组。组成专家组的人数根据预测指标的层次和涉及领域而定，一般为20人左右。依据本研究实际涉及的领域，拟组建一个包含多学科［人力资源管理、教育学（含教学论、教育评价、高等教育等）、心理学］组成的专家组，他们既从事高等教育教学的理论研究，同时也具有丰富的高校教学、教学管理及教学评价的实践经验。

第三，向所有专家提出将要预测的问题及有关要求。在提出问题之前，首先附上有关这个问题的所有背景材料，同时请专家提出还需要什么材料。然后，由专家做书面答复。本研究在这个阶段主要是设计一份问卷，其中包括背景介绍、初步构建的指标体系、各指标的含义和解释，以征询专家的意见。

第四，将各位专家的第一次判断意见汇总，列成图表，进行对比，再分发给各位专家，让专家比较自己同他人的不同意见，修改自己的意见和判断。在本阶段，主要是汇总各位专家的意见，按照专家对指标体系各层次的构成和各指标的增减及修改，对指标体系进行重新设计。然后，再次设计问卷，将指标体系的修改原因陈述清楚，向12位专家发放本轮问卷，再次征询各位专家的意见。

第五，将所有专家的修改意见收集起来，加以汇总，再次分发给各位专家，以便做第二次修改。逐轮收集意见并为专家反馈信息是德尔菲法的主要环节。收集意见和信息反馈一般要经过二、三轮，在向专家进行反馈的时候，只给出各种意见，但不透露发表各种意见的专家的信息。重复进行此过程，直到每一位专家不再改变自己的意见为止。在本阶段，主要是多次汇总专家意见，反复修改指标体系，直到最后统一各位专家的意见。

第六，对专家的意见进行综合处理。在本阶段，得到各位专家的统一意见后，构建出最后的指标体系。

5. 高校青年教师教学胜任力指标体系专家函询的过程与结果

（1）咨询专家的确定

本研究选取在北京、湖北、陕西、浙江、河南、吉林、广西、重庆、江苏、福建、江西等11个省市涉及高校教务管理、教学理论研究及教学实践一线的23位专家作为高校教师教学胜任力指标体系的函询对象，其中男性专家20位、女性专家3位；总年龄段为36—67周岁，其中36—45周岁专家5位、46—55周岁的13位、56周岁及以上的5位；从事教育教学工作11—20年的专家人数3位、21—30年为15位、31年及以上专家为5位；职称均为教授或研究员，本科学历的为3位、博士学历的20人；其中博导11位、全国模范教师1

位、国家级教学名师 2 位、省级教学名师 3 位、校级"十佳教师"2
位。专家群体具有专业代表性、地域代表性和权威性。

（2）咨询问卷的形成

在文献检索和研究组讨论基础上结合我国高校青年教师教学实践
情况自行设计咨询问卷。咨询问卷共分为两个部分：第 1 部分为咨询
说明及正文，包括指标项目维度设计、分类、修改建议及赋值；第 2
部分为专家基本资料与评估信息，包括专家的基本情况、对咨询内容
的熟悉程度及专家进行判断、建议及修改的主要依据（详见附表）。
其中，指标重要程度依据里克特（Likert）的评分方法，数字 1、2、
3、4、5 代表该指标在此维度中的重要程度，1 代表特别不重要，2 代
表不重要，3 代表一般重要，4 代表比较重要，5 代表非常重要。专家
权威程度由专家对问题进行判断的依据（用判断系数 Ca 表示）和专
家对问题的熟悉程度（用熟悉程度系数 Cs 表示）两个因素决定。熟
悉程度分为 5 个等级并赋予不同的系数；判断依据分为 4 类，并将影
响程度分为大、中、小不同的量化值。

（3）咨询过程和结果

●第一轮咨询过程和结果

第一轮共向 25 位专家邮发高校青年教师教学胜任力指标体系咨
询表，回收咨询表 23 份。按照咨询工作的程序，现将 23 位专家的意
见汇总如下：

—— 指标维度的设计

各位专家基本上同意 4 个一级指标维度的整体设计，但是较多专
家对指标维度的层次设计提出了修改建议。在教师"教学知识"维度
方面，专家意见基本一致，表示此维度比较重要。在教师"教学能
力"维度方面，多数专家认为"教学胜任力"一级指标下的二级指标
缺乏概括性。例如，有专家提出 13 项二级指标并不能成为并列关系，
它们其实处于教学能力的不同层次。因此，教师"教学能力"维度的
指标层级可以从教学工作的基本环节去考虑设计。例如，可以直接归
纳为 4—8 个并列二级指标。同时，有专家建议可以将 13 项二级指标
综合为教学资源、教学设计、教学组织（教学智慧）、教学评价（质

量监控与提升）等几个方面，并在此基础上增设、细分三级指标，这
样可以解决二级指标略显宽泛的问题。在"教师人格特征"方面，较
多专家亦提到同类问题，半数专家认为现有 19 项二级指标缺乏分类
和归纳，可以从师德修养、敬业精神、关爱学生等几个主要维度加以
考量，或者重新设立二级指标；有专家还指出教师人格特征的二级指
标细分维度不仅可以使思路显得更为清晰，而且便于检查是否遗漏指
标，并在同一维度上比较出重要性；同时，有少数专家提到人格特征
指标设置过多的问题。

　　在教师"教学动机"方面，较多专家对"教学动机"维度设计存
在争议。综合表现为两种观点：一是"教师动机"与教师"教学知
识""教学能力""教师人格特征"三个维度不在同一个层次，不属
于胜任力的范畴；二是随着胜任力内涵的不断发展，"教学动机""职
业动机""职业认同"既相互联系又不完全相同，需要有针对性地划
分，可以考虑设置以职业为主体的一级指标，然后在其范围内设置职
业理解、职业态度、职业动机及职业情感等同一类属的二级指标。例
如，有专家认为"教学动机"更多地体现为完成任务、传授知识、培
养技能、教学育人等方面，离自我实现还存有一定距离。同时，有部
分专家建议用"职业态度"或者"教师教学态度"来表示"动机"
维度，因为在现代岗位绩效评价中，"态度"已成为影响工作绩效高
低的重要因素。

　　从教育社会学角度来看，教师的职业品质实质是客观教学活动与
个人主观需要之间关系的反映。而在具体的教学活动中，教师教学行
为变化的心理动因就表现为教学态度和情感的转变。通常而言，教师
动机暗含的教学态度水平与情感是直接影响教学行为的关键因素，教
学行为与教学情感态度具有一致性。当前高校青年教师群体基本上处
于职业起步阶段，其职业情感和态度同动机水平的关系更为密切。因
此，根据指标设计的整体原则与功能要求，选用教师"职业品质"一
级指标比教师教学动机更易于理解和操作。

　　综上所述，根据多数专家的意见，高校青年教师教学胜任力指标
体系可设计为"知识素养""教学能力""职业品质"和"人格特征"

4 个维度，然后在此基础上结合专家对指标内容的修改情况确定二、三级指标。

　　—— 指标项目的调整

　　根据专家对咨询指标的修改建议和赋值程度可以采取两种结果处理方式：第一种是直接修改法，即根据专家对指标选择的合理性评价结果进行修改，其中主要处理方式是对普遍新增指标予以添加，相对欠妥指标予以修改，不合理指标予以删减；第二种是间接修改法，即根据专家就指标重要性赋值程度予以统计并进行比较。专家的修改意见汇总如下。

　　在"知识素养"方面，专家对当前"教学知识"指标项目的整体意见基本一致，但提出了四条修改意见：一是可以将"教学知识"直接称为"知识"；二是用"教育学知识"代替"教学知识"可能会更好；三是"学科前沿知识"与"学科知识"存在重合，可以将其划入"学科类知识"项目。例如有两位专家指出，如果"学科前沿知识"没有特殊含义的话可以将其剔除；四是增加教学知识技巧类的指标，因为教育理论知识不能完全涵盖此项内容，如可以涵盖则单独提出一个教学方法技巧类的指标。另外，有专家建议将知识分为陈述性、程序性或策略性等指标。综合而言，其中两处存在较大异议：一是"教学知识"的表述容易理解为仅是知识的掌握；二是"学科前沿知识"设置的必要性。针对此种情况，为了更好地体现胜任力特征，暂将"知识素养"替换"教学知识"，在此基础上设置 3 项二级指标："教育知识""专业知识""一般知识"。在"教育知识"方面添加"教育实践性知识"；在"专业知识"方面仅设"学科知识"，因为学科前沿知识也属于学科知识的范畴；在"一般知识"方面设"通识性知识"。这样更加全面且易于理解。

　　在"教学能力"方面，将三级指标"教学设计""教学反思""教学研究"综合为二级指标；同时在"教学设计"与"教学反思"之间设"教学实施""教学管理"2 项二级指标。增加"教学目标分析""理解学生""教学方法选择""教学组织""教学机智"等 5 项三级指标。从教学设计要素内容看，"教学目标分析"为教学设计的首要因素，它是指导教学活动、评价教学效果的重要指标。在目标分析的基础上，有专家认为高校青年教师还需要具备了解学生的能力。特别是在教学交往过程中，教师需要充分理解学生问答语言、行为、心理所暗含的意图和存在的问题，这对保证教学效果尤其重要。"教学方法的选择"首先建立在对学生理解的基础之上，但同时又有自身的特殊要求，即教师在掌握教学法、心理学、行为学及社会学知识的同时，要结合教师的特点综合选择和运用方法。有专家认为"教学组织"是保证教学实施过程有序、高效的关键一环，教师缺乏教学组织能力将会导致教学活动脱离教学设计，不利于教学目标的实现。"教学机智"是指教师在教学过程中能根据学生新的特别是意外情况，迅速而准确地做出判断，及时采取恰当而有效的措施解决问题的一种特殊定向能力。特别是在当前课堂教学由传统"司机型"到"导游型"的转型过程中，"教学机智"是教师运用实践智慧赋予每一情境以教育意义的临场创造，是高校教师教学能力的重要体现。

将三级指标"多媒体操作"改为"教学媒体运用"、将"信息运用"改为"信息获取"。专家认为，"演示能力"与"多媒体操作"存在重合，而且较多专家认为"多媒体操作"范围过小，把"操作"改为"运用"更能显示青年教师应用现代教育技术、适应信息化教学的能力，故在此次表述中做出一定的调整。其中演示能力主要是指教师语言与姿态相结合的展示能力。另有专家认为"信息运用"过于宽泛，在教师能力指标体现上还不够具体，所以将"信息运用能力"修改为了完成教学活动，达到一定教学效果而获取一切有教学价值信息的能力（即信息获取）。删减三级指标"设疑解惑"。

由此，根据专家的分类建议可以将"教学目标分析""理解学生""信息获取""教材处理""教学方法选择"5项三级指标归纳在二级指标"教学设计"维度；将"语言表达""演示能力""教学媒体运用""启发诱导""教学机智"5项三级指标归纳到二级指标"教学实施"维度；将"教学组织""激励艺术""教学评价"

3 项三级指标归纳在"教学管理"维度。

在"职业品质"方面，职业品质包含"职业情感"和"职业态度"2 项二级指标，其中"职业情感"包含"对学生情感""对教学情感"2 项内容；"职业态度"包含"责任心""进取心""自我要求""教育信念""成就导向"及"团队协作"6 项内容。多数专家认为本维度教师人格特征中"责任心"和"严格要求"指标的设置不合适，这些指标严格而言不属于人格。鉴于此，将"责任心""自我要求"设置在"职业态度"方面更为合适。同时，多数专家认为"进取心"是青年教师成为优秀教师的必备品质，教学是理论性、实践性与艺术性都很强的工作，青年教师只有不断学习和勇于改进才能胜任。由于初始咨询表未直接列出此维度，专家在职业品质上虽没有给出直接建议，但是有部分专家提出了两条重要信息。首先，有专家认为，教师人格特征方面的二级指标比较多而且杂，可以在划分维度的基础上，考虑添加"师德修养""敬业精神""关爱学生"等指标。从实践工作与理论分析来看，这些指标的确是评价教师教学胜任力的重要方面。因此，结合教学工作特点可将教师"师德修养""敬业精神"上升到"教师职业情感和治学态度"层面。其次，"教育信念"是教师对高校教师职业的看法，它代表一定行为的倾向性并对行为产生动力作用，可以直接影响教育实践活动，是一个教育价值观的问题。参考专家的建议，将"教育信念"列为重要的职业品质。

在教师"人格特征"上，设定"自我特质""人际状态"2 项二级指标；将三级指标"思维严谨""敢于创新""情感丰富"及"包容赏识"分别修改为"批判思维""创造性""情绪控制""宽容性"三级指标。在原咨询表中教师人格特征共有 19 项二级指标，较多专家认为它们与"教学能力"维度下的指标一样存在缺乏概括分类的问题。其中有两位专家分别建议设立职业精神、人格魅力，师德、敬业、友爱等教师人格特征的二级指标。另有一位专家建议突出教育情感、个人影响力方面的特征。考虑到情感范畴较为宽泛，"情感丰富"对描述教师情感特征也不明显，所以此次咨询重点关注"教师情绪控制"方面，因为教师情绪特征相比情感而言易于观察和描述。有专家提出，"思维严谨""包容赏识""敢于创新"的指标描述在用语上带有倾向性，作为评价类指标应遵循中性原则，例如"敢于创新"本身就是创新维度下的指标层级，所以结合教师人格特征与胜任力标准要求将此三项指标改为"批判思维""宽容性"与"创造性"。

剔除"乐观积极""主动性"两项。考虑到"乐观积极""主动性"与"进取心"有重合，所以删减此两项。有专家认为"精力充沛"只是反映教师身体状态，不属于教师人格范畴，可以删减。但是，在指标赋值中所有专家均给予"精力充沛"较高评分，考虑到此项目指标特殊性，暂且保留此项，同时在下一轮咨询中予以标注说明。

综上所述，"人格特征"维度设"自我特质""人际状态"两项二级指标，并分别设置"自信心""正直性""适应性""创造性""幽默感""精力状况""批判思维""情绪调控""公正性""宽容性""亲和力""人际沟通"12项三级指标。

（3）关于指标项目的表述

在高校青年教师教学胜任力指标体系的表述方面，大多数专家意见基本一致，在具体指标的描述方面，专家提出了以下建议：

第一，指标的含义应处于同一水平，同时注意指标交叉重叠的情况。例如有专家提到"动机"与知识、能力、人格特征不在胜任力的同一水平，"多媒体操作"与"演示能力"存在交叉嫌疑。

第二，指标表述在词性上应保持中性，尽量避免带有情感色彩的描述词，减少测评的主观倾向性。例如专家提到"善于沟通""乐观积极"用做测查指标不太合适。

第三，指标表述范围需体现层次性，在追求精确性的同时避免狭隘化。例如有专家提出所列"教学动机"指标缺乏针对性，它更像是职业动机水平，而不是对个人的评价，没能体现教师的教学胜任特征。另外，有多位专家对"多媒体操作""信息运用""教材驾驭"的表述范围提出了建设性意见。

综上所述，经过第一轮专家函询，高校青年教师教学胜任力指标体系包含"知识素养""教学能力""职业品质"与"人格特质"4

个维度和"教育知识""教学设计能力""职业情感""自我特质"等12个方面的内容及"教育理论性知识""教学目标分析""对学生情感""自信心"等39项指标（见附表）。

●第二轮咨询过程与结果

在第一轮问卷函询过程中，由于有3位专家对咨询话题熟悉度很不熟悉，所以第二次共向20位专家邮发高校青年教师教学胜任力指标体系咨询表，回收咨询表20份。现将20位专家的意见汇总如下：

—— 指标维度的设计

经过第一轮函询后，专家认为此次青年教师教学胜任力维度及指标的设定与第一轮相比更加系统而全面，在表述上也更加准确、合理。在整体设计上，各位专家的意见已比较一致。但在具体表述层面上，专家们又提出了一些建议。一位专家提到，青年教师教学胜任力是不断自我创生、转化的动态发展过程，它涉及到一级指标之间、二级指标之间的过渡、转化问题，因此可以尝试考虑各指标要素之间的有机、动态联系，例如理论知识向实践经验的转化、知识素养向教学能力的转化。有多位专家认为现有二级指标与三级指标对教学胜任力的概括还不够准确细致，作为指标体系的三级指标的划分最好更详细些。如知识素养中的四类知识都可以进行细化，四类知识中的每类知识都可以细化为2—3个观测点，使三级指标丰富起来；有专家认为大学教师最核心的能力是课程设计能力，当前高校青年教师教学能力维度应更加突出教学设计方面的能力。

通过对专家意见的分析，在指标的设计上可以将二级指标进行细分，每一个一级指标都可以划分为2—4个不等的二级指标，每一个二级指标都可以划分为2—8个不等的三级指标，但是每一个维度之下的三级指标应该有严格的设定依据和要求，根据青年教师的状况和教学胜任力的特点，维度间指标又应该有所侧重，否则指标体系在维度上容易走向过度失衡或过于平均的误区，造成最终得出的高校青年教师教学指标权重无法真实反映教学胜任力的真实情况。

因此，根据已有研究和专家建议，将"知识素养"划分为"教育知识""学科知识"和"通识知识"3项二级指标；将"教学能力"

划分为"教学设计""教学实施"及"教学研究与改革"3项二级指标；将"职业精神"改为"职业品格"，并将其划分为"职业态度""职业情感"和"职业追求"3项二级指标；将"人格特质"划分为"自我特质"和"人际特征"2项二级指标。

　　—— 指标项目的修改

　　在"知识素养"方面，专家对当前"教学知识"指标项目的意见一致，有部分专家提出当前"专业知识"与"通识知识"的划分不是特别严谨。比如，专业知识可以表示除一般知识以外的所有信息，而且"一般知识"的表述也不够准确。因此，根据专家建议，将二级指标改为"教育知识""学科知识""通识知识"，在"学科知识"方面增加"学科基础知识"和"学科前沿知识"两项三级指标，在"通识知识"方面针对高校教师不同学科的特点增加"人文社科知识"和"自然科学知识"。

　　在"教学能力"方面，在"教学设计"中将"理解学生""教材处理""信息获取"改为"教学对象分析""教学内容安排"及"信息获取与处理"。多数专家认为在教学设计的过程中都应该有教学对象分析的一环，而理解学生虽然可以表示对教学对象的分析，但是这样的表述更偏向于对学生的情感和课堂的组织管理，所以改为"教学对象分析"更加适宜。将"教材处理"改为"教学内容安排"主要是考虑到高校的教学不仅限于教材，其范围比教材要广，教材只是教学的内容之一。将"信息获取"改为"信息获取与处理"主要是考虑到教师在获取信息后还有一个分析和加工处理的过程，远远不是将信息获取以后简单地拿来就用。

　　在"教学实施"方面增加"课堂组织""激励艺术""师生互动"及"教学评价"指标，将"演示能力"改为"教学演示"、将"教学媒体运用"改为"教育技术运用"，删去"教学机智"指标。有专家提出二级指标"教学实施"和"教学管理"存在重合，在课堂教学中教学管理和教学实施其实是同时进行的，很难进行明确的划分，所以可以将两者合为"教学实施"。另外，有部分专家认为"教学机智"虽然比较重要，但是机智是一个较为抽象的指标，它在一定程度上是知识、经验和能力的集合，并且很难量化。其实，通过对二、三级指标的调整之后，"教学机智"在"教学实践知识""教学对象分析""教学方法选择"及"幽默感"等诸多指标中都有所体现，所以删减此项指标。另外，对于第一轮"演示能力"和"教学媒体运用"的表述，专家认为不易理解，媒体的含义比较小，建议用教育技术更符合现代多媒体的要求，而且"媒体"与"演示"易造成语义重叠，故而改为"演示能力"。

在"教学研究和改革"方面设置"教学反思""教学研究"与"教学改革"3项指标。对于教学反思与研究，多数专家都提出了自己的想法和建议。他们认为当前高校青年教师是教学改革的主力军，但事实上教学反思与研究能力的欠缺又是阻碍青年教师教学能力成长的重要因素。因此，为了凸显此方面的重要性增设"教学改革"指标。当然，也有专家提出设置"教学目标反思""教学内容反思""教学方法反思"，将教学研究分"教学理论研究"和"教学实践研究"的建议，虽然这样划分更加细致，但是易造成指标难以穷尽，数量无法控制的情况，所以没有将其列入第三轮的咨询范围。

在教师"职业品格"方面，将"职业品格"维度调整指标项目，设3项二级指标。在"职业态度"二级指标中设"责任心""进取心"及"严谨性"3项指标；在"职业情感"二级指标中设"关爱学生""热爱教学"及"专业认同"3项指标；在"职业追求"二级指标中设"职业理想""职业信念"及"职业境界"3项指标。在第二轮函询结果中，大多数专家认为"职业情感"还应该包括对专业学科的情感，故增加"专业认同"指标；多数专家认为"对学生情感"与"对教学情感"作为三级指标不够准确具体，此前"关爱学生""热爱教学"的表述更加准确，故作相应调整；有部分专家认为"自我要求"仍无法体现教育教学职业的特征，每一行业都需要严格的自律和要求。因此，针对专家提出的"教学严谨"作相应调整，在"职业态度"二级指标中增加"严谨性"这个三级指标。另外，针对专家提出二级指标仅仅两项似乎不能完全表达"职业精神"和当前"教育信念""成就导向"指标设定的建议，增设"职业追求"二级指标，其中包含"职业理想""职业信念"及"职业境界"3项三级指标。整体而言，这样的调整综合吸收了绝大多数专家的建议。

在教师"人格特质"上，设"自我特质""人际特征"2项二级指标，删减"创造性""精力充沛"及"亲和力"指标，增加"合作精神"指标并将三级指标"人际沟通"修改为"沟通能力"。有专家提出"人际状态"是静态形式，而人际间的交往是一种动态的过程，用人际状态表示二级指标不够准确，因此将其修改为"人际特征"，与"自我特质"相对应。针对第一轮专家们提到的关于三级指标繁多的情况，大部分专家根据其他专家的反馈情况都给提出了自己的建议。就指标数量问题，多数专家认为教师的人格特质虽然是影响教学行为过程与结果的重要因素，但其指标项目数应控制在总维度的平均水平。同时，当前已有的教师人格特质指标研究有对人力资源管理领域胜任指标的借鉴，比如有专家提出教师教学的"创造性"其实是知识素养、教学能力与个人特质的集合，指标中的"批判思维"也是产生创造力的必备因素。另外，"沟通能力"其实也包含了"亲和力"，因为良好的亲和力是沟通能力的基础。因此，参考专家的建议，适当调整了指标的数量，删减了与教学胜任力相关度不高或交叉重复的条目。

综上所述，经过第二轮专家函询，高校青年教师教学胜任力的指标体系包含"知识素养""教学能力""职业品格"与"人格特质"四个维度和"教育知识""教学设计能力""职业态度""自我特质"等11个方面的内容及"教育理论知识""教学目标分析""责任心""适应性"等41项指标（见附表）。

●第三轮函询过程与结果

第三次共向原20位专家邮发高校青年教师教学胜任力指标体系咨询表，回收咨询表20份。经过两轮函询，专家对高校青年教学胜任力已非常熟悉，通过两轮意见反馈之后，专家对彼此不同或持续争议的地方相互妥协，对新修订的指标体系基本上都给予肯定，达成了一致。

（4）咨询结果的可靠性分析

●专家的基本情况

—— 专家年龄结构与工作年限

专家的工作年限在一定程度上可以反映专家在该工作领域的经验，对本课题所涉及内容的熟悉程度以及对问卷内容的理解，有利于保证其权威性。参与本研究的专家年龄和工作年限见表2－4和表2－5。

表2－4　　　　　　　　　　咨询专家的年龄分布

年龄	人数（人）	百分比（%）
36—45 岁	4	20
46—55 岁	11	55
56 岁以上	5	25

从表2－4中可以看出，专家年龄呈橄榄型结构，即46—55周岁中年专家为咨询的主体，占专家总人数的55%；青年、中年及资深专家各占一定比例。整体专家年龄结构对青年教师教学胜任力有较为深刻、全面的理解力。

表2－5　　　　　　　　　　咨询专家的教龄分布

教龄	人数（人）	百分比（%）
10 岁以下	1	5
11—20 岁	2	10
21—30 岁	12	60
31 岁以上	5	25

结合专家的年龄结构与咨询专家的教龄可以看出，本研究所选择的咨询专家中95%有10年以上的教育教学工作经历，75%以上有20年以上教育教学工作经历。较长的教育教学工作经历可以保证他们对高校青年教师教学胜任力各项指标有较好的理解力。

——专家的学历与职称

学历和职称在一定程度可以反映专家的受教育程度和学术水平及对问卷内涵的理解力。本研究专家的学历和职称分布见表2－6。由表中可见，本研究所选择的咨询专家学历与职称层次都非常高，绝大多数具有博士学历，所有专家都具有正高职称，因而具有非常好的学术权威性，对问卷内涵易于做出正确判断。

表 2 - 6　　　　　　　　　咨询专家的学历与职称分布

学历	人数（人）	百分比（%）
本科	2	10
博士	18	90
职称	人数	百分比（%）
教授	20	100

—— 专家积极系数

专家对咨询内容的回应一般用问卷的有效回收率表示。美国学者艾尔·巴比提出过一个简单的等级规则："50%的回收率是可用来分析报告的最低比例，60%的回收率是好的，70%就非常好了"。我们第 1 轮问卷共发放 25 份，收回有效问卷 23 份，有效回收率为 92%；第 2 轮共发放问卷 20 份，收回有效问卷 20 份，有效回收率为 100%；第 3 轮共发放问卷 20 份，收回有效问卷 20 份，有效回收率为 100%。此结果反映本研究得到了专家们的积极支持和关心。

—— 专家权威程度

专家权威程度主要由专家对问题进行判断的依据和专家对问题的熟悉程度两个因素决定。

专家的判断依据分为四个方面，根据专家的判断依据及影响程度量化表，得出本研究咨询专家的判断依据 $Ca = 0.867$，频数及频率分布情况见表 2 - 7 和表 2 - 8。

表 2 - 7　　　　　　　　专家判断依据及影响程度量化表

判断依据	对专家判断的影响程度 Ca		
	大	中	小
直观感觉	0.1	0.1	0.05
理论分析	0.3	0.2	0.1
工作经验	0.5	0.4	0.3
相关信息参考	0.1	0.1	0.05
合计	1.0	0.8	0.5

表 2 - 8　　　　　　　　　专家判断依据频数分布

判断依据	大		中		小	
	频数	频率（%）	频数	频率（%）	频数	频率（%）
直观感觉	5	25	13	65	2	10
理论分析	4	20	15	75	1	5
工作经验	13	65	7	35	0	0
相关信息参考	4	20	13	65	3	15

根据20位专家的判断依据勾选，在直观感觉、理论分析、工作经验及相关信息参考四个维度上得到80个频率分布，其中在较大判定依据上，工作经验频数为13，占较大依据总体的50%，说明专家们普遍依据其实际教学经验提供咨询意见。在中等判定依据方面，理论分析频数较多，占中等依据近30%，说明理论分析是专家提供咨询意见的另一重要依据。

专家对问题的熟悉程度根据专家对问题熟悉程度系数表分为5个等级。本研究专家对问题的熟悉程度 Cs = 0.87。频数及频率分布见表2 - 9和表2 - 10：

表 2 - 9　　　　　　　　专家对问题熟悉程度系数

熟悉程度	很熟悉	较熟悉	一般熟悉	较不熟悉	很不熟悉
Cs	1.0	0.8	0.6	0.4	0.2

表 2 - 10　　　　　　　咨询专家对问题的熟悉程度

熟悉程度	人数（人）	频率（%）
很熟悉	10	50
较熟悉	7	35
一般熟悉	3	15
较不熟悉	0	0
很不熟悉	0	0

本研究中的专家权威程度 Cr 为（0.867 + 0.87）/2 = 0.868，一般认为 Cr≥0.70 为可接受水平。由此可见，专家对本研究具有较好

的权威性，函询结果可信。

　　—— 专家意见的集中程度

　　经过三轮次函询后，41 条目中有 38 条目的均数不小于 4.0，比较重要项目占 95% 以上，总满分比 50.8%，56% 项目满分比 ≧50%，指标项目均分为 4.42，标准差为 0.03，误差比 14.7（按经验离散误差比 ≧3 则表示呈正态分布），这说明各指标项目均比较重要，专家意见集中程度比较高。

表 2 - 11　　　　　　　　　　　专家意见集中程度

重要性程度	一般重要	比较重要	非常重要
百分比（%）	9	40.2	50.8
指标均分：4.42			

表 2 - 12　　　　　　　　　　　　指标项目得分

指标项目	均分	指标项目	均分	指标项目	均分
责任心	4.90	教学内容安排	4.50	学科前沿知识	4.35
关爱学生	4.85	教育理论知识	4.50	教学评价	4.30
教学对象分析	4.85	进取心	4.50	职业理想	4.30
学科基本知识	4.85	启发技巧	4.50	课堂组织	4.25
教学反思	4.80	师生互动	4.50	严谨性	4.25
热爱教学	4.80	职业信念	4.50	教学改革	4.10
公正性	4.75	教学研究	4.45	信息获取与处理	4.10
自信心	4.70	专业认同	4.45	职业境界	4.10
语言表达	4.65	批判思维	4.40	人文社科知识	4.05
自我调控	4.65	适应性	4.40	幽默感	4.00
教学方法选择	4.60	合作精神	4.35	教学演示	3.75
教学目标设定	4.60	激励艺术	4.35	自然科学知识	3.75
教育实践性知识	4.55	坚持性	4.35	教育技术运用	3.65
沟通能力	4.50	宽容性	4.35		

　　—— 咨询总结

　　经过为期近 3 个月的三轮次函询后，20 位专家的意见基本达成一致。专家整体学术权威性较高，对咨询话题比较关心和支持，意见程度比较集中，咨询结果权威程度为 0.87，结果可信。但是考虑到当前高校青年教师教学胜任力指标体系仅处于研制阶段，部分专家提出的某些合理意见暂时还无法在指标体系中得到体现，对此我们将在高校青年教师教学胜任力的实际调查和测评阶段尽量参考和吸收。

四　高校青年教师教学胜任力的测评

编制高质量的高校教师教学胜任力测评问卷是本研究的重要任务。在研究中，通过试测工作，反复研究并修订正式测评工具。本章主要内容为在收集大量高校青年教师教学胜任力测评数据的基础上，对当前高校青年教师的教学胜任力水平进行系统分析。

（一）高校青年教师教学胜任力测评问卷的设计

为了获取客观的反映高校青年教师教学胜任力的数据，此次问卷编制花费大量的时间和修订工作。2013 年 12 月初—12 月中旬，根据胜任力指标维度，设计了初步试测问卷，请从事多年实际教学工作且在教学评价方面经验丰富的专业人员对问题的设计、结构及表述等方面进行了修改，在此基础上形成试测问卷。12 月 25 日，在江西师范大学教学楼向课间休息的教师随机发放 36 份试测问卷，回收有效问卷 26 份。发现测评项目表现较为集中、数据统计信效度偏低、部分题目编排顺序不合理等问题，后将问卷改为 6 点计分，并从整体上优化测评项目顺序。12 月 26 日，借助江西省高校师资培训中心举办全省"教学范式改革与创新"培训班的机会，向参与培训的 20 余所高校 180 余位教师发放测评问卷，回收 163 份，有效问卷 139 份，回收率 90.5%，有效率 85.27%。由于问卷量偏少，后续利用随机发放问卷方式收集 41 份，以此 180 份问卷为试测问卷进行检验分析。发现"即使教学目标没有要求，我仍然时刻关注当前所教学科""在备课时会认真研究和合理设计教学应达到的目标""在选择教学方法时会综合考虑主客观各方面的因素""在教学中语言表达清晰流畅、简明扼要""在教学中能熟练地使用现代教育技术""及时向学生提供反馈信息，使之能准确进行自我评估""对教学工总是恪尽职守，从不马虎对待""治学严密谨慎，一丝不苟"8个题目在不同教师身上表现不明显，无显著性差异，原因可能是题项中的假设前置、暗示性表达及明显赞许性词汇的使用造成。根据自评问卷要求，修改认真研究、综合考虑、清晰流畅、马虎对待、严密谨慎等引导性表达；删除"主动从事教学研究，不断总结和揭示教学的规律"。为了减少社会赞许性对教师整体表现的影响，正式题项在修改基础上，增加了5个反向计分题。为收集到真实有效问卷，正式题项中添加了3个测谎题，即3个题目在问卷中前后均有同意表达，以此判断教师答题是否随意勾选。问卷经修订后做了小样本调查，结果较为理想。由于此前问卷做了大量预测试与修订工作，修改后的问卷可直接用于正式试测。

　　根据调查要求，正式调查前需要进行测试，以此判定调查问卷是否有效。本次正式试测向江西师范大学、南昌大学、宜春学院、井冈山大学、景德镇陶瓷学院、南昌工程学院6所高校发放问卷320份，回收282份，回收率为88%；有效问卷253份，有效率为89.7%。

　　1. 题目分析

　　题目分析的检验目的是探究高低分的被试在每个题目的差异或进行题目间同质性检验。常用的方法是相关法和T检验法。相关法是求问卷题目和总分的相关，个别题目与总分的相关越高，表示题目与整体量表的同质性越高。T检验法即是在题目分析时，以问卷总分前27%和后27%做差异检验，所得到的值称为决断值（Critical ratio，简称Cr），如果题目的Cr值显著（$\alpha < 0.05$），即表示这个题目能鉴别不同被试的作答情况，如果Cr值不显著（$\alpha > 0.05$），即表示该题目不能鉴别不同被试的作答情况，这也是考虑题目是否应删除的判断条件。

　　经过SPSS18.0软件计算各问卷题目与总分的Pearson相关系数r，如表2-13中所示，结果发现，虽然全部题目的r系数都在0.01的水平上显著（$P < 0.01$），但是第2道题的r系数为0.154，第42题的r系数为0.242，第43题的r系数为0.278，均低于0.3，属于低相关，说明这些题目与整体问卷的同质性不高。

表 2 – 13　　　　　　　　　　　　题目与总分相关

	r	P		r	P
A1	0.643	0.000	A23	0.609	0.000
A2	0.154	0.003	A24	0.724	0.000
A3	0.675	0.000	A25	0.395	0.000
A4	0.717	0.000	A26	0.578	0.000
A5	0.594	0.000	A27	0.610	0.000
A6	0.785	0.000	A28	0.486	0.000
A7	0.770	0.000	A29	0.684	0.000
A8	0.730	0.000	A30	0.634	0.000
A9	0.628	0.000	A31	0.686	0.000
A10	0.621	0.000	A32	0.683	0.000
A11	0.735	0.000	A33	0.715	0.000
A12	0.540	0.000	A34	0.687	0.000
A13	0.643	0.000	A35	0.739	0.000
A14	0.596	0.000	A36	0.662	0.000
A15	0.464	0.000	A37	0.649	0.000
A16	0.324	0.000	A38	0.689	0.000
A17	0.657	0.000	A39	0.689	0.000
A18	0.659	0.000	A40	0.459	0.000
A19	0.643	0.000	A41	0.611	0.000
A20	0.684	0.000	A42	0.242	0.000
A21	0.710	0.000	A43	0.278	0.000
A22	0.680	0.000			

本研究采用 T 检验法继续对题目进行详细分析，进一步筛选题目。结果发现，所有题目的 Cr 值都非常显著（$\alpha < 0.01$），表明以上所有题目的鉴别度较高，可以全部得到保留。

2. 信效度检验

信度是指针对某一现象的测量所提供的稳定性和一致性结果的程

度。一般用可靠性系数来评价整个量表的一致性。在单一维度内考察题目之间内在一致性比较流行的指标是 α 系数和分半系数。效度是指题目能够真正测出所要衡量的事物的程度。效度分析主要包括了内容效度和结构效度等。

经过 SPSS18.0 软件分析，本研究所编制问卷的信度指标结果如表 2 – 14 所示：

表 2 – 14　　　　　　　问卷信度指标

测评指标	α 系数	分半系数
知识素养	0.670	0.636
教学能力	0.887	0.916
职业品格	0.837	0.820
人格特质	0.750	0.788

如表 2 – 14 所示，知识素养、教学能力、职业品格、人格特质的 α 系数和分半系数在 0.636—0.916 之间，都基本符合测量学指标要求，说明问卷的可靠性是比较好的。

内容效度基本上是定性评价，主要建立在现有的文献评论基础之上，因为内容效度主要是关于问卷在多大程度上代表被测量的属性或特点的内容。由于问卷的主体部分是有文献理论和实证研究支持，最后的项目均由专家组评定，因此内容效度是比较好的。

为了验证问卷的结构效度，本研究对各维度之间以及与总分的相关程序进行检验，结果如表 2 – 15 所示：

表 2 – 15　　　　　各维度之间及其与总分之间的相关

测评指标	知识素养	教学能力	职业品格	人格特质	总分
知识素养	1				
教学能力	0.637	1			
职业品格	0.511	0.788	1		
人格特质	0.643	0.796	0.741	1	
总　分	0.758	0.946	0.875	0.907	1

如表 2 - 15 中所示，各维度之间的相关系数在 0.511—0.796 之间，为中等程度的相关，表明各维度之间既有一定联系，又具有相对独立性。而各维度与问卷总分之间的相关系数在 0.758—0.946 之间，为高度正相关，表明各维度所测与总问卷所测之间存在较高的内容一致性，进一步说明问卷具有良好的结构效度。

经过试测，正式问卷内容不需要作调整，整体上分为三部分：第一部分为基本信息，11 个项目；第二部分为教师教学胜任力测评，43 个项目；第三部分为教师教学相关情况调查，28 个项目。其中，测评部分为问卷主体内容，分知识素养、教学能力、职业品格、人格特质四个维度 43 个题目，表示 40 个指标项目，"教师教学研究"另做研究，整体上对此次测评影响不大。在测评中设置的反向题为第 5、8、11、17、22；设置的测谎题为第 10、30、40，原题分别是第 35、1、5，这样设置既保持了原意，同时容易比对查找，不易发现。在测谎题部分，运用常规方法剔除不符合要求的问卷：即两个及以上题目得分相差 2 个单位值的问卷予以剔除。

（二）高校青年教师教学胜任力测评的结果

高校青年教师教学胜任力的正式测评问卷在北京、天津、上海、山东、江苏、浙江、福建、广东、海南、黑龙江、吉林、河南、河北、山西、陕西、安徽、江西、湖南、湖北、四川、贵州、云南、广西、新疆、宁夏、内蒙古 26 个省（市、自治区）62 所高校发放调查问卷 3000 份，回收 2769 份，回收率为 92.3%，有效问卷 2529 份，有效率为 91.3%。

1. 调研对象的基本信息

在统计分析的 2529 位青年教师中，教师年龄跨度为 22—40 周岁。从表 2 - 16 中可以看出，教师年龄、性别、职称、学历、任教课程、所属学科、所属高校类型及地域等均有一定比例分布，整体较符合当前高校青年教师的分布情况。

表 2 - 16　　　　　　　　　调研对象的基本信息

类别	分段	人数	百分比	类别	分段	人数	百分比
性别	男教师	1122	44%	职称	未定职称	49	1.9%
	女教师	1407	56%		助教	298	11.8%
年龄	30 岁及以下	480	19%		讲师	1591	62.9%
	31—35 岁	1021	40%		副教授	551	21.8%
	36—40 岁	1028	41%		教授	40	1.6%
教龄	2 年及以下	358	14%	学历	大专	5	0.2%
	3—6 年	701	28%		本科	223	8.8%
	7—10 年	870	34%		硕士	1452	57.8%
	11—14 年	395	16%		博士	843	33%
	15 年及以上	205	8%		其他	6	0.2%
优秀教师	是	489	19%	任教课程	公共课	489	19%
	否	2040	81%		专业课	1224	49%
学科类型	文科	1248	49%		两者兼教	816	32%
	理科	688	28%	高校类型	"985" 工程高校	140	5.5%
	工科	508	20%		"211" 工程高校	478	19%
	其他	85	3%		其他一般高校	1911	75.5%

2. 指标得分

表 2 - 17　　　　　　　　　　指标得分

指标	得分	指标	得分	指标	得分
职业理想	5.46	进取心	4.99	学科前沿知识	4.82
激励艺术	5.25	沟通能力	4.99	课堂组织	4.81
公正性	5.24	教学目标设定	4.97	师生互动	4.81
信息获取与处理	5.18	职业信念	4.97	合作精神	4.79
责任心	5.16	教学内容安排	4.96	启发技巧	4.79
批判思维	5.11	语言表达	4.95	幽默感	4.77
热爱教学	5.08	教学评价	4.95	自然科学知识	4.76
教学反思	5.04	教育实践性知识	4.90	教育理论知识	4.72
专业认同	5.04	宽容性	4.90	自信心	4.71
教学改革	5.03	教学方法选择	4.89	教学对象分析	4.68

续表

指标	得分	指标	得分	指标	得分
严谨性	5.03	教学演示	4.89	自我调控	4.67
学科基本知识	5.01	教育技术运用	4.86	职业境界	4.65
关爱学生	5.00	适应性	4.85	人文社科知识	4.59
坚持性	5.00				

为进一步了解高校青年教师教学胜任力的现状，即检验不同特征的高校青年教师样本是否在各个变量上存在差异，本研究采用方差分析进行验证。

3. 分类得分

●年龄

在知识素养、教学能力、职业品格和人格特质上，针对高校青年教师的年龄进行单因素方差分析，由于年龄是连续变量，跨度较大，因此将年龄转换成类别变量，具体细分为 3 个年龄段，分别是 30 周岁及以下、31—35 周岁、36—40 周岁，分别转换成等级 1、2、3。具体结果见表 2－18。

表 2－18　　　　　　　　年龄的单因素方差分析

测评指标	年龄类别	n	M	SD	F	P
知识素养	30 周岁及以下	480	29.44	3.129	8.517	0.000
	31—35 周岁	1021	29.56	3.316		
	36—40 周岁	1028	30.05	3.132		
教学能力	30 周岁及以下	480	70.35	6.918	4.032	0.018
	31—35 周岁	1021	70.49	7.627		
	36—40 周岁	1028	71.30	7.611		
职业品格	30 周岁及以下	480	44.87	4.728	0.081	0.922
	31—35 周岁	1021	44.77	5.155		
	36—40 周岁	1028	44.76	5.435		
人格特质	30 周岁及以下	480	44.36	3.914	1.770	0.171
	31—35 周岁	1021	44.35	4.079		
	36—40 周岁	1028	44.67	4.130		

描述数据显示，在知识素养、教学能力方面，30 周岁及以下的教师的均数最低，然后逐步上升，在职业品格方面，各年龄段的教师间差距较小，在人格特质方面，36—40 周岁的教师的均值最高，其他两个年龄段间差距较小。单因素方差分析结果表明，在知识素养和教学能力方面，不同年龄段教师之间的均数差异显著（$P < 0.05$）。经过事后检验，结果表明，在知识素养方面，30 周岁及以下、31—35 周岁的老师分别对 36—40 周岁的教师的均数差异显著（$P < 0.01$），在教学能力方面，30 周岁及以下、31—35 周岁分别与 36—40 周岁教师的均数差异显著（$P < 0.05$）。

● 教龄

在知识素养、教学能力、职业品格和人格特质上，针对教龄进行单因素方差分析，由于教龄是连续变量，跨度较大，因此将教龄转换成类别变量，具体细分为 5 个教龄段，分别是 2 年及以下、3—6 年、7—10 年、11—14 年、15 年及以上，分别转换成等级 1、2、3、4、5。具体结果见表 2 - 19。

表 2 - 19　　　　　　　　教龄的单因素方差分析

测评指标	教龄类别	n	M	SD	F	P
知识素养	2 年及以下	358	28.92	2.865	9.650	0.000
	3—6 年	701	29.59	3.261		
	7—10 年	870	29.92	3.152		
	11—14 年	395	30.05	3.316		
	15 年及以上	205	30.33	3.442		
教学能力	2 年及以下	358	69.69	7.192	5.146	0.000
	3—6 年	701	70.61	7.460		
	7—10 年	870	70.83	7.516		
	11—14 年	395	71.10	7.425		
	15 年及以上	205	72.58	7.927		
职业品格	2 年及以下	358	44.07	4.691	0.987	0.413
	3—6 年	701	44.77	5.204		
	7—10 年	870	44.64	5.302		
	11—14 年	395	44.61	5.180		
	15 年及以上	205	45.26	5.529		

续表

测评指标	教龄类别	n	M	SD	F	P
人格特质	2 年及以下	358	44.28	3.632	1.856	0.116
	3—6 年	701	44.34	4.053		
	7—10 年	870	44.46	4.094		
	11—14 年	395	44.65	4.306		
	15 年及以上	205	45.12	4.256		

描述数据显示，在知识素养、教学能力、职业品格及人格特质方面，随着教龄增加，均数逐渐上升。单因素方差分析结果表明，在知识素养、教学能力、职业品格和人格特质方面，不同教龄段教师之间的均数差异显著（$P < 0.01$）。经过事后检验，结果表明，在知识素养、教学能力、职业品格和人格特质方面，教龄在 2 年及以下分别与 7—10 年、11—14 年、15 年及以上的教师均数差异显著（$P < 0.01$）。

●性别

在知识素养、教学能力、职业品格和人格特质上，针对性别进行独立样本 T 检验，具体结果见表 2 – 20。

表 2 – 20　　　　　　　　性别的独立样本 T 检验

测评指标	性别	n	M	SD	T	P
知识素养	男	1122	29.63	3.280	0.215	0.643
	女	1407	29.83	3.163		
教学能力	男	1122	69.91	8.050	19.075	0.000
	女	1407	71.49	6.954		
职业品格	男	1122	44.26	5.452	11.108	0.001
	女	1407	45.19	4.939		
人格特质	男	1122	44.41	4.231	3.518	0.061
	女	1407	44.54	3.939		

描述数据显示，在教学能力和职业品格方面，女性教师的均数均高于男性教师，而在知识素养和人格特质方面，双方基本持平。独立样本 T 检验结果表明，在教学能力和职业品格方面，男性教师与女性教师的均数差异显著（$P < 0.01$）。在知识素养和人格特质方面，双

方的得分没有显著差异。

●职称

在知识素养、教学能力、职业品格和人格特质上，针对职称级别进行单因素方差分析，具体结果见表 2 - 21。

表 2 - 21　　　　　　　　　　职称级别的单因素方差分析

测评指标	职称级别	n	M	SD	F	P
知识素养	未定职称	49	29.12	2.862	7.032	0.000
	助教	298	29.23	3.114		
	讲师	1591	29.65	3.291		
	副教授	551	30.31	2.942		
	教授	40	29.90	3.947		
教学能力	未定职称	49	70.24	8.582	4.545	0.001
	助教	298	70.10	7.417		
	讲师	1591	70.52	7.409		
	副教授	551	71.95	7.276		
	教授	40	71.15	11.244		
职业品格	未定职称	49	44.67	5.394	1.643	0.161
	助教	298	44.68	5.036		
	讲师	1591	44.65	5.174		
	副教授	551	45.13	5.067		
	教授	40	46.18	7.802		
人格特质	未定职称	49	44.67	3.693	0.858	0.489
	助教	298	44.38	3.850		
	讲师	1591	44.40	4.063		
	副教授	551	44.76	4.062		
	教授	40	44.38	6.109		

描述数据显示，在知识素养、教学能力和人格特质方面，副教授的均数最高，教授次之，未定职称的教师、助教和讲师的均数差距较小。在职业品格方面，教授表现高于副教授。单因素方差分析的结果表明，在知识素养和教学能力方面，不同职称的教师之间均数差异显著（P < 0.01）。经过事后检验，结果显示，在知识素养和教学能力

方面，副教授分别与其他职称的教师的均数差异显著（P < 0.05）；教授与副教授的均数差异不显著（P > 0.05）；未定职称的教师、助教和讲师之间两两比较的均数差异不显著。

● 学历

在知识素养、教学能力、职业品格和人格特质上，针对学历级别进行单因素方差分析，具体结果见表2 – 22。

表 2 – 22　　　　　　　　学历级别的单因素方差分析

测评指标	学历级别	n	M	SD	F	P
知识素养	大专	5	29.80	.837	1.369	0.242
	本科	223	30.10	3.240		
	硕士	1452	29.63	3.225		
	博士	843	29.84	3.204		
	其他	6	29.50	2.345		
教学能力	大专	5	73.80	6.760	1.832	0.120
	本科	223	71.74	7.222		
	硕士	1452	70.56	7.380		
	博士	843	70.90	7.781		
	其他	6	74.33	2.503		
职业品格	大专	5	44.20	5.541	2.620	0.033
	本科	223	45.38	4.960		
	硕士	1452	44.57	5.232		
	博士	843	44.96	5.176		
	其他	6	49.00	2.000		
人格特质	大专	5	45.60	5.683	1.724	0.142
	本科	223	44.98	3.981		
	硕士	1452	44.47	4.019		
	博士	843	44.35	4.170		
	其他	6	47.00	3.162		

描述数据显示，在知识素养和职业品格方面，本科学历的均数高于大专、硕士及博士学历。在教学能力和人格特质方面，大专学历的均数高于本科、硕士及博士学历。单因素方差分析的结果表明，在职业品格

方面，不同学历的教师均数差异显著（P < 0.05）。经过事后检验，结果表明，本科学历与硕士学历的教师均数差异显著（P < 0.05）。

●是否师范专业出身

在知识素养、教学能力、职业品格和人格特质上，针对其所学专业是否为师范专业进行独立样本 T 检验，具体结果见表 2 - 23。

表 2 - 23　　　　　　　　是否师范专业出身的独立样本 T 检验

测评指标	师范出身	n	M	SD	T	P
知识素养	是	1310	29.71	3.211	0.886	0.347
	否	1219	29.77	3.223		
教学能力	是	1310	70.95	7.372	0.193	0.660
	否	1219	70.73	7.638		
职业品格	是	1310	44.84	5.117	0.012	0.913
	否	1219	44.72	5.274		
人格特质	是	1310	44.45	4.089	0.835	0.361
	否	1219	44.52	4.052		

描述数据显示，在知识素养、教学能力、职业品格、人格特质方面，师范出身的教师与非师范出身的教师双方基本持平。独立样本 T 检验结果表明，在知识素养、教学能力、职业品格、人格特质方面，双方差异不显著（P > 0.05）。

●是否优秀教师

在知识素养、教学能力、职业品格和人格特质上，针对是否为优秀教师进行独立样本 T 检验，具体结果见表 2 - 24。

表 2 - 24　　　　　　　　是否优秀教师的独立样本 T 检验

测评指标	优秀教师	n	M	SD	T	P
知识素养	是	483	29.98	3.049	1.810	0.179
	否	2040	29.68	3.254		
教学能力	是	483	71.34	7.388	0.025	0.875
	否	2040	70.66	7.509		

续表

测评指标	优秀教师	n	M	SD	T	P
职业品格	是	483	45.00	5.107	0.017	0.896
	否	2040	44.73	5.213		
人格特质	是	483	44.50	3.892	0.039	0.844
	否	2040	44.48	4.113		

　　描述数据显示,在知识素养、教学能力、职业品格和人格特质方面,优秀教师的均数都高于非优秀教师。

　　●任教课程类别

　　在知识素养、教学能力、职业品格和人格特质上,针对教师任教课程类别进行单因素方差分析,具体结果见表2-25。

表2-25　　　　　　　任教课程类别的单因素方差分析

测评指标	课程类别	n	M	SD	F	P
知识素养	文科	1248	29.69	3.192	0.536	0.657
	理科	688	29.76	3.274		
	工科	508	29.74	3.172		
	其他	85	30.14	3.388		
教学能力	文科	1248	71.07	7.454	1.549	0.200
	理科	688	70.60	7.636		
	工科	508	70.29	7.435		
	其他	85	71.22	7.377		
职业品格	文科	1248	45.00	5.150	2.259	0.080
	理科	688	44.76	5.233		
	工科	508	44.29	5.178		
	其他	85	44.80	5.453		
人格特质	文科	1248	44.54	4.153	0.204	0.894
	理科	688	44.39	4.038		
	工科	508	44.49	3.989		
	其他	85	44.42	3.617		

　　描述数据显示,在职业品格和人格特质方面,文科教师的均数高

于其他课程的教师；在教学能力方面，工科教师均数高于文科、理科教师；在知识素养方面，各类课程教师的均数差距较小。单因素方差分析的结果表明，在知识素养、教学能力和人格特质方面，不同课程类别的教师之间均数差异不显著（P>0.05）。

●任教课程类型

在知识素养、教学能力、职业品格和人格特质上，针对任教课程类型进行单因素方差分析，具体结果见表2-26。

表2-26　　　　　任教课程类型的单因素方差分析

测评指标	任教课程	n	M	SD	F	P
知识素养	公共课	489	29.35	3.003	8.747	0.000
	专业课	1224	30.00	3.319		
	两者兼教	815	29.58	3.155		
教学能力	公共课	489	69.94	7.404	4.157	0.016
	专业课	1224	71.09	7.525		
	两者兼教	815	70.84	7.494		
职业品格	公共课	489	44.25	4.927	3.193	0.041
	专业课	1224	44.92	5.395		
	两者兼教	815	44.89	5.024		
人格特质	公共课	489	44.31	3.845	2.427	0.088
	专业课	1224	44.67	4.171		
	两者兼教	815	44.31	4.044		

描述数据显示，在知识素养、教学能力和职业品格方面，专业课教师和两者兼教的教师的均数差距较小，两者的均数均高于公共课教师；在人格特质方面，三者间的差距较小。单因素方差分析结果表明，在知识素养、教学能力和职业品格方面，不同任教课程的教师之间的均数差异显著（P<0.05）。经过事后检验，结果表明，在知识素养方面，公共课教师、两者兼教的教师分别与专业课教师的均数差异显著（P<0.001）。在教学能力方面，专业课教师、两者兼教的教师分别与公共课教师的均数差异显著（P<0.05），专业课教师与两者兼教的教师的均数差异不显著。

●周课时

在知识素养、教学能力、职业品格和人格特质上，针对周课时进行单因素方差分析，由于周课时是连续变量，跨度较大，因此将周课时转换成类别变量，具体细分为 7 个周课时段，分别是 4 个课时及以下 [0，4]、5—6 课时 [4，6]、7—8 课时 [6，8]、9—10 课时 [8，10]、11—12 课时 [10，12]、13—16 课时 [12，16] 以及 16 个课时及以上 [16，32]，分别转换成等级 1、2、3、4、5、6、7。具体结果见表 2 - 27。

表 2 - 27　　　　　周课时的单因素方差分析

测评指标	周课时类别	n	M	SD	F	P
知识素养	4 课时及以下	334	29.41	2.936	2.896	0.008
	5—6 课时	335	29.28	2.899		
	7—8 课时	437	29.84	3.206		
	9—10 课时	465	29.76	3.335		
	11—12 课时	431	29.99	3.180		
	13—16 课时	367	29.79	3.441		
	17 课时及以上	160	30.24	3.524		
教学能力	4 课时及以下	334	69.83	7.392	2.302	0.032
	5—6 课时	335	70.12	7.340		
	7—8 课时	437	70.86	7.420		
	9—10 课时	465	70.90	7.607		
	11—12 课时	431	71.59	7.388		
	13—16 课时	367	71.08	7.962		
	17 课时及以上	160	70.29	6.961		
职业品格	4 课时及以下	334	44.76	5.014	1.008	0.418
	5—6 课时	335	44.56	5.120		
	7—8 课时	437	44.65	5.236		
	9—10 课时	465	44.66	5.219		
	11—12 课时	431	45.29	5.209		
	13—16 课时	367	44.60	5.407		
	17 课时及以上	160	44.04	4.961		

续表

测评指标	周课时类别	n	M	SD	F	P
人格特质	4 课时及以下	334	44.30	4.053	1.415	0.205
	5—6 课时	335	44.27	3.751		
	7—8 课时	437	44.38	4.045		
	9—10 课时	465	44.51	4.014		
	11—12 课时	431	44.83	4.193		
	13—16 课时	367	44.29	4.298		
	17 课时及以上	160	44.88	4.084		

　　描述数据显示，在知识素养、职业品格和人格特质方面，周课时在5—6个课时的教师的均数最低，周课时在17课时及以上的教师知识素养最高，但职业品格表现最低；周课时在11—12课时间教师教学能力表现最好，在4个课时及以下的教师的表现最差，其他的差距较小。单因素方差分析结果表明，在知识素养、教学能力方面，不同周课时的教师之间的均数差异显著（$P < 0.01$），在职业品格、人格特质方面，不同周课时的教师之间的均数差异不显著。经过事后检验，结果表明，在知识素养方面，周课时在5—6课时的教师分别与周课时在7—8个课时、9—10个课时、11—12个课时、13—16个课时及17个课时及以上的教师的均数差异显著（$P < 0.05$），周课时在4个课时及以下的教师和周课时在11—12个课时、17个课时及以上的教师均数差异显著（$P < 0.05$）。其余的情况均不显著。在教学能力方面，周课时在4个课时及以下的教师与9—10个课时的、11—12个课时的以及13—16个课时的教师均数差异显著（$P < 0.05$），周课时在5—6个课时的教师与11—12个课时的教师均数差异显著（$P < 0.01$）。其余的情况均不显著。

　　●高校类别

　　在知识素养、教学能力、职业品格和人格特质上，针对高校类别进行单因素方差分析，具体结果见表2–28。

表 2 - 28　　　　　　　　　高校类别的单因素方差分析

测评指标	高校类别	n	M	SD	F	P
知识素养	"985" 工程高校	140	29.66	2.927	1.385	0.251
	"211" 工程高校	478	29.53	3.150		
	其他一般高校	1911	29.80	3.252		
教学能力	"985" 工程高校	140	71.51	6.610	0.868	0.42
	"211" 工程高校	478	70.56	7.212		
	其他一般高校	1911	70.80	7.631		
职业品格	"985" 工程高校	140	45.05	4.409	1.718	0.18
	"211" 工程高校	478	44.40	4.872		
	其他一般高校	1911	44.86	5.319		
人格特质	"985" 工程高校	140	44.53	3.143	0.03	0.97
	"211" 工程高校	478	44.45	3.940		
	其他一般高校	1911	44.49	4.164		

　　描述数据显示，在教学能力、职业品格和人格特质方面，"985"工程高校的教师均数最高；在知识素养方面，三种类型高校的教师基本持平。单因素方差分析结果表明，在知识素养、教学能力、职业品格和人格特质方面，不同高校类别的教师之间的均数差异均不显著（P > 0.05）

五　高校青年教师教学胜任力的影响因素

（一）教学培训开展

　　在知识素养、教学能力、职业品格和人格特质上，针对教学培训开展情况进行单因素方差分析，具体结果见表 2 - 29。

表 2 - 29　　　　　　　教学培训开展的单因素方差分析

测评指标	教学培训开展情况	n	M	SD	F	P
知识素养	从未开展	70	29.43	4.339	5.439	0.001
	很少开展	570	29.44	3.314		
	有时开展	1348	29.70	3.083		
	经常开展	541	30.19	3.229		

续表

测评指标	教学培训 开展情况	n	M	SD	F	P
教学能力	从未开展	70	69.77	9.685	32.890	0.000
	很少开展	570	69.22	7.648		
	有时开展	1348	70.46	7.093		
	经常开展	541	73.41	7.371		
职业品格	从未开展	70	43.40	6.240	30.598	0.000
	很少开展	570	43.66	5.715		
	有时开展	1348	44.66	4.858		
	经常开展	541	46.45	4.850		
人格特质	从未开展	70	44.39	4.719	8.488	0.000
	很少开展	570	44.11	4.158		
	有时开展	1348	44.34	3.931		
	经常开展	541	45.24	4.146		

描述数据显示，在知识素养、教学能力、职业品格及人格特质方面，经常开展和有时开展教学培训的教师均数均要高于从未开展和很少开展的教师。单因素方差分析的结果表明，在知识素养、教学能力、职业品格和人格特质方面，不同程度开展教学培训的教师之间均数差异均显著（$P < 0.001$）。经过事后检验，结果显示，在知识素养、教学能力、职业品格及人格特质方面，经常开展教学培训的教师分别与从未开展、很少开展培训的教师之间均数差异显著（$P < 0.001$）。

（二）教学研究活动开展

在知识素养、教学能力、职业品格和人格特质上，针对教学研究活动开展进行单因素方差分析，具体结果见表 2 – 30。

表 2 – 30　　　　　教学研究活动开展的单因素方差分析

测评指标	教研活动 开展情况	n	M	SD	F	P
知识素养	从未组织	75	29.25	2.987	7.883	0.000
	很少组织	577	29.37	3.434		
	有时组织	1355	29.72	3.201		
	经常组织	522	30.27	2.967		

续表

测评指标	教研活动开展情况	n	M	SD	F	P
教学能力	从未组织	75	69.29	8.033	35.382	0.000
	很少组织	577	69.23	7.402		
	有时组织	1355	70.47	7.441		
	经常组织	522	73.57	6.949		
职业品格	从未组织	75	43.33	5.946	32.281	0.000
	很少组织	577	43.77	5.424		
	有时组织	1355	44.59	5.136		
	经常组织	522	46.60	4.461		
人格特质	从未组织	75	44.23	4.814	10.379	0.000
	很少组织	577	44.14	4.069		
	有时组织	1355	44.31	4.136		
	经常组织	522	45.35	3.656		

　　描述数据显示，在知识素养、教学能力、职业品格及人格特质方面，经常开展教学研究活动的教师均数最高，有时开展教学研究活动的教师均数次之，很少开展和从未开展教学研究活动的教师都较低。单因素方差分析的结果表明，在知识素养、教学能力、职业品格和人格特质方面，不同程度开展教学研究活动的教师之间均数差异均显著（$P < 0.001$）。经过事后检验，结果显示，在知识素养、教学能力、职业品格及人格特质方面，经常开展教学研究活动的教师分别与从未开展、很少开展培训的教师之间均数差异显著（$P < 0.001$），在教学能力及职业品格方面，经常开展教学研究活动的教师分别与有时开展的教师之间均数差异显著（$P < 0.001$）。

（三）教育教学书籍阅读频次

　　在知识素养、教学能力、职业品格和人格特质上，针对教育教学书籍阅读频次进行单因素方差分析，具体结果见表 2 - 31。

表 2 - 31　　　　　教育教学书籍阅读频次的单因素方差分析

测评指标	书籍阅读情况	n	M	SD	F	P
知识素养	从不阅读	32	28.88	6.455	7.420	0.000
	很少阅读	444	29.30	3.070		
	有时阅读	1340	29.69	3.146		
	经常阅读	713	30.14	3.182		
教学能力	从不阅读	32	64.91	12.668	63.192	0.000
	很少阅读	444	67.80	7.126		
	有时阅读	1340	70.54	7.192		
	经常阅读	713	73.38	7.066		
职业品格	从不阅读	32	41.94	8.032	46.857	0.000
	很少阅读	444	43.12	5.219		
	有时阅读	1340	44.51	5.051		
	经常阅读	713	46.46	4.791		
人格特质	从不阅读	32	43.06	5.864	19.857	0.000
	很少阅读	444	43.53	4.228		
	有时阅读	1340	44.39	3.978		
	经常阅读	713	45.31	3.886		

描述数据显示，在知识素养、教学能力、职业品格及人格特质方面，随着教育教学书籍阅读频次的增加，教师的均数也逐渐增加。单因素方差分析的结果表明，在知识素养、教学能力、职业品格和人格特质方面，不同教育教学书籍阅读频次的教师之间均数差异显著（$P < 0.001$）。经过事后检验，结果显示，在知识素养、教学能力、职业品格及人格特质方面，从不阅读的教师分别与有时阅读、经常阅读的教师之间均数差异显著（$P < 0.001$）。

（四）学校对教学与科研的态度

在知识素养、教学能力、职业品格和人格特质上，针对学校对教学与科研的态度进行单因素方差分析，具体结果见表 2 - 32。

表 2 – 32　　　　　学校对教学与科研态度的单因素方差分析

测评指标	学校对教学和科研态度	n	M	SD	F	P
知识素养	两者都不重视	61	28.69	5.008	4.678	0.003
	重科研轻教学	1033	29.61	3.229		
	重教学轻科研	336	29.60	3.296		
	教学科研并重	1099	29.96	3.033		
教学能力	两者都不重视	61	67.93	11.290	21.305	0.000
	重科研轻教学	1033	70.33	7.353		
	重教学轻科研	336	71.26	7.842		
	教学科研并重	1099	71.97	7.055		
职业品格	两者都不重视	61	42.74	7.744	30.931	0.000
	重科研轻教学	1033	44.11	5.216		
	重教学轻科研	336	43.88	5.391		
	教学科研并重	1099	45.86	4.708		
人格特质	两者都不重视	61	43.49	5.449	9.146	0.000
	重科研轻教学	1033	44.22	4.090		
	重教学轻科研	336	44.06	4.443		
	教学科研并重	1099	44.94	3.792		

　　描述数据显示，在知识素养、教学能力、职业品格及人格特质方面，学校对教学和科研两者都不重视的教师均数最低，教学和科研并重的教师均数最高；在教学能力方面，重教学轻科研的学校教师得分高于重科研轻教学学校教师，其他方面，重科研轻教学学校教师与重教学轻科研学校教师的均数基本持平。单因素方差分析的结果表明，在知识素养、教学能力、职业品格及人格特质方面，学校对教学和科研不同态度的教师之间均数差异显著（$P < 0.01$）。经过事后检验，结果显示，在知识素养及教学能力方面，两者都不重视的高校的教师分别与重科研轻教学、重教学轻科研及教学科研并重的高校的教师之间均数差异均显著（$P < 0.05$）；在职业品格及人格特质方面，教学科研并重分别与两者都不重视、重科研轻教学及重教学轻科研的教师之间均数差异显著（$P < 0.001$），重科研轻教学与重教学轻科研的教师均数差异均显著（$P < 0.001$）。

（五）对教学优秀教师表彰频次

在知识素养、教学能力、职业品格和人格特质上，针对教学优秀教师表彰频次进行单因素方差分析，具体结果见表2-33。

表2-33　　　　教学优秀教师表彰频次的单因素方差分析

测评指标	表彰教学优秀教师	n	M	SD	F	P
知识素养	从不表彰	21	29.05	7.493	7.214	0.000
	很少表彰	287	30.00	3.526		
	有时表彰	1313	29.47	3.070		
	经常表彰	908	30.06	3.131		
教学能力	从不表彰	21	68.38	15.708	16.458	0.000
	很少表彰	287	70.50	7.355		
	有时表彰	1313	69.96	7.342		
	经常表彰	908	72.15	7.301		
职业品格	从不表彰	21	42.14	9.002	27.561	0.000
	很少表彰	287	44.05	5.302		
	有时表彰	1313	44.15	5.215		
	经常表彰	908	45.99	4.772		
人格特质	从不表彰	21	43.71	7.557	9.716	0.000
	很少表彰	287	44.09	4.470		
	有时表彰	1313	44.18	3.989		
	经常表彰	908	45.06	3.884		

描述数据显示，在知识素养、教学能力、职业品格及人格特质方面，从不表彰的教师均数最低，经常表彰的教师均数最高。单因素方差分析的结果表明，在知识素养、教学能力、职业品格及人格特质方面，学校对教学科研不同态度的教师之间均数差异显著（$P < 0.001$）。经过事后检验，结果显示，在知识素养、教学能力、职业品格及人格特质方面，经常表彰的教师与很少表彰、有时表彰的教师之间均数差异显著（$P < 0.001$）。

（六）科研压力程度

在知识素养、教学能力、职业品格和人格特质上，针对科研压力程度进行单因素方差分析，具体结果见表 2－34。

表 2－34　　　　　　　　科研压力程度的单因素方差分析

测评指标	科研压力	n	M	SD	F	P
知识素养	没有压力	42	29.98	3.016	1.569	0.195
	压力较小	362	29.80	3.314		
	压力较大	1431	29.62	3.111		
	压力很大	694	29.93	3.382		
教学能力	没有压力	42	70.55	10.191	2.605	0.048
	压力较小	362	71.01	7.859		
	压力较大	1431	70.79	7.383		
	压力很大	694	70.05	7.334		
职业品格	没有压力	42	45.98	4.630	2.306	0.075
	压力较小	362	44.81	5.472		
	压力较大	1431	44.58	5.149		
	压力很大	694	45.10	5.148		
人格特质	没有压力	42	44.50	4.522	2.233	0.082
	压力较小	362	44.60	4.291		
	压力较大	1431	44.31	3.983		
	压力很大	694	44.78	4.093		

在知识素养及职业品格方面，没有压力的教师均数最高，压力很大的教师均数仅次之。在教学能力方面，压力较小的教师均数最高，压力很大的教师均数最低。在人格特质方面，不同压力程度的教师均数差距较小。单因素方差分析的结果表明，在知识素养、职业品格及人格特质方面，不同科研压力程度的教师之间均数差异均不显著（$P > 0.05$），在教学能力方面，不同科研压力得分教师存在显著差异（$P < 0.05$）。经过事后检验，结果显示，在教学能力方面，科研压力很大与科研压力较小教师之间均数存在差异显著（$P < 0.001$）。

（七）教学指导安排频次

在知识素养、教学能力、职业品格和人格特质上，针对教学指导安排频次进行单因素方差分析，具体结果见表 2 - 35。

表 2 - 35　　　　　　　教学指导安排频次的单因素方差分析

测评指标	教学指导	n	M	SD	F	P
知识素养	从未安排	154	29.55	3.743	3.896	0.009
	很少安排	678	29.57	3.172		
	有时安排	1308	29.70	3.155		
	经常安排	389	30.23	3.239		
教学能力	从未安排	154	69.39	8.933	17.801	0.000
	很少安排	678	70.05	7.196		
	有时安排	1308	70.63	7.391		
	经常安排	389	73.19	7.286		
职业品格	从未安排	154	43.75	5.942	22.252	0.000
	很少安排	678	43.98	5.307		
	有时安排	1308	44.80	5.018		
	经常安排	389	46.51	4.822		
人格特质	从未安排	154	44.32	4.979	6.273	0.000
	很少安排	678	44.42	3.920		
	有时安排	1308	44.29	3.985		
	经常安排	389	45.29	4.133		

在知识素养、教学能力、职业品格及人格特质方面，随着教学指导安排频次的增加，教师的均数逐渐增加。单因素方差分析的结果表明，在知识素养、教学能力、职业品格及人格特质方面，不同教学指导安排频次的教师之间均数差异显著（$P < 0.001$）。经过事后检验，结果显示，在知识素养、教学能力、职业品格及人格特质方面，经常安排的教师与从未安排、很少安排的教师之间均数差异显著（$P < 0.05$）。

（八）教学观摩频次

在知识素养、教学能力、职业品格和人格特质上，针对教学观摩频次进行单因素方差分析，具体结果见表 2 - 36。

表 2 - 36　　　　　　　　　　**教学观摩频次的单因素方差分析**

测评指标	教学观摩	n	M	SD	F	P
知识素养	从未观摩	68	29.82	4.594	6.569	0.000
	很少观摩	658	29.34	3.124		
	有时观摩	1500	29.80	3.136		
	经常观摩	303	30.30	3.348		
教学能力	从未观摩	68	67.68	9.843	45.095	0.000
	很少观摩	658	68.78	7.342		
	有时观摩	1500	71.10	7.195		
	经常观摩	303	74.31	7.157		
职业品格	从未观摩	68	43.15	6.316	35.168	0.000
	很少观摩	658	43.35	5.169		
	有时观摩	1500	45.11	5.059		
	经常观摩	303	46.64	4.755		
人格特质	从未观摩	68	44.32	4.836	17.775	0.000
	很少观摩	658	43.87	4.121		
	有时观摩	1500	44.47	3.913		
	经常观摩	303	45.91	4.207		

在知识素养及人格特质方面，经常观摩的教师均数最高，很少观摩的教师均数最低。在教学能力及职业品格方面，随着观摩频次的增加，教师均数逐渐增加。单因素方差分析的结果表明，在知识素养、教学能力、职业品格及人格特质方面，不同教学指导安排频次的教师之间均数差异显著（$P < 0.001$）。经过事后检验，结果显示，在知识素养、教学能力、职业品格及人格特质方面，除了从未观摩的教师与很少观摩的教师之间均数差异不显著，其他情况均显著（$P < 0.01$）。

六　结论与建议

前文通过对大样本数据的分析，客观地阐述了青年教师教学胜任力的现状与影响其胜任力水平的因素。本章将在此基础上进一步总结当前我国高校青年教师教学胜任力的水平与特点，并据此提出若干对策建议。

（一）基本结论

1. 高校青年教师教学胜任力整体表现接近较好水平

经青年教师教学胜任力测查分析，当前高校青年教师教学胜任力整体表现基本达到良好水平。但高校青年教师在具体指标的胜任力上表现不一，在职业理想、激励艺术、公正性、信息获取与处理、责任心、批判思维指标上表现突出，为较好水平；在教学评价、教育实践知识、宽容性、教学方法选择、教学演示、教育技术运用、适应性等指标上表现一般；而在人文社科知识、职业境界、自我调控、教学对象分析、自信心、教育理论知识指标方面相对表现较差。

从百分数结果看，若将非常符合表现转换为优秀、比较符合表现转换为良好、有点符合表现转换为合格，其余表现转化为不合格，则在知识素养维度方面，教育理论知识表现为优秀教师占15.3%，良好教师占38.8%，合格教师占26.4%，不合格教师占19.5%；人文社科知识为优秀教师占11.6%，良好教师占34.7%，合格教师占27.4%，不合格教师占26.3%；在教学能力维度方面，激励艺术表现为优秀教师占26.1%，良好教师占41.6%，合格教师占26.4%，不合格教师占5.9%；信息获取与处理表现为优秀教师占23.3%，良好教师占40.5%，合格教师占28.4%，不合格教师占7.8%；教学对象分析表现为优秀教师占13.7%，良好教师占35.5%，合格教师占30.6%，不合格教师占21.2%；在职业品格维度方面，职业理想表现为优秀教师占30.2%，良好教师占47.5%，合格教师占17.5%，不合格教师占3.8%；责任心表现为优秀教师占27.8%，良好教师占44.6%，合格教师占22.4%，不合格教师占5.2%；职业境界表现为优秀教师占12.3%，良好教师占35.7%，合格教师占28.3%，不合格教师占23.7%；在人格特质维度方面，公正性表现为优秀教师占20.2%，良好教师占43.5%，合格教师占28.3%，不合格教师占8%；自我调控表现为优秀教师占15.6%，良好教师占38.5%，合格教师占22.4%，不合格教师占23.5%；自信心表现为优秀教师占16%，良好教师占37.2%，合格教师占27.7%，不合格教师占 19.1%。

2. 不同的高校青年教师教学胜任力表现有所差异

在知识素养和教学能力方面，不同年龄段、不同周课时教师之间的分数差异显著。随着高校青年教师年龄的增长，其知识素养和教学能力也相应提升；高校青年教师的教学能力和职业品格在 11—12 周课时段表现最好，职业品格在 17 周课时及以上表现最差。在知识素养、教学能力、职业品格和人格特质方面，不同教龄段教师之间的分数差异显著，高校青年教师教龄与教学胜任力成正比。在教学能力和职业品格方面，男性教师与女性教师的分数差异显著，高校青年女性教师在这两方面表现更为突出；在职业品格方面，不同学历的教师分数差异显著，本科学历青年教师得分最高（大专、其他学历教师因为数量过少，不在比较范围）；在知识素养、教学能力、职业品格和人格特质方面，不同高校类别和不同课程类别的教师之间分数差异不显著。

3. 高校青年教师有教学反思但对教学研究重视不够

从胜任力指标得分表现可以看出，高校青年教师具备较强的批判意识，能对新事物、新思想提出不同的看法和意见，善于反思教学并采取实际改革措施。但在教学改革研究方面表现不够积极，承担教学改革研究课题的教师人数偏少。在 2529 位教师中，参与了校级或省级教改课题的人数为 694 人，占 27.4%；主持了校级教改课题的人数为 253 人，占 10%；主持了省级教改课题的人数为 121 人，占 4.8%；没有参与教改课题研究的教师人数为 1248 人，占 49.3%。由此可见，有 75% 以上高校青年教师未主持过教学改革研究课题，如果剔除 "985" "211" 类型高校教师，一般高校中没有参与教改课题研究的教师占 56.6%，也即超过一半的高校青年教师没有参与过教学改革课题的研究。而在科学研究方面，有 281 位教师未参与科研课题，仅占高校青年教师群体的 11%，主持了省级或以上级别科研课题的教师人数为 1528 人，占到 60.4%。在教学研究成果方面，62.4% 的青年教师没有发表过相关研究成果，在已发表教学研究成果的青年教师中，87.5% 的青年教师发表教学研究成果（论文、著作）不超过 2 篇

（部），而在科学研究成果方面，65.8%的青年教师发表科学研究成果达5篇（部）及以上。从目前两类课题参与度、主持人次及发表研究成果看，高校青年教师科学研究的积极性明显高于教学研究的积极性，这说明高校青年教师在科学研究和教学研究的取向上存在失衡，重科学研究，轻教学研究。

4. 教学能力与职业信念是青年教师教学胜任力的薄弱环节

与其他指标相比，青年教师在分析教学对象、教学演示、启发学生的技巧和方法等方面表现有所欠缺，各项指标表现均小于5分，仅处于一般水平。在职业理想指标，76.4%的青年教师对教学充满热情，并甘愿倾注精力，82%的青年教师期望做一个受学生尊敬喜爱的教师，但仍有16.2%的青年教师对自己的教学效果与质量不太满意，教学成就感不强，21.5%的青年教师有过放弃大学教职的想法，职业信念不够坚定。

5. 影响青年教师教学水平提升的因素大体一致

影响高校青年教师教学胜任力的主要因素有在岗培训、教学观摩、教学与科研任务压力、专业引导及自主学习等五个方面。制约青年教师教学水平提升的外部因素主要是科研压力大、教学任务重、经济待遇低、学生学风差及学校不重视，其中，不同类型高校其主要外部影响因素略有不同。在某些外在因素可能会制约提高教学水平的最大的三个因素调查中，"科研压力大"被选1808次，被选率为63.5%，"教学任务重"1109次，被选率为43.85%，"经济待遇低"1066次，被选率为42.15%，"学生学风差"1016次，被选率为40.17%，"学校不重视"679次，被选率为26.85%，教学评价不合理645次，被选率为25.5%，家庭负担重541次，被选率为21.4%，教学条件差450次，被选率为17.8%。从学校类型看，制约"985"院校青年教师教学胜任力提升的三个主要外部因素是"科研压力大"、"经济待遇低"及"家庭负担重"，被选率分别为77.9%、61.8%、44.1%；"211"工程院校为"科研压力大""教学任务重""经济待遇低"，被选率分别为73.8%、49%、41.8%；一般本科院校为"科研压力大""经济待遇低"及"学生学风差"，被选率分别为

60.25%、41.63%、40.51%。

（二）主要建议

1. 完善青年教师教学胜任力培养制度

从现有教师管理制度看，有关培养青年教师教学胜任力的制度还明显不够。针对青年教师，需要完善现有的教师岗前培训制度、主讲课程前的听课与助教制度、新开课的试讲制度、结对帮扶跟踪听课的导师制度、多媒体辅助教学的指导培训制度及定期教学进修交流的学习制度等。在完善相关培养制度时，需要搭建形式多样、主题不一的青年教师教学实践平台予以配合。这些实践平台主要由各类教学竞赛和各种主题实践活动所组成，其中教学竞赛主要包括教师讲课、多媒体课件比赛，课堂教学设计、优秀教案竞赛等；主题实践活动则可以包括优秀青年教师示范公开课集中观摩、教学名师讲课观摩、教研室例会、教学辅导报告及青年教师教学经验交流等。

从调查结果看，开展教学实践和主题活动是促进青年教师教学能力快速提升的有效形式。开展实践平台和主题活动建设必须注重实效：一是要精心组织各类教学竞赛。青年教师教学竞赛一般分院（系）预赛和学校决赛二个阶段，规定40周岁以下青年教师都必须参加预赛，可按教龄分成不同组别，其中决赛由学校组织，评委由教学专家和学生代表组成，未进入决赛的青年教师现场观摩。二是高度重视过程指导和结果利用。从预赛开始，各院（系）要为每位参赛者配备指导教师，指出其优缺点并帮助改进；正式比赛时，由评委给出点评意见，书面反馈给参赛教师；学校要对决赛实况进行全程录像，并将具有经典案例特征的获奖者比赛录像，刻成光盘发给青年教师，作为学习讨论的示范案例。三是常态化、专题化开展主题实践活动。采取有效措施促使青年教师积极观摩名师授课；同时将各类交流与研讨活动形成系列化专题，使青年教师参加一次就能提高一次。①

---

① 张志明：《当前高校青年教师教学能力现状及提高策略》，《邢台学院学报》2010年第3期。

2. 构建青年教师教学胜任力促进机制

构建高校青年教师教学胜任力的促进机制主要可从以下方面着手。

一是设立青年教师教学能力研究与促进中心。该中心的任务是研究现代教育思想观念和教师教学现状，接受青年教师教学方面的咨询、辅导和相关专业技能培训，为他们解决教学过程中遇到的问题，提供专业帮助与服务。

二是制定青年教师教学岗位进退机制。包括在高校设立专业课程关键岗，定期对该岗位教师进行考核；实行教师挂牌上岗和学生自主选择教师制度；完善青年教师岗位聘任考核制度、职称评定中教学考核一票否决制度、不合格教师调离教学岗位制度等。通过一系列制度措施形成有效的择优汰劣机制，严把教师进口关，疏通出口关，使胜任的留下来、不胜任的调出去，以此促进教师积极适应新的教学改革要求，促使其及时更新教学观念和知识结构，改进教学方法，最终提升教学水平和效果。

三是形成有效的教学奖励机制。从教师感受的调查结果看，几乎所有学校都是对科研的重视程度远大于教学的重视程度，因此高校亟须制定与科研工作对等的教学考核与奖励制度，形成教学、科研并重的政策导向。把优秀教学成果奖、优秀课堂教学质量奖、优秀教学管理奖、优秀教学研究成果奖、精品课程、优秀教材等教学评比表彰活动作为教师晋升的重要加分项目，以此激励青年教师将注意力转移到教学上来。

四是建立教学胜任力测评与监控机制。高校教师教学水平测查与评价是诊断学校教学质量与是否能完成教学目标的关键步骤，然而我们现行的教学质量测查的最主要依据还是学生评教，这种外部测评办法存在较大不合理性。毕竟学生在教师面前属于后知群体，他们还无法对教师的知识与能力做出客观科学的评价，更多的是依靠个人对教师的喜爱程度打分，加之现行教学体系中教师对学生考评占绝对主导地位，导致教师与学生之间的相互打分存在一种"各取所需"的潜规则。针对外部测评的不合理现象，教务部门需要开发出一套教学评价内部系统，该系统可以由学校抽调内部同行把教学测评分知识素养、教学能力、职业品格及个人特质四个模块，针对每个模块的内容制定一套行之有效的测评办法。其中，知识可以借助笔试的方法，教学能力采用督导评价的方法，职业品格与个人特质可采用谈话与心理测评方法，在整体测查时可参考教师成长轨迹与日常生活表现进行综合测评，学校可以依据自身需要调整教师的教学胜任力结构，选择实施其中的部分或全部模块。

3. 引导青年教师自主成长

高校青年教师能否提升教学胜任力水平，关键要依靠个人的自主意识和行动自觉。高校在构建相关制度和机制后需要营造一种自主成长的环境，潜移默化地达到激励青年教师自我反思和自主行动的目的。教师自主成长需要从多方面努力。一是培养自主学习能力。在不断学习专业新知识的同时及时补充相关教育教学知识素养，从整体上增强自身的文化底蕴。二是要加强青年教师的师德建设，确立坚定的师德信念。只有拥有了崇高的道德信念，青年教师才会严格要求自己，全心全意、尽职尽责地投入到教学中去。三是要强化教学反思。它是教学能力提升的基础。青年教师的反思包括很多方面，最为重要的是教育教学反思，对教育思想、教育实践的评价、反馈与调节。写反思日记、观摩教学、参与讨论及开展行动研究是进行教学反思的主要方式，其中处于成长期的青年教师应侧重教育教学技能的反思。四是培养青年教师精神气质。教师的精神气质由个人言行举止、性格情趣、外形外貌及内在涵养等部分组成，是大学教师活的灵魂，应有意识地加以培养，高校青年教师发展中心在对教师进行行为引导时也应持包容开放态度，对于个性教师给予适当空间，在不影响教学质量基础上充分发挥其个性特长，避免千篇一律。

4. 关注高校青年教师的生存状态

仅从教学制度、机制及专业上提供成长帮助对青年教师而言还不够。高校青年教师是一个特殊的群体。在教师身份上看，他们是社会青年一代的佼佼者，是思想和价值观念的构造者、阐释者与传播者；从青年角度上看，他们富于热情和激情，对社会未来有浪漫理想情怀，对现实却有较强的批判态度。然而事实上他们需要面临来自外部的、内部的，同龄人的、隔代的，老教师的及学生的各方压力，同时还有工作生活中的科研项目与经费、职称晋升、学术成果、结婚生子、兼职走穴，这些本身与教学没有很大关系的词汇，在现行高校教育制度下发生了复杂的因果关系。① 面对这样一种境况，仅仅依赖教学制度来提升他们的教学胜任力是不现实的。除此之外，还需从青年教师的生存现状出发，解决困扰他们的实际问题，才可释放他们的教学才能与激情。

一是减轻青年教师的科研压力。高校教师要承担教学和科研双重任务。高校教师职称晋升的规则是教师必须在一定周期内完成一定数量的课题并取得相应的科研成果。可是课题的获得并不容易，资源分配又有许多不确定性，有的教师课题做不完，有的则为项目疲于奔命。在课题选择时，很多都有固定的主题和方向。但对于青年教师而言，选题大多较少涉猎，甚至毫无兴趣，但是为了获取有限的指标和资源，他们还是得硬着头皮上。高校在制定相关制度时，要适当减轻他们的科研压力。对他们的科研要求不能太高、太急，应给予他们较充裕的积淀时间。

二是制定相对宽松的考核制度。在现行的高校教师考核晋升制度下，高校青年教师很难抱着平常心从容地投入到教学中。他们可能先想到的是拿到一些能出成果的课题，发几篇高级别期刊的论文，这样才能拿到经费、获得晋升筹码，得到同行与领导的认可。但对青年教师而言，他们在这个竞争中是弱势群体，在对基金项目的建议和申请上没有发言权和主体性。即使拿到了课题，往往程序烦琐，频繁地填表、检查、汇报，浪费了不少时间和精力。在教学上亦是如此，教师在开学前便得提交教学进度计划、教案，课前进行考勤，课后作业、总结反思，期中、期末学业考评等一系列教务工作。相对于老教师而言，青年教师的教学经验不足，往往教学任务又重，教学压力更大。在教学与科研的检查、考核的多重压力下，青年教师工作环境较为压

---

① 廉思：《工蜂——大学青年教师生存实录》，中信出版社 2012 年版，第 2 页。

抑。因此，在减轻科研任务和压力之后，需要重点营造轻松活泼的工作环境，让他们的教学、科研更灵活、自由、有弹性，这样他们才能体验到尊严、成就及自信。其中，关键在于设定合理的晋升机制，给予青年教师较充分的安心教学和专心科研的时间，以避免浮躁和急功近利。

三是解决青年教师的实际问题。在调查中，高校青年教师普遍反映经济待遇低，房价高、入托难、上学贵等，这些是青年教师必须面对和解决的实际问题。从纵向来看，我国教师的薪金制度确实在不断改进，但还存在不如意的地方，青年教师经济压力较大。从横向比较看，高校青年教师与其他同等付出的行业相比，待遇偏少，这种情况不利于他们安心高校教学工作。在这种情况下，各方要采取有效的措施保障高校青年教师的待遇，积极争取相应的医疗条件，吸引优秀人才进入高校教师队伍，为其解决后顾之忧，使其全身心地投入教学工作，不断提升高校青年教师的教学胜任力。

附录一　高校青年教师教学胜任力指标体系咨询

尊敬的老师：

您好！

我们承担的"高校青年教师教学胜任力测评与发展研究"课题需要开发高校青年教师教学胜任力的测评工具，为此我们初步拟定了一个评价的指标体系，恳请您对我们初拟的指标体系予以指正。这个咨询仅供学术研究，对于问卷的信息与评估结果我们一定会严格保密。如果可能的话，麻烦您11月初将咨询意见发回给我。衷心感谢您在百忙中抽出宝贵的时间对我们的研究提供大力支持和帮助！

请您对该指标体系的各个维度及其所包含的各个指标提出修改意见：

（其中数字1、2、3、4、5代表该指标在此维度中的重要程度，1代表特别不重要，2代表不重要，3代表一般重要，4代表比较重要，5代表非常重要，请在您认为相对应的方格中或横线上画"√"）。

一级指标（1）	二级指标	1	2	3	4	5
教学知识	教育类知识					
	专业类知识					
	学科前沿知识					
	通识性知识					

您认为此一级指标是否合适？
合适＿＿不合适＿＿
如不合适，应如何修改？
＿＿＿＿＿

您认为本维度二级指标的表述哪些要修改，如何改？ ＿
＿＿＿＿＿
您认为本维度的二级指标还需补充哪些：
＿＿＿＿＿

一级指标（2）	二级指标	1	2	3	4	5
教学能力	教学设计					
	教材驾驭					
	信息运用					
	言语表达					
	演示能力					
	多媒体操作					
	课堂管理					
	启发诱导					
	激励艺术					
	教学评价					
	设疑解惑					
	教学反思					
	教学研究					

您认为此一级指标是否合适？
合适＿＿＿＿不合适＿＿＿
如不合适，应如何修改？
＿＿＿＿＿

您认为本维度二级指标的表述哪些要修改，如何改？ ＿
＿＿＿＿＿
您认为本维度的二级指标还需补充哪些？
＿＿＿＿＿

一级指标（3）	二级指标	1	2	3	4	5
教师人格特征	责任心					
	自信心					
	幽默感					
	包容赏识					
	团队协作					
	乐观积极					
	思维严谨					
	敢于创新					
	主动性					
	人际沟通					
	观察力					
	亲和力					
	适应性					
	精力充沛					
	情感丰富					
	尊重他人					
	诚实正直					
	关爱学生					
	严格要求					

续表

一级指标（3）	二级指标	1	2	3	4	5
您认为此一级指标是否合适？ 合适 ＿＿＿＿ 不合适 ＿＿＿＿ 如不合适，应如何修改？ ＿＿＿＿＿＿＿＿＿＿	您认为本维度二级指标的表述哪些要修改，如何改？ ＿ 您认为本维度的二级指标还需补充哪些？					

一级指标（4）	二级指标	1	2	3	4	5
	谋生途径					
教学动机	热爱教学					
	助人成长					
	自我实现					
您认为此一级指标是否合适？ 合适 ＿＿＿＿ 不合适 ＿＿＿＿ 如不合适，应如何修改？ ＿＿＿＿＿＿＿＿＿＿	您认为本维度二级指标的表述哪些要修改，如何改？ ＿ 您认为本维度的二级指标还需补充哪些？					

您认为总体上一级指标还需要增加哪些维度？
＿＿＿＿＿＿＿＿＿＿＿＿＿＿＿＿＿＿＿

附录二　咨询专家基本情况

（一）专家信息（请您在对应的项目序号上画"√"）

1. 年龄：A. 35 周岁及以下　B. 36—45 周岁　C. 46—55 周岁 D. 56 周岁及以上

2. 性别：A. 男　　B. 女

3. 教龄：A. 10 年以下　B. 11—20 年　C. 21—30 年　D. 31 年及以上

4. 专业技术职称：A. 副教授（副研究员）　B. 教授（研究员）

5. 最高学历：A. 专科　B. 本科　C. 硕士　D. 博士

6. 工作单位：A. 高校　B. 研究所　C. 企业　D. 政府、事业单位　E. 其他

（二）评估信息（请在对应的项目序号上或空格中画"√"）

1. 您对问题的熟悉程度

A. 很熟悉　B. 熟悉　　C. 一般熟悉　　D. 不熟悉　　E. 很不熟悉

2. 下面是对指标选择的四种判断依据，请专家自评此项依据，对自己做出判断的影响程度"大、中、小"作出判断，在选项中画"√"

判断依据	影响程度		
	大	中	小
直观感觉			
理论分析			
工作经验			
各类相关信息			

关于评估的简要说明：

本研究将《高校青年教师教学胜任力指标体系》划分为四个维度（一级指标），四个维度之下共设有 40 个二级指标。希望借由您的专业素养与丰富经验对各个指标进行评估和修改，您的卓见对于本研究具有重要的意义，烦请您评估和修改后将问卷发回本人邮箱。

本项目所研究的"高校青年教师"是指在高校从事教学工作的 40 周岁以下（含 40 周岁）的教师。"教学胜任力"又称为"教学胜任特征"，是指一个教师所具有的富有成效地完成教学目标所需求的特质群，这些特质可以用教师的教学行为方式加以描述。它除一般所说的教学知识和教学能力外，还包括教师的人格特征和教学动机等内容。

附录三　高校青年教师教学工作状况调查问卷

尊敬的老师：

您好！

非常感谢您在百忙中抽时间完成这份问卷。问卷旨在了解高校教师教学工作的现状。您的看法对我们的研究具有重要的价值，敬请您认真作答。本次调查不记姓名，我们只对数据作整体统计分析，您提供的信息我们将严格保密，请您放心填答。

填写说明：请您在横线上填写内容或在符合您实际情况或想法的选项上画"√"（如无特殊说明均为单选）

第一部分

1. 您的年龄是：＿＿＿周岁

2. 您的高校教龄是：＿＿＿ 年

3. 您平均每周授课：＿＿＿ 节

4. 您的性别是：①男　　②女

5. 您本（专）科所学专业是否为师范类专业：　①是　　②否

6. 您是否曾被评为校级及以上优秀教师（含教学名师）？　①是 ②否

7. 您的职称是：①未定职称　　②助教　　③讲师　　④副教授 ⑤教授

8. 您的最高学历是：①大专　　②本科　　③硕士　　④博士 ⑤其他

9. 您任教的课程类别属于：①文科　②理科　③工科　④其他

10. 您任教的课程类型属于：①公共课　②专业课　③兼教公共课和专业课

11. 您所在高校属于：①"985"工程高校 ②"211"工程高校 ③其他一般高校

第二部分

序号	项目	极不符合	较不符合	略不符合	有点符合	比较符合	完全符合
1	我经常收集和处理相关资料以充实教学内容。	1	2	3	4	5	6
2	我遇事会进行批判分析，从不盲目轻信。	1	2	3	4	5	6
3	我能从容应对教学中出现的各种情况和问题。	1	2	3	4	5	6
4	我在教学中对学生的情况和特点非常了解。	1	2	3	4	5	6
5	我在工作中很少与别人开展合作。	1	2	3	4	5	6
6	我能很快地适应新的环境和新的任务。	1	2	3	4	5	6
7	我喜欢现在所教的学科专业。	1	2	3	4	5	6
8	我不熟悉现代教育技术，在教学中很少使用。	1	2	3	4	5	6
9	我从未想过要放弃大学的教职。	1	2	3	4	5	6
10	我掌握的教育教学理论能满足教学的需要。	1	2	3	4	5	6
11	我在工作中经常感到力不从心，不太自信。	1	2	3	4	5	6
12	我能有效调控情绪，很少焦虑、抱怨或发怒。	1	2	3	4	5	6
13	我会根据学生的反应及时调节自己的教学。	1	2	3	4	5	6

序号	项　目	极不符合	较不符合	略不符合	有点符合	比较符合	完全符合
14	为启发学生我常使用提问、重复、强调等策略。	1	2	3	4	5	6
15	每次教学我都能体验到成功和快乐。	1	2	3	4	5	6
16	我的学科专业知识很扎实。	1	2	3	4	5	6
17	我对自然科学知识了解较少。	1	2	3	4	5	6
18	我的教学语言表达流畅、清楚、简练、严谨。	1	2	3	4	5	6
19	在我的教学中学生会主动参与、积极互动。	1	2	3	4	5	6
20	我与人交流和沟通非常顺畅、愉快。	1	2	3	4	5	6
21	我在工作和生活中总是幽默风趣、平易近人。	1	2	3	4	5	6
22	我对人文社会科学知识了解较少。	1	2	3	4	5	6
23	我了解所教学科的前沿知识和发展动态。	1	2	3	4	5	6
24	当工作不顺利时我会努力坚持，不轻易放弃。	1	2	3	4	5	6
25	我经常反思教学，及时总结教学经验与教训。	1	2	3	4	5	6
26	我期望做一个受学生尊敬和喜爱的教师。	1	2	3	4	5	6
27	我在教学中已形成了自己鲜明而独特的风格。	1	2	3	4	5	6
28	我在备课时会合理地设计教学的目标。	1	2	3	4	5	6
29	除讲授外，我常采用讨论、案例等教学方法。	1	2	3	4	5	6
30	我经常收集和处理相关资料以充实教学内容	1	2	3	4	5	6
31	我能坚持公平公正地对待他人。	1	2	3	4	5	6
32	我在教学中鼓励学生发表不同的观点和意见。	1	2	3	4	5	6
33	我经常以各种方式关心和爱护学生。	1	2	3	4	5	6
34	我一贯治学很严谨。	1	2	3	4	5	6
35	我掌握的教育教学理论能满足教学的需要	1	2	3	4	5	6
36	我对教学工作总是恪尽职守，从不懈怠。	1	2	3	4	5	6
37	我对自己的教学从不满足，想办法不断改进。	1	2	3	4	5	6
38	我会宽容对待别人的不同意见和挑衅性行为。	1	2	3	4	5	6
39	我对教学充满热情，并甘愿倾注精力。	1	2	3	4	5	6
40	我在工作中很少与别人开展合作。	1	2	3	4	5	6
41	我会全面思考和周密安排教学的内容。	1	2	3	4	5	6
42	我会采取多种方式全面评价学生的学业。	1	2	3	4	5	6
43	我在教学中能熟练操作实验器材或各类教具。	1	2	3	4	5	6

第三部分

1. 您所在高校的教研组织情况如何?

①没有建立教研组织　　　　　　②有教研组织但从未开展活动

③有教研组织只偶尔开展活动　　④有教研组织且经常开展活动

2. 您所在高校对青年教师开展了教学方面的培训吗?

①从未开展　　②很少开展　　③有时开展　　④经常开展

3. (注:如从未开展就不答此题)您对学校的青年教师教学培训的评价是:

①没有收获　　②收获较小　　③收获较大　　④收获很大

4. 您所在单位(指院/系)组织教师开展教学研究活动吗?

①从未组织　　②很少组织　　③有时组织　　④经常组织

5. (注:如从未组织就不答此题)您对所在单位的教学研究活动的评价是:

①没有效果　　②效果较小　　③效果较好　　④效果显著

6. 您对自己的教学效果与质量满意吗?

①很不满意　　②不太满意　　③比较满意　　④非常满意

7. 学生在教学质量评价中一般给您评的分数如何?

①很低　　　　②较低　　　　③较高　　　　④很高

8. 您对学生在教学质量评价中给您评的分数感到满意吗?

①很不满意　　②不太满意　　③比较满意　　④非常满意

9. 您认为学生对您的教学质量评价客观吗?

①很不客观　　②不太客观　　③比较客观　　④非常客观

10. 您认为贵校对教师的教学质量评价合理吗?

①很不合理　　②不太合理　　③比较合理　　④非常合理

11. 您平时阅读教育教学类书籍和报刊吗?

①从不阅读　　②很少阅读　　③有时阅读　　④经常阅读

12. 您认为在以下几种素养中自己哪一个方面最需要提高?

①教育理论　　②教学技能　　③专业知识　　④职业精神

13. 您所在高校如何对待教学与科研的关系?

①两者都不重视　　②重科研轻教学　　③重教学轻科研　　④教学与

科研并重

14. 贵校对教学优秀的教师进行表彰吗？

①从不表彰　　　②很少表彰　　　③有时表彰　　　④经常表彰

15. 贵校对科研突出的教师进行表彰吗？

①从不表彰　　　②很少表彰　　　③有时表彰　　　④经常表彰

16. 贵校在科研方面的要求对您的教学冲击大吗？

①没有冲击　　②冲击较小　　　③冲击较大　　　④冲击很大

17. 您在教学方面的压力如何？

①没有压力　　②压力较小　　　③压力较大　　　④压力很大

18. 您在科研方面的压力如何？

①没有压力　　②压力较小　　　③压力较大　　　④压力很大

19. 您所在单位会安排有经验的教师对青年教师进行教学指导吗？

①从未安排　　②很少安排　　　③有时安排　　　④经常安排

20. 您向有经验的教师请教过教学问题吗？

①从未请教　　②很少请教　　　③有时请教　　　④经常请教

21. 您平时会主动观摩其他教师的教学吗？

①从未观摩　　②很少观摩　　　③有时观摩　　　④经常观摩

22. 您对给本科生讲课持什么态度？

①尽量不讲　　②争取少讲　　　③服从安排　　　④主动多讲

23. 您承担了教学改革研究的课题吗？（注：本题可以多选）

①没有承担任何教学改革课题　　②参与了校级或省级教学改革课题

③主持了校级教学改革课题　　　④主持了省级教学改革课题

24. 到目前为止，您共发表（含出版）了多少教学研究的成果？

①没有发表　　②1—2篇（部）　③3—4篇（部）　④5篇（部）及以上

25. 有人认为"大学教师关键是搞好科研，教学可以马虎一点。"您认同这种看法吗？

①很不认同　　②不太认同　　　③比较认同　　　④完全认同

26. 您承担了科学研究的课题吗？（注：本题可以多选）

①没有承担任何科研课题　　　　②参与了校级或省级科研课题

③主持了校级科研课题　　　　　④主持了省级科研课题

⑤主持了国家级科研课题

27. 到目前为止，您共发表（含出版）了多少科学研究的成果？

①没有发表　②1—5 篇（部）　③6—10 篇（部）　④11 篇（部）及以上

28. 某些外在因素可能会制约您提高教学水平，请选择或填写影响最大的三个因素：

①科研压力大　②教学任务重　③教学条件差　④经济待遇低

⑤家庭负担重　⑥学校不重视　⑦学生学风差　⑧教学评价不合理

⑨其它

附录四　高校青年教师问卷调查对象分布表

序号	高校名称	高校类型	问卷数量	序号	高校名称	高校类型	问卷数量
1	清华大学	985	42	32	四川师范大学		27
2	北京师范大学	985	36	33	西华师范大学		22
3	浙江大学	985	20	34	宁波大学		52
4	武汉大学	985	42	35	西北师范大学		45
5	南京师范大学	211	18	36	菏泽学院		21
6	华南师范大学	211	22	37	贵州财经大学		76
7	上海大学	211	32	38	云南师范大学		55
8	东北师范大学	211	25	39	中国民航大学		51
9	湖南师范大学	211	29	40	广西师范大学		39·
10	石河子大学	211	40	41	内蒙古师范大学		30
11	宁夏大学	211	51	42	西藏民族学院		31
12	西南大学	211	55	43	首都师范大学		28
13	西藏大学	211	30	44	江苏师范大学		61
14	广西大学	211	42	45	苏州大学		48

序号	高校名称	高校类型	问卷数量	序号	高校名称	高校类型	问卷数量
15	西北大学	211	51	46	青岛科技大学		56
16	陕西师范大学	211	28	47	南昌航空大学		36
17	南昌大学	211	77	48	江西财经大学		25
18	集美大学		30	49	江西师范大学		132
19	黑龙江大学		25	50	南昌师范学院		28
20	嘉应学院		27	51	南昌工程学院		53
21	长春师范大学		20	52	江西科技师范大学		36
22	河南师范大学		33	53	江西农业大学		22
23	河南大学		50	54	上饶师范学院		52
24	海南大学		61	55	井冈山大学		43
25	天津师范大学		39	56	赣南师范学院		38
26	湖北大学		45	57	萍乡学院		45
27	湖北第二师范学院		22	58	宜春学院		53
28	山西大学		38	59	新余学院		50
29	黄山学院		38	60	东华理工大学		41
30	安徽师范大学		25	61	景德镇学院		52
31	浙江师范大学		47	62	景德镇陶瓷学院		41

（执笔：熊思鹏；指导：何齐宗）

第三章

城镇化进程中农村教师队伍的变化特征

一　研究的背景与意义

党的十八大报告提出城镇化发展的新理念：推动城镇化与工业化良性互动、城镇化和农业现代化相互协调，促进工业化、信息化、城镇化、农业现代化"四化"同步发展。自改革开放以来，我国的经济稳步提高，社会事业蓬勃发展。截至 2013 年年底，中国城镇化率已经达到 53.73%，较上年提高 1.16 个百分点。[①] 我国的城镇化进程正处于快速发展时期。2013 年年底，中央城镇化工作会议指出："推进城镇化是解决"三农"（农业、农村、农民）问题的重要途径，目前的主要任务就是解决已转移到城镇就业的农业转移人口落户问题，以及有序地推进农村转移人口市民化。"要健全"以工促农，以城带乡"的长效机制，以实现城乡一体化和城乡统筹发展。中国城镇化的蓬勃快速发展，使得农民进城务工的现象越来越普遍，越来越多的农民到发展较好的城镇工作，从而使农村人口不断向城镇迁移，城镇数量不断增加。

城镇化进程的加快和中央关于解决"三农"问题的各项方针政策的实施，在给社会带来影响的同时也对农村教育产生了一定的影响，引发了不少农村基础教育改革和发展亟须研究和解决的问题。一直以来，城乡教育的不平衡都是教育界值得深思的问题，促进义务教育均衡发展也是我国新的历史时期教育发展的重要战略方针。城镇化作为

---

① 国家统计局：《2014 公报解读：新型城镇化——经济社会发展的强大引擎》，ht-tp：//www. stats. gov. cn/tjsj/sjjd/201503/t20150309_ 691333. html，2015 年 3 月 9 日。

解决城乡二元结构的重要策略之一，不仅给农村教育带来了福利，同时也给农村教育带来了挑战。一方面，农村学龄儿童向城镇转移，使得他们可以接受更加优质的教育；另一方面，农村学校生源减少使得一些农村学校渐渐萎缩，城镇学校渐渐增加。同样，城镇化在给农村教育带来影响的同时，也给农村教师的发展带来了新的机遇和挑战。随着城镇化进程的不断加剧，农村人口不断向城镇转移。城镇学校生源增加，教师富足，但是引发的农村学校生源不足以及偏远地区农村教师短缺等问题，会使城乡之间教育的差距越来越大，同时城乡社会经济条件的差距也会直接导致城乡教育失衡问题日益加剧。农村教师是农村教育的核心，直接影响农村教育的质量。因此，农村教师队伍是提高农村教育质量的关键。随着城镇化进程的加剧，人口不断向城镇密集，城镇得到重点发展，撤乡建镇的措施越来越多，导致城乡差距不断加大，农村教师队伍和城镇教师队伍的差距也随之越来越大，这样势必会影响农村教育的质量。

二　基本概念的界定

（一）城镇化

什么是"城镇化"？《辞海》分别就"城"和"镇"进行了解释："城"是指人口集中，工商业发达的地区，通常是周围地区的政治、经济、文化中心。[①]"镇"指由县一级领导的行政区划单位，一般是较大的集市。[②]

在我国，"城镇"有广义和狭义之分。广义指在我国市镇建制和行政区化的基础上划定的城市和镇。经过批准设市建制的城镇才能称之为城市，而不够要求的称之为镇，而城镇就是城和镇的总称。狭义的"城镇"就是指介于城市和农村之间与乡平级的行政区。"化"指的是变化。因此从字面意思上理解，城镇化就是一个区域朝着城市和

---

① 辞海编辑委员会编：《辞海》，上海辞书出版社 2009 年版，第 143 页。

② 同上书，第 361 页。

城镇转化的过程。

《城市规划基本术语标准》中将城镇化解释为：人类生产和生活方式由乡村型向城市型转化的历史过程。[①] 城镇化的表现是：第一，市镇地区的人口不断上升，农村人口不断向城镇人口转化；第二，城镇增加，第二、三产业持续向城镇聚集，城镇规模扩大。由此可见，城镇化就是农村逐渐转化为城镇的过程，但是不能将这种转化理解为完全取代。2013 年 7 月，习近平同志在湖北考察时指出：即使我国城镇化程度到了 70%，也还有四五亿人在农村。农村绝不能成为荒芜的农村，城镇化、城乡一体化绝对不是消灭农村。

本研究所指的城镇化是指随着社会生产力的发展，农村人口不断往城镇聚集，使城镇大量增加和城镇人口不断增长的一个历史过程。乡镇人口不断往发达的小城镇聚集，小城镇不断完善发展成为大城市。

（二）农村教师队伍

"农村"在《现代汉语词典》中被解释为"以从事农业为主的人聚居的地方"。我们知道，农村不同于城市和城镇，农村又叫做乡村。相对于城市来说，农村指以农业产业为主的农业区，有集镇、村落。相对于城镇来说，城镇人口集中，而农村人口分散。在国外，主要以人口来定义农村的概念。在欧洲，居住地人口为 2000 以下的称作农村。但是，在中国并没有这样的规定。中国只规定"市镇总人口"和"乡村总人口"为统计指标。而市镇人口是指：（1）设区的市的区人口和不设区的市的街道人口；（2）市或县的镇所辖居委会人口。上述以外的人口算乡村人口。[②] 本文中的农村指的是乐平市以下的镇所管辖的乡村。

农村教师队伍主要是指工作在乡镇中的农村学校的教师群体。在我国，农村学校主要指农村中学、小学。乐平市的情况是，农村学校

---

① 黄海雁：《城镇化进程中乡镇中学教师继续教育研究》，硕士学位论文，湖南师范大学，2006 年。

② 王萍萍：《农村收入与农业生产结构调整》，《战略与管理》2001 年第 1 期。

基本上是村里设置小学、镇里设置初中、县市设置高中。本文提到的中学、小学主要是指初中和小学，小学包括完小和中心小学；中学包括初中和九年一贯制学校。因此，本文的农村教师队伍指的是在乡镇中的初中和小学工作的教师群体。

（三）农村教师队伍的变化

《辞海》将"变化"解释为：事物在形态上或者本质上产生的新状况。[①] 因此，"农村教师队伍的变化"是指随着时间的推移农村教师队伍呈现出来的不同于以前的新的特征。本文主要研究近年来随着乐平市城镇化进程的加快而导致的农村教师队伍变化的情况。本文关于农村教师队伍的变化主要围绕着农村教师队伍的数量、结构、流动、素质提升与环境发展等几个方面展开。

三　国内外研究现状

（一）国内的研究

1. 关于城镇化内涵的研究

城镇化是世界经济发展的主题，是衡量一个国家社会发展水平的重要指标。关于城镇化问题的研究成果层出不穷。关于城镇化的内涵与特征，不同的学者有不同的见解。

首先，不同领域对城镇化的内涵与特征有不同的理解。在人口学领域，城镇化是农村人口向城市和小城镇集中的过程，这个过程中城市人口占全社会总人口的比例在不断提高。在地理学领域，城镇化可以解释为地域演化的空间过程，是乡村地域向城市地域的转化、城市地域向外扩张和城市内部地域不断演替的过程。在经济学领域，城镇化可以理解为农村自然经济转化为城镇社会化大生产的过程。在这个过程中，由于社会生产力的变革而引起人们生产方式、生活方式和居

---

① 辞海编辑委员会编：《辞海》，上海辞书出版社 2009 年版，第 62 页。

住方式的改变。在教育学中，大部分学者主要从经济学的角度理解城镇化的内涵与特征。李少元认为，城镇化是指人类生产和生活由乡村向城市转化的历史过程，表现为乡村人口向城市人口转化及城市不断发展完善的过程。① 余益中认为，城镇化包括"人的城镇化"和"物的城镇化"。他认为，城镇化是农村人口从泛农化向非农化转变，农村经济模式从自然经济向商品经济发展，农村经济结构从传统农业向工业、服务业转型，农村物质生产从分散型、手工型、低水平向集约化、机械化、高水平提升的过程。② 官爱兰等人认为，城镇化是指"乡村分散的人口、劳动力和非农业经济活动不断进行空间上的聚集而逐渐转化为城镇的经济要素，城镇相应成长为经济发展的主要动力的过程"。③

因此，上述学者都认为，城镇化的共同特点是人口的转移和农村经济向城镇转变的过程。因此，我们可以将城镇化理解为，人口从农村向城镇转移和聚集，城镇不断增加的过程。

2. 关于城镇化与农村义务教育发展关系的研究

党的十八大报告指出，要坚持走中国特色城镇化道路，均衡发展九年制义务教育。准确把握城镇化与农村义务教育的关系，科学应对城镇化背景下农村义务教育面临的各种挑战和问题。国内很多学者就城镇化和农村义务教育的关系进行了研究，其中有的学者认为城镇化和农村义务教育的关系是相互的。官爱兰等人就江西城镇化与农村教育的发展问题，提出城镇化与农村教育的发展存在相互依存的关系：农村教育发展促进城镇化进程，城镇化进程呼唤农村教育发展。有的学者认为城镇化推进了农村教育发展。教育部副部长刘利民认为，城镇化对农村义务教育的改革发展起到了推动作用，主要体现在四个方面：一是改善了农村义务教育学校办学条件；二是提高了农村义务教育教师队伍素质；三是催生了农村义务教育现代化的雏形；四是提升

---

① 李少元：《城镇化对农村教育发展的挑战》，《中国教育学刊》2003 年第 1 期。
② 余益中：《城镇化建设与农村教育改革》，《教育研究》2002 年第 6 期。
③ 官爱兰、卢宇、任金平：《江西城镇化与农村教育发展研究》，《农业考古》2006 年第 6 期。

了农村义务教育的质量和国民素质。① 还有一些学者认为，在城镇化进程中，农村教育面临许多困难和挑战。虞小强等认为，城镇化进程中农村教育必然会有很多困境，首先是城镇化进程加快会引起农村地区许多学龄儿童到城镇学校读书，这样就会让农村教育陷入办学效率低下的困境；其次是城镇化会使农村学龄儿童减少，这样造成一些农村中小学校生源严重短缺，影响教育公平；再次是城镇巨大的向心力把优秀教师卷走，农村教育质量会下滑；最后是城镇化使农村教育社会效益不高。② 崔民初、范先佐认为，城镇化的进程中会出现教育发展与城镇化进程不相适应的状况。第一，快速的城镇化使农村学生不断到城市地区学习，导致农村学校生源减少；第二，农村青壮年劳动力迁移到城市而把子女留给祖父母抚养，留守儿童的教育问题堪忧；第三，农村学校教育质量差，教师队伍不稳定；第四，农村教育内容的僵化也难以适应现代化、城镇化的需要。③

对此，许多学者围绕城镇化进程中农村教育出现的问题提出了相关对策。刘世清认为，城镇化进程中农村基础教育存在如下问题：第一，政府投资不足，城乡教育差距扩大。第二，基础教育功利倾向突出，课程内容与现实脱节。第三，初中后教育资源短缺，辍学现象严重。第四，师资问题突出，留守儿童教育质量下降。他针对城镇化进程中农村基础教育存在的问题提出了相关的对策，认为必须从政府职能、市场机制、农村基础教育自身与农村师资培养等方面加强改革、协调推进，从而促进农村基础教育的健康发展。④ 张学华认为，发展农村教育促进了城镇化的健康发展，在发展农村教育的过程中要有效整合县域教育资源，使教育资源的效益最大化。⑤

① 刘利民：《城镇化背景下的农村义务教育》，《中国农村教育》2013年第3期。

② 虞小强、陈宗兴、霍学喜：《城镇化进程中农村教育的困境与选择》，《现代教育管理》2011年第6期。

③ 崔民初、范先佐：《我国城市化进程中教育问题及对策研究》，《教育科学》2003年第1期。

④ 刘世清：《论城镇化进程中农村基础教育的问题与政策建议》，《教育科学》2005年第6期。

⑤ 张学华：《城镇化视角下的农村教育》，《教育教学论坛》2014年第2期。

　　由此可见，城镇化和农村义务教育的发展是互相影响的。首先城镇化促进了农村教育的发展，改善了农村教育，同时在促进农村教育发展的过程中，农村教育也面临着问题和挑战。农村教育的发展也促进了城镇化进程。

　　3. 关于城镇化进程中农村教师流动的研究

　　根据文献的梳理，大部分学者认为城镇化进程中农村教师流动的特征表现为农村教师往城镇学校单向流动和农村优秀教师大量流失，同时农村教师的不合理流动严重影响了农村教育发展。

　　石英德认为，随着城镇化进程的加剧，将会导致大量的农村教师不合理的单向流动，直接造成农村学校教师数量的短缺和教师及其教学质量的下滑。[①]

　　肖正德认为，由于我国城乡之间经济与教育发展水平差距悬殊，加之在城镇化进程中，城镇教育得到重点发展，而乡村教育却遭到忽视，城镇化进程中的乡村教育呈现"凋敝"状态。因此，乡村学校不仅很难吸引教师来任教，而且很难留住优秀教师。乡村学校中许多积累了足够教学经验并取得优异教学成绩的中青年教师不是被抽调到城镇学校，就是流失到经济较发达地区任教；优秀教师流入城市，使得农村学校不得不将大量教学工作加压到现任教师身上，教学任务繁重，工作量超负荷。[②]

　　虞小强等认为，大量优秀教师由于向往城镇生活，对自身前途的考虑和经济目的等原因，纷纷涌向城镇学校。对于农村中小学而言，特别是广大边远山区的中小学而言，大量优秀师资的流失使得农村教育质量难以保证。留下的教师往往因为教学水平不高而士气低落，教师教学积极性不高，致使农村教育教育质量不断下滑。[③]

---

　　① 石英德：《关注农村教师流动，保证义务教育均衡发展》，《中国教师》2005 年第30 期。

　　② 肖正德：《农村教学边缘化问题、成因及其对策》，《当代教育论坛》2006 年第9 期。

　　③ 虞小强、陈宗兴、霍学喜：《城镇化进程中农村教育的困境与选择》，《现代教育管理》2011 年第 6 期。

4. 关于城镇化进程中教师队伍均衡的研究

随着城镇化进程的加快，学者们普遍认为农村教师队伍呈现出不均衡状态。

范先佐认为，目前农村中小学教师队伍现状令人堪忧，主要体现在：第一，优秀教师大量流失和减少；第二，教师老龄化现象严重；第三，英、音、体、美等学科教师严重不足；第四，受过正规教师教育的教师少；第五，专职生活教师普遍缺乏。他认为，城镇化步伐加快是导致这一系列现状的原因之一。他通过调查发现，由于城镇化的推进，大量的学龄儿童和农村人口向城镇转移，这一方面给城市教育带来很大的压力，一方面又让农村人口和学龄儿童不断减少，使得农村学校不断萎缩，甚至被迫撤并，这样一来农村教师就陷入窘迫的状态。[①]

郑金洲归纳了城镇化背景下教育中的七个病理现象，其中一个现象就是城镇化使得农村的优秀教师进一步短缺，导致教师队伍不均衡问题产生。他认为，乡村教师流向城市的现象，在我国或多或少都是存在的，县城的教师流失，导致县城学校从乡级学校选调教师，乡级教师因此而缺乏，这样层层的"扒皮"将会导致教师质量下降，从而影响教师队伍均衡。他认为这个问题是目前城镇化进程中亟待解决的一个教育问题。[②]

周黎鸿对江西 L 县进行的调查结果显示，城镇化过程中城乡师生比例差距不大，乡村略大于城市，但是优质教师资源和教师队伍整体素质城乡差距拉大。针对这个问题，他认为应该完善义务教育学校教师"以县为主"的管理体制，逐步缩小县域内城乡之间、校际之间师资配置的差距。[③]

肖军虎认为，教师队伍的质量是学校生存和发展的核心因素。随

---

① 范先佐：《义务教育均衡发展与农村中小学教师队伍建设》，《文明的和谐与共同繁荣——新格局·新挑战·新思维·新机遇论文及摘要集》，2012 年，第 425—430 页。

② 郑金洲：《城镇化进程中的教育病理现象》，《教育发展研究》2006 年第 2B 期。

③ 周黎鸿：《城镇化进程中的县域义务教育均等化问题研究》，《教育学术月刊》2012年第 12 期。

着城镇化进程的加剧，由于城乡教师长期无序的"逆向"流动，造成乡村教师在年龄结构、学历结构、职称结构和教学技能方面明显劣于县城学校。他通过实证调查研究发现，农村教师的整体素质都低于城市教师。[①]

张学华认为，随着农村城镇化进程的发展，农村师资短缺的状况恶化，究其原因可归结为两点：一是农村中小学编制和经费不足、教师比例不合理、硬件设施落后，同时教师工资待遇、工作环境和社会福利都不如城市学校，这样势必让农村中小学教师往待遇更高，环境更好的学校转移。二是由于农村教育结构的调整，教育资源集中到较好的城镇中学、小学，教师纷纷往条件好的地区和学校单向流动，导致农村骨干教师大量减少。[②]

5. 关于城镇化进程中农村教师生存状况的研究

由于城镇化进程加快，学龄儿童趋向于往城镇学校聚集，农村优秀教师也趋向于往城镇学校聚集，这样剩下的农村教师普遍存在压力大、任务负担重、工资待遇差等情况。

肖正德提出，随着城镇化进程的发展，目前乡村教师面临的困境主要表现为：教学任务繁重，工作量超负荷；工资待遇不高，职业满意度降低；心理压力大，心理健康状况令人堪忧；职业幸福感偏低，离职意向水平偏高；精神生活贫乏，教学文化呈现"惰性"。他认为改善城镇化进程中乡村教师的生存境遇：一是要提高乡村学校教师配置比例，规范教师教学工作量制度；二是增加乡村教师的工资收入，提高其职业满意度；三是加速城乡教育一体化进程，完善乡村教师社会保障政策；四是改革乡村教育的评价制度，缓解乡村教师心理压力；五是促进学校生态文化建设，增强乡村教师职业幸福感。[③]

肖第郁等人通过对江西赣州市的调查发现，当前农村教师生存状态主要存在以下问题：首先是教师工作负担较重；其次是教师收入水

---

① 肖军虎：《城乡义务教育均衡发展实证研究》，《教育与经济》2011 年第 3 期。

② 张学华：《城镇化视角下的农村教育》，《教育教学论坛》2014 年第 2 期。

③ 肖正德：《城镇化进程中乡村教师生存境遇与改善策略》，《中国教育学刊》2011 年第 8 期。

平低，福利待遇差；再次是教师专业发展水平不高。①

孟引变通过对山西省农村初中教师生存状态的调查指出，随着城镇化进程的加快，很多农村教师往城镇聚集，导致农村教师减少，剩下来的农村初中教师普遍存在以下几个问题：一是教师工作时间长、压力大；二是教师的生活条件差，健康状况不佳；三是教师接受继续教育的比较少。②

（二）国外的研究

1. 关于城镇化问题的研究

埃尔德里奇较早提出城镇化（urbanization）的概念，他认为城镇化就是人口集中的过程。③ 里德曼、路易斯·沃斯、沃纳·赫希等人则从更广泛的角度来理解"城镇化"，认为城镇化主要是一种转化的过程。包括实体的非农业人口和生产活动集中及乡村型地域向城镇型地域的地域推进转变可见的过程，意识上的、抽象的或者精神上不可见的过程。④ 针对城镇化的发展，美国城市地理学家诺瑟姆（Ray M. Northman）描绘了城镇化发展的 S 形曲线，城镇化水平在 30% 以下，为初期平缓发展阶段；30%—65% 或 79%，为中期高速增长阶段；70% 以上，则为后期平稳发展阶段。⑤

2. 关于农村教师队伍现状的研究

Lorna Jameson Ed 通过调查发现美国农村教师数量严重不足，从调查数据上看，有近 6.1% 的学区教师缺口为 10%—20%，近 2.5% 的

---

① 肖第郁、谢泽源：《农村中小学教师生存状态的调查与思考》，《教育学术月刊》2009 年第 5 期。

② 孟引变：《农村初中教师生存状态的调查与思考》，《中国教育学刊》2009 年第 9 期。

③ 顾朝林：《国外城镇化主要经验启示》，《城市》2010 年第 10 期。

④ 闫能能：《中部六省城镇化进程比较研究》，硕士学位论文，郑州大学，2012 年。

⑤ 陈明星、叶超、周义：《城镇化速度曲线及其政策启示——对诺瑟姆曲线的讨论与发展》，《地理研究》2011 年第 8 期。

学区教师缺口为21%—30%，近1.5%的学区教师缺口为31%以上。①
巴罗（Barrow）和布扎特（Burchett）对农村教师的调查显示，有
49%的农村科学教师需要同时任教4门课程，因此美国农村教师队伍
存在教育压力负担大的情况。② 在日本农村，特别是偏远地区，教师
短缺也长期存在。由于农村地区，特别是偏远地区农村生活和教学条
件艰苦、交通不便，教师不愿意到农村任教。

3. 关于农村教师队伍建设的探索

关于农村教师队伍建设，美国土著民教师教育计划中规定每年培
养12—15名合格的小学教师到印第安人学校任教，这些学生可以获
得生活补贴、免收学费等待遇，毕业生将会获准从事小学教师职业。
同时美国各州和学区都采取了相应的保障措施来留住教师。首先是很
多州和学区都根据农村教师所在学校的条件和学区的情况采取有区别
的工资发放政策。其次是尽可能多地对上岗时间较短的教师进行职后
培训，包括教师导师制和上岗项目、改组专业发展配送系统等。最后
是建立补偿留任奖金，对师资紧缺科目的教师发更高的工资。除此之
外美国还推出"合作伙伴"模式教师教育，指美国大学与中学、小学
合作，由大学的教育学院承担教师教育职能的做法。③

日本对农村教师建设也提出了不少政策和解决方案。日本《偏远
地区教育振兴法》规定，都道府县必须对偏远地区学校教职工增发特
殊津贴，如月津贴额不低于本人月工资和月抚养津贴的25%。④

除使用提高教师工资和待遇等市场手段外，日本还采取了其他措
施，例如定期流动政策。据日本文部省1995年统计，当年小学与初
中有95853名教师实行了流动换岗，流动率为16.9%；其中从偏僻地

---

① 李娟、秦玉友：《美国农村教育师资队伍建设探析》，《外国教育研究》2009年第
15期。

② 白治堂、方彤：《美国中部地区教师教育机构农村师资问题的解决策略》，《外国教
育研究》2009年第4期。

③ 付建军：《美国农村教师队伍建设的现状、路径和启示》，《当代教育科学》2011
年第11期。

④ 秦玉友：《美国、印度、日本农村教育发展中的主要问题及启示》，《外国教育研
究》2007年第12期。

学校向其他地区学校流动的有 5951 人，从其他地区学校流动到偏僻地学校的有 5544 人，交流比例大致平衡。因此日本的定期流动制度对日本偏远地区的教师队伍建设作出了重要的贡献。①

（三）对已有研究的评价

从以上文献综述可以看出，国内外学者在理解城镇化的内涵和特征上，都一致认为城镇化是农村人口向城镇转移和集中的过程。

国内学者大多围绕城镇化与农村教育的关系、城镇化与教师流动的关系、城镇化与教师均衡和城镇化与农村教师的生存现状与专业发展进行了研究。就城镇化和农村教育的关系而言，多数学者认为城镇化和农村义务教育的发展是互相影响的。首先城镇化进程促进农村教育的发展，同时在促进农村教育发展的过程中，农村教育也面临着问题和挑战。农村教育的发展也促进了城镇化进程。就城镇化与教师流动方面，学者大多认为城镇化加速了农村教师的流动。就城镇化与教师均衡方面，学者们普遍认为城镇化使得农村教师队伍不均衡，特别是骨干教师减少。就城镇化与教师的生存现状，学者们认为随着城镇化进程的加快，农村人口大量往城镇聚集，导致教师生存现状堪忧，专业亟待发展。但是纵观国内学者对城镇化和农村教育的研究，大多数学者聚焦在研究城镇化对农村教育的影响，很多学者在大背景下研究教师队伍建设的问题，却很少有学者单独研究城镇化进程中教师队伍的建设问题。

就国内外学者的研究，国内学者注重总结问题，然后提出方法，力求从方法中提炼一套政策。同时大部分学者的建议都相似，而且很少有学者通过实践总结方法。从文献综述上可以看到利用实证调查方法的仅有周黎鸿、孟引变和肖第郁等，其他学者注重的是质的研究。而国外学者注重实证和理论相结合，但是大部分学者都是调查现状，分析问题然后提出一套解决方法的模式，在研究城镇化对农村教师队

---

① 汪丞、方彤：《日本教师"定期流动制"对我国区域内师资均衡发展的启示》，《中国教育学刊》2005 年第 4 期。

伍的影响变化上没有做出深入的研究。

四　城镇化进程中农村教师队伍
变化的调查——以乐平市为例

（一）调查的设计与实施

1. 调查的目的

通过调查，了解城镇化对乐平市农村教师队伍的具体影响，包括教师数量、结构、流动和工作状态等的变化，分析影响该市农村教师队伍变化的主要因素，为提出促进该市农村教师队伍建设的对策建议打下良好的基础。

2. 调查的对象与方法

乐平市是江西省的一个县级市，共有 14 个镇和 2 个乡。全市有公办学校 376 所，私立学校 4 所。其中公办农村初级中学 25 所，九年一贯制学校 3 所，村完小学 312 所，乡镇中心小学 18 所。调查的对象主要包括乐平市教育局和统计局相关人员、乡镇学校校长和乡镇学校教师。

首先，通过乐平市教育局和统计局，收集该市农村教师队伍的有关资料。

其次，确定调查的乡镇和学校。本研究选取三个镇和两个乡为主要调查范围。三个镇是从乐平市的 14 个镇中按照各个镇的 GDP 发展水平分别抽取好、中、差三个层次的镇为调查镇。图 3－1 为各镇2013 年的 GDP 水平比较。2013 年乐平市 A 镇的 GDP 值最高，为29.6 亿元，而 GDP 值最低的是 N 镇，为 3.45 亿元，因此选取这两个镇作为抽样调查镇。同时，G 镇的 GDP 为 11.8 亿元，位于各个值的中间区域，因此也选取为调查镇。最终选择的调查对象为 A 镇、N镇、G 镇、O 乡和 P 乡。然后在每个乡镇中选取三所学校进行调查，抽样调查学校共 15 所，对学校校长进行访谈调查，调查抽样学校2008—2014 年教师的基本情况，收集教师数量、教师结构、教师流动情况的数据。

再次，选择教师进行问卷调查和访谈调查。了解城镇化进程对农村教师队伍的隐性影响（如工作压力、工作满意度和离职意愿）和农村教师关于城镇化进程对他们的影响的看法。调查问卷采用自编问卷。（调查问卷和访谈提纲见附录）

图 3 - 1 为 2014 年乐平市各个镇的 GDP 值。

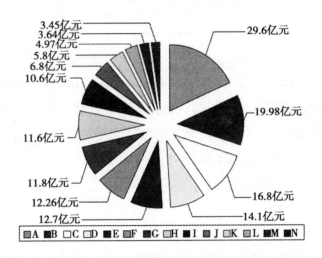

图 3 - 1　2014 年乐平市各镇 GDP 值

3. 调查的实施

我们于 2014 年 11—12 月深入乐平市就农村教师队伍的变化进行了调查。在调查中，乐平市的总体数据主要通过到该市教育局查阅相关文献获取。同时，抽取乐平市 5 个乡镇的 11 所乡镇中学、小学进行实地调查。通过调查获取这些学校 2008—2014 年教师变化的数据。此外，还对所调查的中学、小学农村教师进行了问卷调查，发放教师问卷 200 份，回收有效问卷 186 份，有效回收率为 93%。

（二）乐平市城镇化发展概况

城镇化发展的水平可以体现一个地区的社会发展水平。乐平市是一个农业县市，1992 年撤县立市，同时成为江西省计划单列市（县级市）。经过几年来的不懈努力，乐平市在城镇化建设的过程中取得了显著的成绩，中心城区已从一个农村味十足的小县逐渐变为颇具现代化的小城市。城镇化率是体现一个地区城镇化增长情况的最重要指标之一，城镇化率通常指市人口和镇驻地聚集区人口占总人口的比例。近几年来，乐平市的城镇化率不断加快，每年以 2 个百分点的速度增长。图 3-2 为乐平市 2009—2013 年城镇化率的变化情况。

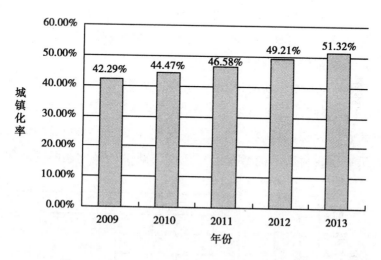

图 3-2　2009—2013 年乐平市城镇化率的变化

乐平市城镇化进程的加快，使乐平市的经济发展也越来越快。第二、第三产业迅速发展，人口不断向城镇聚集，国民经济不断发展。根据美国城市地理学家诺瑟姆（Ray M. Northman）所叙述的城镇化发展的 S 形曲线：城镇化水平在 30% 以下的城镇属于初期平缓发展阶段，城镇化水平为 30%—65% 或 79% 的城镇属于中期高速增长阶段，城镇化水平为 70% 以上的城镇则属于后期平稳发展阶段。目前乐平市的城镇化率为 51.32%，因此乐平市的城镇化进程属于中期增长阶段。

（三）乐平市农村教师队伍变化的主要特征

城镇化使乐平市城镇的规模不断扩大，农村人口不断向城镇转移。这种情况势必会给农村的教育带来变化。随着城镇化进程的推进，人口不断向城镇聚集，这样发达城镇的学校会增加，处于市偏远地区和镇偏远地区的一些农村学校便会日渐萧条。乡镇学校的变化相

应的也会给农村教师带来一定的影响。随着城镇化进程的发展，农村
教师队伍的数量、结构、流动、素质提升及发展环境等会发生相应的
变化。

1. 教师数量趋向递减

教师数量可以直接反映一个学校或一个地区教师队伍师资力量的
水平。通过调查发现，近年来乐平市农村教师的数量呈连年递减趋
势，主要是偏远地区的小学和部分中学的农村教师在减少。

（1）乐平市农村教师数量变化的总体情况

据图 3-3 的结果显示，2010 年底，乐平市农村教师共 3256 人；
截至 2014 年年底，乐平市农村教师的总数下降到 2512 人，五年之内
乐平市的农村教师共减少了 744 人。从图 3-3 中也可以清楚地看出，
五年内乐平市农村教师的数量一年比一年减少，呈现递减的趋势。

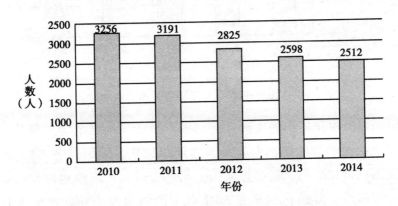

图 3-3　2010—2014 年乐平市农村教师数量的变化

（2）抽样调查学校农村教师数量的变化

据对抽样调查学校 2008—2014 年农村教师数量的统计，2008 年
底为 445 人，截至 2014 年底，教师数量下降为 428 人。

通过分析收集的抽样调查学校教师队伍的有关数据，得到以下几
张图表。图 3-4 是 2008—2014 年抽样调查学校教师总人数的变化情
况。从图 3-4 可以看出：2008 年抽样调查学校教师人数为 445 人，
2009 年为 444 人，2010 年为 443 人，2011 年为 435 人，2012 年为
433 人，2013 年为 428 人。数据表明，2008—2014 年，抽样调查学

校教师的人数在减少，在总体上呈减少的趋势。

　　图 3 - 5 是抽样调查学校的中学和小学教师总人数各自变化的情况。我们可以发现，在 2008—2014 年农村中学教师人数的变化呈减少的趋势，而农村小学教师人数的变化则呈现先减少又增加又减少的不稳定的趋势。

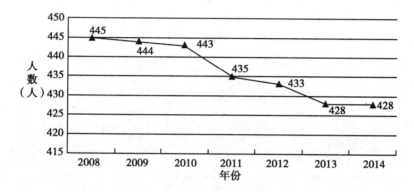

图 3 - 4　2008—2014 年抽样调查学校教师总数量的变化

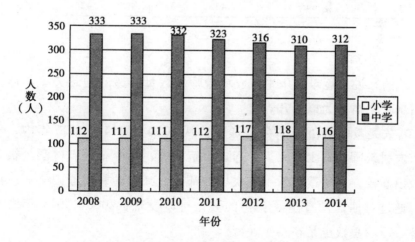

图 3 - 5　2008—2014 年抽样调查学校教师数量的变化（小学、中学）

　　通过进一步的调查研究，得到表 3 - 1。表 3 - 1 是抽样调查学校教师数量的变化情况。由表 3 - 1 的数据可知，2008—2014 年间 6 所中学仅有 1 所中学的教师数量是持续增加的，其他中学教师数量都在减少，其中 1 所农村学校的教师数量是先增加后减少。在调查的 5 所小学中，有 2 所小学的教师数量在增加，其中 1 所小学的教师数量是先减少后增加，其他 3 所小学的农村教师的数量在减少。

表 3 - 1   2008—2014 年各抽样调查学校教师数量的变化

年份 学校	2008	2009	2010	2011	2012	2013	2014	变化趋势
D 小学	5	5	5	5	6	7	7	增加
Z 小学	11	11	11	10	10	10	9	减少
M 小学	10	10	10	10	10	9	8	减少
L 小学	86	85	85	87	91	92	92	先减后增
H 小学	30	30	30	28	26	22	22	减少
Y 中小学	76	76	76	71	70	73	73	减少
S 中学	30	30	30	32	30	30	30	先增后减
F 中学	36	33	33	33	33	33	33	减少
S2 中学	32	32	32	32	34	36	39	增加
Y2 中学	95	98	96	92	91	86	86	减少
G 中学	34	34	35	35	32	30	29	减少
总数	445	444	443	435	433	428	428	减少

（3）小结

总的来说，近年来乐平市农村教师的数量呈递减的趋势。具体变化情况可以概括为以下几点。

首先是教师队伍总体数量递减。从 2010—2014 年的五年内，乐平市农村教师共减少 744 人。通过了解发现，其中有些农村学校被并入城镇学校，这是造成乐平市农村教师人数减少的重要原因之一。同时，通过对抽样调查学校获得的数据可以发现，2008—2014 年农村教师队伍的总数也是在逐步递减。

其次是距离中心城镇较远的农村小学教师数量递减。通过对乐平市农村学校的调查，发现农村小学教师数量的变化不太稳定，从 2008—2014 年，抽样调查学校的小学教师在总数上增加了几名。但是通过六所小学之间的对比发现，仅有两所小学的农村教师有增加，分别是 L 小学和 D 小学。究其原因，我们发现，L 小学是一所中心小学，L 小学距离人口密集的中心镇很近。而 D 小学是一所村完小学，这两年由于教师严重短缺教育部门才新分配了几名教师，增加的几名教师均为刚毕业的新教师。而其他三所小学都离中心镇较远，这三所小学的农村教师都呈逐年减少的趋势。

最后是农村中学教师数量递减。对乐平市农村学校的抽样调查数据表明，抽样调查的中学教师数量在不断减少。2008 年六所中学共有教师 333 名，而到 2014 年却只有 312 名，显然农村中学教师的人数在减少。通过调查发现，虽然这期间有新的教师流入，但是这些教师基本上为刚毕业的新教师，少数流入的农村教师为其他学校自愿离岗的教师。直接从乐平市调入的城镇教师基本上没有。

因此，乐平市农村教师队伍近几年来的变化情况呈现一直递减的趋势，特别是农村中学教师的数量在递减。

2. 教师结构不够合理

教师结构在一定程度上决定了教师队伍的性能。教师结构能体现出一个学校或者一个地区的教师队伍构成情况。这里主要阐述教师的年龄结构、学历结构和职称结构的变化。

（1）乐平市农村教师结构的总体变化

研究近几年来乐平市农村教师结构的变化能大致了解乐平市城镇化进程对农村教师队伍内部构成的影响情况。以下为乐平市农村教师队伍年龄结构变化和学历结构变化的总体情况。

图 3 - 6 为 2010—2014 年乐平市农村教师年龄结构的总体变化情况。图中的数据表明：2010—2013 年，年龄为 30 周岁及以下农村教师占乐平市农村教师总人数的比例在增加，年龄为 31—40 周岁的农村教师占乐平市农村教师总人数的比例有所下降，年龄为 41—50 周岁的农村教师占乐平市农村教师总人数的比例比较稳定，年龄为 50 周岁以上（不含 50 周岁）的农村教师占乐平市农村教师总人数的比例略有增加。

表 3 - 2 为 2010—2014 年乐平市农村教师学历结构总体变化的情况。我们发现，2010—2014 年，学历在本科以上的农村教师占乐平市农村教师总人数的比例在增加，学历为大专的农村教师占乐平市农村教师总人数的比例相对稳定，学历为高中（含中专）的农村教师占

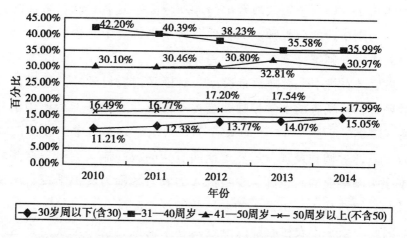

图3-6　2010—2014年乐平市农村教师年龄结构的变化

乐平市农村教师总人数比例在减少，近三年来比例变化不大，学历为研究生的农村教师占乐平市农村教师总人数的比例变化不大。

表3-2　　　　　2010—2014年乐平市农村教师学历结构的变化

年份	高中（含中专）	大专	本科	硕士及以上
2010	28.04%	35.50%	36.33%	0.12%
2011	26.95%	35.73%	37.20%	0.13%
2012	25.81%	36.46%	37.56%	0.18%
2013	25.40%	36.07%	38.34%	0.19%
2014	25.04%	35.31%	39.45%	0.20%
变化趋势	递减	相对稳定	递增	相对稳定

（2）抽样调查学校农村教师年龄结构的变化

教师的年龄结构是体现教师队伍质量的标准之一。根据抽样调查学校2008—2014年教师队伍有关的数据统计，得到4张图。

图3-7表现的是抽样调查学校2008—2014年30周岁以下（含30周岁）的农村教师数量占教师总数的比例变化情况。数据表明：2008年调查学校中30周岁以下（含30周岁）的农村教师占抽样调查学校教师总数的比例为10%，而2014年抽样调查学校中30周岁以

下（含30周岁）的农村教师占抽样调查学校教师总数的比例为14.02%。因此，2008—2014年抽样调查学校中30周岁以下（含30周岁）的农村教师占抽样调查学校教师总数的比例在增加。

图3-8为抽样调查学校2008—2014年31—40周岁农村教师占抽样调查学校教师总数的比例变化情况。数据表明：2008年抽样调查学校中31—40周岁农村教师占抽样调查学校教师总数的40.22%，而2014年抽样调查学校中31—40周岁农村教师占抽样调查学校教师总数的35.51%，同比减少了4.71个百分点。因此，2008—2014年抽样调查学校中31—40周岁的农村教师占抽样调查学校教师总人数的比例在减少。

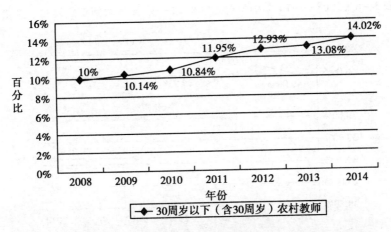

图3-7　2008—2014年抽样调查学校30周岁以下（含30周岁）
教师年龄结构的变化

图3-9为抽样调查学校2008—2014年41—50周岁农村教师占抽样调查学校教师总数的比例变化情况。数据表明：2008—2012年，抽样调查学校中41—50周岁的农村教师占抽样调查学校教师总数的比例呈递减趋势。而2012—2014年，抽样调查学校41—50周岁的农村教师总体比较稳定。

图3-10为抽样调查学校2008—2014年50周岁以上（不含50周岁）农村教师占抽样调查学校教师总人数的比例变化情况。数据表明：2008—2014年抽样调查学校中50周岁以上（不含50周岁）的

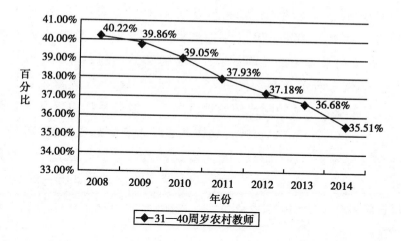

图3-8 2008—2014年抽样调查学校31—40周岁教师年龄结构的变化

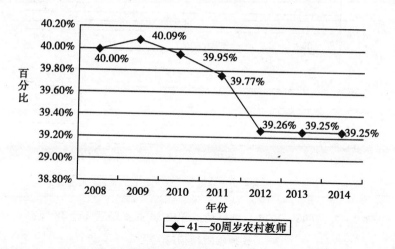

图3-9 2008—2014年抽样调查学校41—50周岁教师年龄结构的变化

农村教师占抽样调查学校教师总人数的比例在递增。

（3）抽样调查学校农村教师学历结构的变化

教师的学历是衡量一个教师基础素质的标准之一。图3-11为2008—2014年抽样调查学校教师学历结构的变化情况。

通过图3-11可以看出，抽样调查学校农村教师硕士以上学历的教师为0。高中含中专教师学历的农村教师占抽样调查学校教师总人数比例减少，大专学历的农村教师占抽样调查学校教师总人数比例比

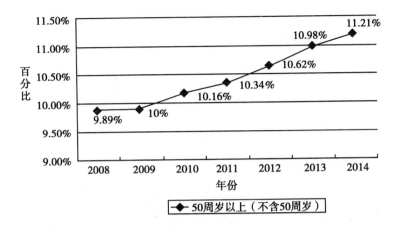

图3－10　2008—2014年抽样调查学校50周岁以上（不含50周岁）教师年龄结构的变化

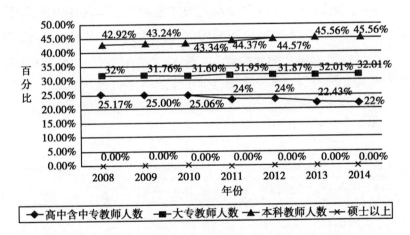

图3－11　2008—2014年抽样调查学校教师学历结构的变化

较稳定，而本科学历的农村教师占抽样调查学校教师总人数的比例略有增加。

（4）抽样调查学校农村教师职称结构的变化

教师职称水平是检验一个学校教师队伍力量的标准之一。在本书中，具有小学一级、小学二级、小学三级、中学二级和中学三级的教师职称的农村教师称为初级教师，具有小学高级、中学一级职称的农村教师称为中级教师，具有中学高级职称的农村教师称为高级教师。

表 3 – 3   2008—2014 年抽样调查小学教师职称结构的变化

年份	初级教师（含以下）	中级教师
2008	58.04%	41.96%
2009	57.66%	42.34%
2010	56.76%	43.24%
2011	56.25%	43.75%
2012	57.26%	42.74%
2013	53.39%	46.61%
2014	52.59%	47.41%
变化趋势	递减	递增

表 3 – 3 为 2008—2014 年抽样调查学校中的小学农村教师各类职称的教师人数占抽样调查学校农村教师总人数的比例变化情况。从表 3 – 3 我们可以看出，在抽样调查农村学校中，小学初级教师（含以下）占抽样调查学校农村教师总人数比例的变化每年呈递减趋势。小学中级教师占抽样调查学校教师总人数比例的变化每年呈递增的趋势。

表 3 – 4   2008—2014 年抽样调查中学教师职称结构的变化

年份	初级教师（含以下）	中级教师	高级教师
2008	25.23%	40.84%	33.93%
2009	26.43%	39.04%	34.53%
2010	27.11%	39.16%	33.73%
2011	27.55%	39.01%	33.44%
2012	28.16%	37.97%	33.86%
2013	28.39%	37.10%	34.52%
2014	29.49%	36.22%	34.29%
变化趋势	递增	递减	相对稳定

表 3 – 4 是 2008—2014 年抽样调查学校中的农村中学教师各类职称教师人数占抽样调查学校教师总人数的比例变化情况。从表 3 – 4 我们可以看出，在抽样调查学校中，农村中学初级教师占抽样调查学

校教师总人数的比例每年呈递增趋势；中学中级教师占抽样调查学校教师总人数的比例每年呈递减趋势；中学高级教师占抽样调查学校教师总人数的比例相对稳定。

（5）小结

总的来说，乐平市农村教师队伍的年龄结构、学历结构和职称结构都显示出不太稳定的变化情况。乐平市农村教师队伍结构的变化情况可归纳为以下几点。

第一，教师队伍同时呈现老龄化和年轻化。

通过近五年来乐平市农村教师队伍变化的总体数据，我们发现乐平市农村教师30周岁以下（含30周岁）和50周岁以上（不含50周岁）的农村教师在增加。同时通过抽样学校的调查，我们发现，调查的学校教师呈老龄化和年轻化的趋势，年纪较大的教师渐渐增加，年轻教师的比例也在增加。2008年抽样调查学校教师30周岁以下的教师占抽样调查学校教师总数量的比例为10%，到2014年30周岁以下的农村教师占抽样调查学校教师总数量的比例提高到14.02%，可见在2008—2014年30周岁以下的农村教师数量是有所增加的。同时在2008—2014年，青年教师的比例在不断减少，2008年31—40周岁的青年教师占农村教师总数量的比例为40.22%，而到2014年31—40周岁的青年教师占农村教师总数量的比例下降为35.51%。41—50周岁的中年教师占农村教师总数量的比例也有所减少，七年内从40%降到了39.25%。而50周岁以上教师的数量占农村教师总数量的比例从2009年以后就开始不断提高。因此，乐平市农村教师开始同时呈现出年轻化和老龄化的发展态势。

第二，教师队伍职称结构不稳定。

乐平市抽样学校的调查结果表明，2008—2014年抽样学校农村初级教师占抽样学校教师总数的比例中，小学和中学呈现出不一样的趋势。其中2008—2014年，抽样学校农村小学初级教师占抽样学校教师总数的比例呈递减的趋势。2014年抽样学校中的小学初级教师占抽样学校教师总数的比例比2008年减少了5.45个百分点。2008—2014年，抽样学校农村小学中教师占抽样学校教师总数的比例呈递增的趋势。而 2008—2014 年，抽样学校中的中学初级教师占抽样学校农村教师总数的比例略呈递增趋势，所以抽样学校中的中学初级教师的比例略有增加。2008—2014 年，抽样学校中的中学中级教师占抽样学校农村教师总数的比例略呈递减的趋势，所以抽样学校中的中学中级教师的比例略有减少。2008—2014 年，抽样学校中的中学高级教师占抽样学校教师总数的比例略呈递增的趋势，所以抽样学校中的中学高级教师的比例也略有增加。可见，2008—2014 年乐平市农村教师队伍的职称结构变化不太稳定。小学和中学呈现出不一样的趋势。农村小学初级教师的比例在减少，农村中级教师比例在增加，而农村中学初级教师比例在增加，农村中级教师的比例在减少，农村高级教师的比例相对稳定。

第三，教师队伍的学历程度略有提高。

乐平市农村教师队伍学历结构的变化数据显示，该市农村教师的学历程度在不断提高。问卷调查结果表明，被调查的农村教师中 65.6% 的教师最高学历为本科，29% 的教师最高学历为大专，而只有 5.4% 的教师最高学历是中专和高中。因此，目前农村教师的最高学历中本科占多数。而 2008—2014 年，本科学历的农村教师人数占农村教师总人数的比例也在不断提高，同时大专和高中以下（含中专）学历的农村教师人数占教师总数的比例比较稳定。

因此，乐平市农村教师队伍的结构变化不太稳定。在年龄结构上，老龄化和年轻化的趋势比较严重；在职称结构上，小学初级教师和中学中级教师的比例呈减少趋势；在学历结构上，农村教师的学历程度略有提高。

3. 教师单向流入城镇

关于乐平市农村教师的流动变化主要从两个方面进行阐述：一是农村教师流动基本情况的变化；二是农村教师流动意愿的变化。

（1）教师流动的变化

第一，抽样调查学校农村教师流出的变化。

通过对抽样学校的调查发现，农村教师队伍流动的基本情况呈不太稳定的趋势。2008—2009 年农村教师共流出 9 人，2009—2010 年流出 10 人，2010—2011 年流出 13 人，2011—2012 年流出 17 人，2012—2013 年流出 13 人，2013—2014 年流出 4 人；其中每年流出的教师流入到城镇的农村教师比例分别为 89%，80%，84.6%，88.2%，92.3%，100%。图 3－12 表明流入城镇的农村教师数量的变化趋势，近年来流入城镇的农村教师数量先增加再减少。

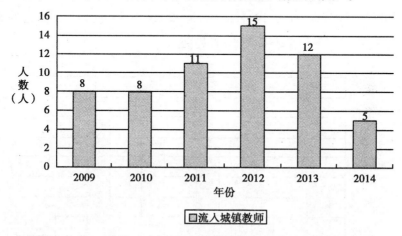

图 3－12　2009—2014 年抽样调查学校流入城镇教师数量的变化

其中，流入城镇的农村教师的主要年龄段的比例，教师职称比例和教师学历比例见表 3－5。

表 3－5　　　　　　　　流入城镇的农村教师的结构比例

职称	初级	中级	高级		
所占比例	17.24%	62.07%	20.69%		
年龄	30 周岁以下	31—40 周岁	41—50 周岁	50 周岁以上（不含 50）	
所占比例	3.45%	65.52%	31.03%	0%	
学历	硕士以上	本科	大专	中专含高中	高中以下
所占比例	0%	63.79%	36.21%	0%	0%

从表 3－5 的数据可看出，大部分流入城镇的农村教师为 31—40 周岁左右的中青年教师，占了所有流入城镇学校农村教师比例的 65.52%。流入城镇的农村教师中 62.07% 的教师为中级教师，63.79% 的教师为本科学历。通过调查发现大部分流入城镇的教师为

农村骨干教师。

第二，抽样调查学校教师补充的变化情况。

通过调查发现，抽样调查学校中 M 小学和 Z 小学这两所村完小学近几年来一直都没有补充新教师。2008—2009 年补充 5 名，2009—2010 年补充 2 名，2010—2011 年补充 9 名，2011—2012 年补充 10 名，2012—2013 年补充 14 名，2013—2014 年补充 3 名。补充的教师数量 2010—2013 年呈不断增加的趋势。

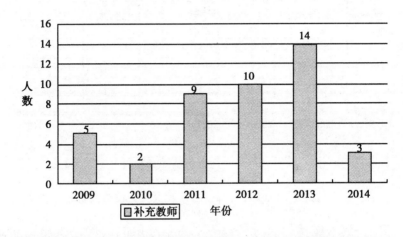

图 3 - 13　2009—2014 年抽样调查学校教师补充数量的变化

（2）教师流动意愿的变化

由于本章主要研究城镇化对农村教师的影响。因此，这里主要探讨农村教师对调入城镇学校工作的意愿变化。

随着城镇化进程的发展，城市和城镇对农村教师的吸引力越来越大。为了了解农村教师是否安心在农村学校工作，我们就其对工作的满意度和调往城镇的意愿的情况进行了调查。对农村教师的问卷调查显示，被调查的 186 名教师中 51.6% 的教师对其工作不太满意；4.9% 的农村教师对其工作很不满意；37.1% 的教师对其工作比较满意，而对其工作非常满意的农村教师只有 6.5%。在问到"是否愿意调往城镇工作的意愿"的时候，34.4% 的农村教师非常愿意，39.2% 的农村教师比较愿意；而不太愿意和很不愿意的农村教师分别占 23.1% 和 3.2%。在被调查的教师当中，不同年龄段和不同职称的教师表现出不同的想法。

表 3 − 6　　　　　不同年龄段农村教师调往城镇工作意愿的变化

年龄	非常愿意	比较愿意	不太愿意	很不愿意
25 周岁以下	41.2%	47.1%	11.7%	0
26—35 周岁	33.9%	50.8%	15.3%	0
36—45 周岁	43.3%	34.3%	19.4%	3.0%
45—55 周岁	20%	30	40%	10%
55 周岁及以上	0	0	100%	0

表 3 − 7　　　　　不同职称农村教师调往城镇工作意愿的变化

教师职称	非常愿意	比较愿意	不太愿意	很不愿意
初级教师	21.9%	59.40%	18.7%	0
中级教师	36.6%	34.1%	24.4%	4.9%
高级教师	32.2%	35.6%	28.8%	3.4%
其他	61.5%	38.5%	0	0

从表 3 − 6 可以发现，非常愿意调往城镇学校工作的教师中以 36—45 周岁的居多，比较愿意调往城镇学校工作的教师以 26—35 周岁居多，不太愿意和很不愿意调往城镇的教师大部分为 45 周岁以上的教师。从表 3 − 7 可以发现，从职称上看，农村初级教师中比较愿意调往城镇学校工作的教师偏多，农村中级教师中非常愿意调往城镇学校工作的教师偏多，高级教师中比较愿意调往城镇学校工作的教师偏多，其他教师（实习等）中非常愿意调往城镇学校工作的教师偏多。

为了更确切地了解农村教师调离意愿的变化，笔者选取部分乡镇中学、小学教师进行了访谈调查。以下是访谈调查结果的一部分：

访谈 1：G 中学，48 周岁的高级教师，张老师

问：比起您刚来学校那会儿，现在您调往城镇学校的意愿如何？

张老师：我不愿意去，现在大把年纪了，也就等着退休了。

问：那贵校的教师是什么想法呢？

张老师：很多年轻的教师愿意去。特别是近几年来城镇化进程加快，教育部门主要发展乐平市和重点城镇的学校教育，那些学校的教

学条件和待遇远远超过我们这些农村中学。我们学校刚进来的年轻老师有些还会继续考试考到乐平市里的学校去，有些中青年的教师也会想一些办法让组织调过去。大部分想去城镇的教师都是中青年教师，剩下我们这些快退休的老年人死守着学校呢。

访谈 2：S2 中学，34 周岁的中级教师，于老师

问：比起您刚来学校那会儿，现在您调往城镇学校的意愿如何呢？

于老师：比以前强烈了，刚来的时候乐平市并没有那么发达，现在市里发展那么好，市里的一些中学的条件也非常好，谁都愿意去市里的学校。

访谈 3：D 小学，28 周岁的初级教师，王老师

问：比起您刚来学校那会儿，现在您调往城镇学校的意愿如何呢？

王老师：想要去市里的学校发展了，在这里工作了几年，觉得农村学校的条件和市里比真的差得太远，而且农村教师的工资待遇没有城市学校好，同时教师职称评定也比城市学校要难得多。

通过对部分农村教师的访谈调查发现，除了家住在附近和年纪比较大的农村教师不愿意，大部分的农村教师愿意调往城镇学校工作。

（3）小结

总的来说，农村教师队伍的流动变化使得农村教师队伍流动不均衡。随着城镇化进程的加剧，农村教师队伍流动情况主要可以总结为以下几点。

第一，农村教师的流动表现为"向城性"单向流动。

通过调查发现，在流动的教师中，农村完小的教师大部分向中心城镇学校和乐平市小学流动，中心城镇的小学教师大部分向乐平市小学流动。而农村中学教师的流动大部分是流入乐平市的中学。农村教师的流动表现为单向流动。因此，农村教师的流动表现为"向城性"单向流动。

第二，流动的农村教师呈现结构性特征。

通过调查发现，农村教师流动呈现出结构性的特征。在年龄上，流动的农村教师主体为中青年教师，大部分参与流动的农村教师为30—40 周岁。在职称上，流动的农村教师职称以中级教师为主。在学

历上，流动的农村教师大部分为本科学历的教师。在工作能力上，流动的教师大部分为教学经验丰富的骨干教师。因此，流动的农村教师呈现结构性特征。

第三，农村教师流出流入比例不平衡。

一般情况下，只有保证农村教师的流入和流出比例均衡才能避免农村教师短缺现象的发生。但是通过调查发现，农村教师流出和流入不均衡，流出的教师大大超过流入的教师。通过对乐平市农村学校的调查，我们发现有些中学每年都有流出和流入的教师，但是每年流出的教师比流入的教师多。通过对抽样调查学校校长的问卷调查，认为每年流入其学校教师数量在减少的占 38.5％，认为每年流入其学校教师数量先增加后减少的占 23.1％，认为每年流出其学校教师数量增加的占 53.8％。同时，我们对部分校长进行了访谈调查，其中 Y2 中学的余校长说："Y2 中学每年都有教师流动，但是基本上为骨干教师单向流出，流入 Y2 中学的教师少之又少，基本上为参加教师编制考试分配过来的新教师，更别提会有市里的教师流入 Y2 学校了。Y2 学校就像一个为城镇学校培养优秀教师的机器。"

第四，教师调往城镇学校工作的意愿呈结构性特征。

通过调查发现，乐平市农村教师对于调往城镇学校工作的意愿呈结构性特征。

首先，农村教师调往城镇学校工作的意愿与年龄成反比。随着年龄的增长，农村教师调往城镇的意愿先增加后减弱。通过调查发现，年轻的农村教师开始往往因为没有经验而没有调往城镇的想法。而随着年龄的增长，他们渐渐出现调往城镇学校工作的念头。直到农村教师达到中青年时期，调往城镇工作的意愿达到顶峰。所以，许多调往城镇工作的教师大部分为中青年农村教师。接下来，随着年龄的继续增长，农村教师调往城镇工作的意愿开始慢慢减弱，很多年纪较大的农村教师调往城镇工作的意愿并不强烈。所以，农村教师调往城镇工作的意愿随着年龄的增长，是先增加后减弱的。

其次，农村教师调往城镇学校工作的意愿与所要去的地域经济发展水平成正比。地区的经济条件也是决定农村教师是否愿意调往城镇工作的原因之一。在被调查的农村教师中，选择愿意调往城镇工作的教师中，大多数是因为城镇的经济条件比农村的发达，城镇学校的教育环境、教学条件以及薪酬待遇比农村学校好，才选择去城镇学校的。

总之，乐平市农村教师的流动变化呈"向城性"单向流动且呈结构性的特点，流入流出的比例不均衡，调往城镇工作的意愿强烈程度与教师的年龄和城镇的发展水平有关。

4. 教师培训机会增加

农村教师的在职培训是提高农村教师素质的重要手段。农村教师继续教育的目的在于提高农村教师队伍的整体素质，以适应基础教育改革和发展的需要。继续教育主要包括在职学历培训和非学历培训，在职学历培训是教师为了取得更高学历而参加的培训。非学历培训则是指教师参加的由教育部门和学校组织的不以取得更高学历为目的的各种培训。

随着城镇化的发展，一些乡镇学校的规模在慢慢扩大，学校条件也在不断改善，农村教师接受继续教育的人数在不断增加，农村教师接受学校教师培训的次数也在不断增加。通过调查发现，目前农村教师接受继续教育人数的比例比往年有所增加。当被问到学校接受继续教育的教师人数变化时，所有的校长的回答都是：目前所有教师都会接受继续教育，接受继续教育的教师比例比往年增加了不少。同时，通过对农村教师的问卷调查，当问到"是否参加过学校培训？"从图3-14可以发现，32.3%的教师选择"经常参加"；46.8%的教师选择"有时参加"；15.1%的教师选择很少参加；只有5.8%的教师选择"从未参加"。因此，大部分的农村教师都参加过学校组织的培训。同时，被问到"近年来参加学校培训的次数的变化。"时，图3-15的数据表明，53.8%的教师认为近年来参加教师培训的次数"略有增加。"通过调查发现，乐平市农村教师参加最多的继续教育为教育部门要求的在职教师远程培训、学校组织的培训以及农村教师的学历培训。农村教师接受继续教育大多数是自费参加的，一些农村教师是为了更好地发展而进行进修，一些农村教师是因为学校规定而参加，还有一些农村教师是为了提升职称而参加。数据表明农村教师的培训机会增加。

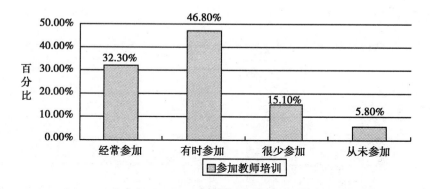

图 3 – 14 农村教师参加培训的情况

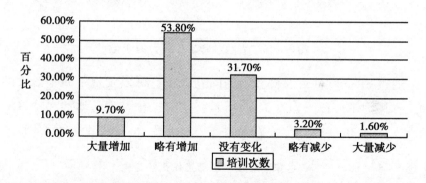

图 3 – 15 农村教师参加培训的次数变化

5. 教师职业压力加大

农村教师的工作压力直接影响他们对工作的满意度，从而影响他们的工作热情和职业幸福感。农村教师的职业压力主要来源于以下几个方面：一是教师职业的一系列要求给予的压力；二是学校给予教师的压力，体现在教师工作量和工作时间，教师与学生的关系等方面；三是社会给予教师的压力，例如：家长对教师的高期待让教师产生的压力；四是教师个人因素产生的压力，体现在教师的生活和对自己的要求等方面。通过调查，发现随着城镇化进程的加剧，乐平市农村教师的工作压力呈增加的趋势，中青年教师尤为突出。

对农村教师问卷调查的结果显示：64%的教师认为其工作压力较

以往有所增加，21%的教师认为工作压力较以往大量增加，14%的教师认为其工作压力没有变化，认为工作压力略有减少和大量减少的农村教师只占1.1%。

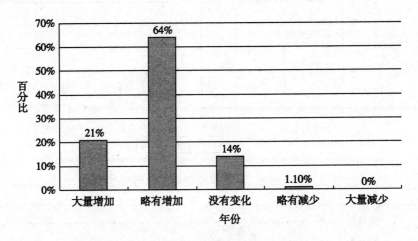

图 3 - 16   农村教师工作压力的变化

通过 SPSS 软件对农村教师的问卷分析，可以发现不同年龄段的教师工作压力不一样。如表 3 - 8 所示：认为工作量大量增加和略有增加的大部分是 36—45 周岁左右的教师，其次是 26—35 周岁左右的教师。

表 3 - 8   各年龄段农村教师工作量的变化

年龄段	大量增加	略有增加	没有变化	略有减少
25 周岁以下	2.6%	9.2%	15.4%	50.0%
26—35 周岁	38.5%	29.4%	34.6%	0
36—45 周岁	41.0%	38.7%	19.2%	0
45—54 周岁	17.9%	21.0%	26.9%	50.0%
55 周岁及以上	0	1.7%	3.8%	0

通过调查发现，农村教师的压力主要受学校因素和个人因素的影响。

首先，农村教师工作量增加，导致农村教师工作压力加大，中青年教师尤为突出。通过对农村教师的问卷调查发现，农村小学教师的工作量普遍比农村中学教师的工作量大。当调查的农村教师被问到

"近年来工作量的变化"时，57%的农村教师选择了"略有增加"，5.9%的教师选择了"大量增加"，29.6%的农村教师选择了"没有变化"，7.5%的教师选择了"略有减少"。可见，被抽样调查学校的农村教师普遍认为他们近年来的工作量有所增加。除此之外，通过实地调查发现，村完小学教师稀缺，所有的农村教师都是全能型，只要有课程他们就要上。除了村完小学，一些偏远中学的教师还兼任劳动、科学、班会等工作。因此，绝大多数农村教师的工作量都是比较大的。加之有一些学校的生源还在增加，在教师稀缺的情况下，农村教师的工作量势必会不断增加。同时，农村教师的工作时间和工作课时数量也可以体现农村教师工作量的变化程度。在调查的农村教师中，4.3%的农村教师目前每周工作的课时数为8节以下，73.1%的教师为9—14节，19.4%的教师为15—19节，3.2%的教师为20节。从基本课时数来看，被调查学校的农村教师课时负担并不重。但是，在被调查的农村教师中，17.2%的教师担任了四门及四门以上的课程，24.7%的教师担任了三门课程，36%的教师担任了两门课程，只担任一门课程的农村教师只占22%。从担任的课程数上可以发现大部分教师担任的课程是比较多的。

同时，各个年龄段的农村教师从教以来工作量的变化呈现不一样的特点，详细情况见表3-9。从表3-9我们可以看出，认为近年来工作量"略有增加"和"大量增加"的农村教师主要是中青年教师。

表3-9　　　　　　　各年龄段农村教师工作量的变化

年龄段	大量增加	略有增加	没有变化	略有减少	大量减少
25周岁以下	0	7.5%	14.5%	7.1%	0
26—35周岁	45.5%	30.2%	36.4%	14.3%	0
36—45周岁	45.5%	39.6%	23.6%	50.0%	0
46—54周岁	9.1%	19.8%	25.2%	28.6%	0
55周岁及以上	0	3%	0	0	0

其次，农村教师对学生的监管要求加大，对自我的要求增强，从而使得压力增大。由于农村留守儿童比较多，学生的素质和学习热情

都不高，农村教师要提高教育质量必须花费更多的时间和精力。同时，由于城镇化进程的加快，很多小学的规模在缩小，农村教师的数量也在缩减，这无形之中也增加了教师的压力。同时，许多中青年教师为了能调到更好的学校，需要不断提升自己的素质，这样他们的压力也随之加大。H 小学的张老师说："这几年来工作压力明显比以前大了，随着城镇的经济的发展，村里越来越多的人到乐平市打工，留下自己的孩子在村里，这些留守儿童没有父母管教，都是由老人家管着，所以都很调皮，很难管住他们，也够我们操心的了。加之，这些年来，学校生源在减少，学校规模也在渐渐缩小，我们这些教师也在担心以后的生计问题。"

总之，农村教师的工作压力有所增加。这其中尤其是农村中青年教师的工作压力增加的幅度比较大。

6. 教师工作热情降低

农村教师的工作热情直接影响农村教师对工作的敬业程度，从而影响农村教育的质量。图 3 - 17 为乐平市农村教师教学热情的变化情况。调查结果显示，在被问到其教学热情变化的时候，有 8.1% 的教师表示其教学热情大幅度降低，有 36% 的教师表示其教学热情略有降低，25.3% 的教师表示其教学热情没有变化，21.5% 的教师表示其教学热情略有提高，只有 9.1% 的教师表示其教学热情大幅度提高。因此，近一半的农村教师的教学热情处于降低的状态。因此，乐平市农村教师的工作热情在逐步减退。

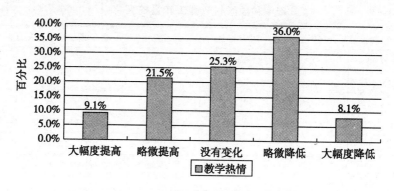

图 3 - 17　农村教师教学热情的变化

　　总之，通过以上对乐平市农村教师队伍变化情况的分析可以看出，在城镇化的进程中，乐平市农村教师队伍在教师数量、结构、流动、素质提升和发展环境上发生了一系列的变化，这些变化主要表现为：（1）教师数量趋向递减；（2）教师结构不够合理；（3）教师单向流入城镇；（4）教师培训机会增加；（5）教师职业压力加大；（6）教师工作热情降低。以上这几点变化之间有一定的联系。可以说，农村教师数量的变化是由于农村教师的流动引起的，而农村教师的流动是因为农村教师的工作量增加、工作压力加大和调往城镇学校工作意愿变化引起的，而农村教师接受继续教育的情况的变化跟农村教师调往城镇学校工作意愿的变化也有关系。因此，各个变化之间有相应的联系，也互相影响。

五　乐平市农村教师队伍变化的影响因素

　　随着城镇化进程的不断加快，乐平市农村教师队伍表现出一系列的变化，那么影响乐平市农村教师队伍变化的影响因素有哪些？本章试图对此进行简要的分析。

（一）城乡二元结构的存在

　　城乡二元结构是影响农村教师队伍变化的导火索，是引起农村教师一系列变化的重要原因。由于城乡二元结构导致农村的社会条件与城市的社会条件相差较大，随着城镇化的发展，政府大力发展乐平市的经济，使得乐平市的现代化水平不断提高。但乐平市农村的条件依然较为落后，城乡差距就此快速拉开。首先，虽然城镇化进程的不断加剧是破除我国城乡二元结构的重要手段之一，但是目前城乡二元结构特别严重的局势仍然制约了农村教育的发展。其次，由于一直以来我国饱受城乡二元化的影响，使得城市和农村的教育变得极度不均衡，教育资源的差距较大。再次，由于城乡二元结构导致城市和乡村社会发展的差距拉大，农村教师无论是在教育制度、健康医疗制度还是养老保险等方面都远远落后于城市的教师。通过实地调查发现，很多农村学校没有教工宿舍，有些农村学校虽然有教工宿舍，但是宿舍的条件跟城市学校的教工宿舍相比差距明显。由于城乡二元结构一直以来的影响，城乡差距很难在短期内缩小，因此农村教师为了使自己的生活、工作变得更好，而想办法调往城镇学校。最后，目前城镇化是使得城乡二元结构慢慢化解的方法之一。城镇化进程使一些农村学校逐渐转变为城镇学校，如此一来，农村教师也转变成了城镇教师，这样也会导致农村教师数量的减少。

因此，城乡二元结构促使城镇化进程的快速发展，一些农村学校划归为城镇学校，从而导致农村教师队伍不稳定。同时，城乡二元结构的长久影响使城市的发展和农村的发展完全脱节，城乡差距较大。由于政府大力支持城市发展，忽略了偏远农村的发展，这样一来，城乡的差距不断增大，这自然会使农村教师不愿意留在农村，新教师也不愿意到农村学校任教。

（二）城乡人口的单向流动

城镇化使城乡人口呈现单向流动是引起农村教师数量变化、流动变化和调往城镇学校工作意愿变化的关键所在。目前，乐平市处于城镇化进程快速发展时期。随着城镇化进程的不断加剧，乐平市的农村人口不断向中心镇和乐平市聚集，这样一来，使得中心镇和乐平市的经济和人口不断增加，呈现出农村人口向城镇单向流动的趋势。由于城镇学校的优质办学条件和教育资源，使得在城市务工的农民毫不犹豫地选择将自己的子女送入城镇学校，城镇学校的生源因此而不断增加。由于城镇学校生源的急剧增长，使得政府将主要的财力和精力投入到城镇学校的建设中，城镇学校对教师的需求量也相应的会增加。为了吸引优秀的教师到学校任教，城镇学校教师的待遇也会不断提高。同时，由于农村人口不断向城镇单向流动，导致农村学校的生源逐渐减少。我国是根据师生比来配备教师，一般来说，农村小学的师生比例为 1：25，农村中学的师生比例为 1：18。因此，学校生源的减少便会导致对教师需求的减少，同时政府对农村学校的投入力度也会相对减弱。这样一来，农村学校和城镇学校的差距便会拉大，许多农村教师纷纷选择去城镇学校发展，与此同时乐平市的学校会从一些乡镇学校选拔教师到其学校任教，这样便会造成农村骨干教师往城镇流动现象加剧。由于许多农村骨干教师基本为中青年教师和中级教师，这样便会导致剩下来的农村教师产生"年轻教师"和"老龄教师"两极分化的局面，不利于农村教师队伍的稳定。农村教师"向城性"流动的加剧势必会使农村教师队伍的数量难以保持稳定，同时会使农村教师流动难以保持平衡。

除此之外，随着城镇化进程的加剧，人们的生活水平也不断提高。一些户口在农村条件较好的农村教师会因为伴侣或其他的原因选择定居在乐平市。而很多农村教师也会将自己的子女送去乐平市的学校读书，为了方便子女读书而在乐平市买房。一些条件较好的农村教师自己有车上班就比较方便，而没有私家车的农村教师便要自己每天起早摸黑去乡下教书，这样便会加重农村教师的负担，使得农村教师调往城镇工作的意愿更加强烈，从而导致调往城镇工作的农村教师越来越多。因此，城乡人口的单向流动是农村教师变化的关键点。

（三）城乡经济发展水平的差距

城乡间经济发展水平的差距是导致农村教师减少，农村教师结构不合理和农村教师单向流动的主要原因。由于城乡二元结构的影响，农村和城镇的差距加大，城镇经济条件的差距也不断地拉开。城镇的经济发展远远优于农村的经济发展。随着乐平市城镇化水平的不断提高，农村和城镇之间的交通越来越发达，农村教师和城镇教师的交流也越来越多。当农村教师认识到城镇学校和农村学校之间的差距的时候，自然会选择条件更好的城镇学校去发展，因此会引起教师流动呈单向流动。除此以外，各个乡镇经济发展水平的不一致也会带来各个镇的教师数量、结构和流动的不同变化。通过调查发现，调查的三个镇和两个乡，每个地区的农村学校的变化特征并不一致。第一，离城镇较近的中小学农村教师变动幅度比较大。通过调查发现，H 小学、S2 中学、Y2 中学、G 中学和 Y 中小学都属于离乐平市较近的学校，这些学校的农村教师队伍较不稳定。第二，离乐平市较远的乡镇学校中，中学教师比较稳定，中心小学教师变动幅度较大。调查发现，F中学是P乡唯一的一所中学，其教师队伍非常稳定；而L小学是O乡的一所中心小学，其教师队伍相对不太稳定。其中的原因是，各个乡镇间城镇化的社会经济发展水平不一致。因此，城乡经济发展水平的不一致是乐平市农村教师队伍数量、结构、流动变化的重要因素。

（四）城乡教师工资待遇的差距

导致乐平市农村教师单向流动、农村教师减少、农村教师工作热情降低等变化的最重要的因素是城乡教师工资待遇的差距。很多农村教师到城市学校工作的意愿强烈，最主要的是因为城乡工资待遇差距太大。通过问卷调查发现，愿意调往城镇学校发展的农村教师中有65.6%的认为农村教师工资比城镇教师工资少是主要原因。虽然目前乐平市农村教师的基本工资表面上和城镇教师一样。但实际上，城镇教师的收入远远高于农村教师。

首先，城镇学校教师有隐性收入。所谓隐性收入，是指由于城镇家长对子女的重视，往往会自己掏腰包要求教师给子女补课。虽然教师补课是不允许的，但这种现象却普遍存在。随着城镇化进程的发展，城镇家长的思想越来越开明，对自己子女的教育也越来越重视。而相比较而言，农村的家长在教育子女方面没有城镇家长重视，不会请教师给子女补课。城镇教师除了补课外，还有其他非工资性收入，如节日补贴等，而农村教师就没有这些待遇。其次，由于农村教师工作量比城镇教师大，同样的工资不一样的工作量就显得不公平。加之，随着城镇化进程的加快，许多农村夫妻一起去市里打工，将子女留在农村，留守儿童的教育对教师的要求更高，这样农村教师的压力也随之加大。再次，农村教师的开支高于城镇学校教师。通过调查发现，很多学校没有教工宿舍，一些住在离学校比较远的地方的农村教师要自己贴钱到学校上班，而乐平市的一些学校配备了教工校车和教工宿舍。S2中学的张老师说："我们学校有些老师不是住在本地的，我们学校没有教工宿舍也没有教师校车，因此，我们每天要自己贴车费到学校来上班。"同时，有一些住得较远的农村教师中午留在学校，但有些学校没有教工食堂，因此他们必须自己掏腰包解决生计问题，这样加大了农村教师的生活开支。因此，相比而言，农村教师的工资待遇远远比不上城镇教师。

（五）城乡教师工作环境的差距

城乡教师工作环境的差距是引起农村教师数量、结构、流动以及教师素质的一个相关因素，这是因为城镇化使得政府大力在城镇学校进行投资，吸引人群到城镇学校就读，这使城镇学校的教育资源越来越好。相比之下，农村学校的教学环境和教学设施等教育资源远远落后于城镇学校。对于教师来说，保障教师队伍的稳定性最重要的是优化教师的工作环境。但是，通过对农村教师的问卷调查发现，60%的农村教师认为农村教师工作环境比城镇教师差是影响他们调往城镇学校工作意愿的主要原因。同时通过对几所农村学校和城镇学校的实地调查发现，农村学校教师的工作环境确实较差，与城镇学校相比差距很大。

通过对乐平市农村学校的调查发现，调查的几所村完小学基本上只有一栋教学楼，一个员工食堂和一个操场。通过亲身体验，发现 Z 小学的教师办公室只有破破的几张桌子和几把椅子，办公室的窗户都是破的，冬天的冷风就呼呼的往里面吹。办公室没有任何取暖设施，所以对于在 Z 小学工作的农村教师来说，办公条件是非常艰苦的。同时，笔者参观了 M 小学的教工食堂，食堂是一栋茅草房，教师们中午的员工午餐除了一个干鱼其他全是素菜。稍好一点的是 D 小学，D 小学今年新建了一栋教师宿舍。据了解，这栋宿舍是校长自己出钱投资建设的。校长说："学校最近新来了几个年轻教师，都是市里的。现在城市学校的教师工作环境和农村学校的教师工作环境差距太大了。为了吸引新的教师和留住新来的年轻教师，我只有自己掏钱建设一栋教师宿舍。"相比较而言，通过对乐平市里的一所小学进行调查，发现无论是教工食堂还是教师办公室，都远比农村学校的要好，市里的教师上课还有多媒体，多媒体教学可以减轻教师很多的教学负担，这是农村教师所无法体验到的。

因此，可以说，城乡学校之间教师工作环境的差距是促使农村教师调往城镇学校工作的相关因素。只有缩小城乡之间教师工作环境的差距，才能使农村教师愿意留在农村学校任教。

六　城镇化进程中乐平市农村教师
队伍建设的思考

城镇化是一把双刃剑，在为提高农村教师队伍质量提供一定条件的同时，也使农村教师队伍表现出不稳定的特征。随着乐平市城镇化进程的不断加快，农村教师队伍表现出各种问题。本章旨在针对这些问题提出若干对策建议。

（一）加速城乡一体化进程，推进城乡教育共同发展

城乡一体化是解决城乡二元结构、建设好农村教师队伍的必然选择，城乡二元结构是引起乐平市农村教师数量减少，结构不够合理，单向流动等一系列问题的导火索，因此要不断加速呈现一体化进程，使城镇和农村的教育实现共同发展。

1. 切实加快城镇化发展进程

城镇化是统筹城乡教育的发展，是实现城乡一体化的重要举措之一，因此要继续加速乐平市城镇化进程的发展。但是，继续加速并不是以追求提高城镇化率而盲目的加速。城乡一体化不是要消灭农村，城镇化进程要不断发展，农村现代化和新农村建设也要发展，同步发展才能推进城乡一体化的发展。① 虽然目前乐平市的城镇化进程在不断加快，但是农村还是农村，变化的只是将以农业为主的旧农村变为农业和现代化并行的新农村。乐平市的城乡差距依然客观存在，所以要切实加快乐平市城镇化的发展进程，不要一味地追求城镇化率指标的提高，而要切实减少城乡社会以及教育的差距，推动城乡义务教育均衡发展，缩小城乡教育的差距。

---

① 汝信：《中国城乡一体化发展报告》，社会科学文献出版社 2013 年版，第 6 页。

2. 加大农村教育经费的投入

农村教育经费投入的不足是影响城乡农村教师队伍不平衡的一大因素，因此国家要增加农村教育经费的投入。目前乐平市政府的经费主要投入在乐平的城市，而乐平的农村教育经费则由县级以下政府和农民承担。因此，政府在城镇学校提供的教育经费明显优于农村学校，这就导致许多农村教育经费投入力度不够，农村教育资源薄弱，农村教师的工作环境明显劣于城镇教师的工作环境。目前，乐平市各个乡镇的教育经费主要是乡镇政府提供，但是由于城乡二元结构和区域经济不平衡的影响，各个乡镇的发展存在着差异，如果按照农村教育经费投入的统一制度实行，便会使贫困地区的农村教育无法维持。在乐平市一些经济薄弱的乡镇，教育经费无法保障，有些农村地区学校的教育资源无法跟上城镇学校的步伐，有些农村学校的校舍、教学设备等教育资源与城镇学校产生明显差距，无法跟上国家的标准。因此政府要加大对农村教育资源的投入力度，尤其要对教育落后的乡村和贫困的农村学校给予特别的照顾。科学规划农村教育经费分配制度，使城乡教育资源分配均衡，实现城乡教育的共同发展。

3. 完善农村教师的社会保障体系

教师社会保障直接关系到农村教师队伍的稳定性，也关系到农村教育事业的发展。因此，需要更加完善农村教师的社会保障体系。我国的社会保障制度是我国和社会通过立法及政策规范，对国民收入进行再分配，为全体社会成员，特别是为生活有特殊困难的人们的基本生活权利给予保障的社会安全制度。我国的社会保障制度包括：社会保险、社会救济、社会福利、社会优抚和社会互助、个人储蓄积累等。在改革开放以前，教师的社会保障体系主要包括教师退休金、教师医疗等。自改革开放以后，由于社会保险制度的不断完善，教师的社会保障还增加了其他的项目。完善的社会保障体系能使农村教师这个职业更有吸引力。随着城镇化进程的发展，农村教育渐渐地受到政府的重视。虽然目前乐平市农村教师的社会保障情况比以往有所好转，但是鉴于农村教师生存环境及工作条件的特殊性，其对社会保障的需求远远要高于城镇教师。比起城镇教师，乐平市农村教师不但没有享受到同等待遇，而且没有享受到应该比城镇教师更优的社会保障。通过调查了解，目前，乐平市农村教师最在意的社会保障主要包括：工资保障、住房保障以及医疗保障。在偏远贫困的农村，农村教师的工资待遇远远低于城镇教师，同时还会出现工资拖欠的现象。这些现象都极大地影响着农村教师的工作满意度和工作热情。同时，经了解发现，许多农村教师的住房问题得不到保障，医疗保险也得不到落实。因此，政府要加速城乡教育一体化的进程，在关注城镇教育快速发展的同时，关注农村教育的社会保障，进一步完善农村教师医疗、保险等社会保障体系，使农村有理由吸引教师和留住教师。

（二）创新农村教师管理制度，促进教师双向流动

乐平市农村教师队伍流动呈现单向城镇流动的趋势大大影响了农村教师队伍的稳定性。合理的农村教师管理制度可以规范农村教师队伍的规模和流动，因此要改善农村教师队伍目前的结构规模和单向流动的现状，就需要创新农村教师的管理制度，促进农村教师双向流动。

1. 实施教师轮岗制度

随着城镇化进程的不断加快，农村教师队伍的流动呈现出单向城镇流动的状况，这样的不合理流动尤为影响农村教师队伍的平衡。前教育部部长陈至立在1999年《全国中小学教师继续教育和校长培训工作会议上的总结报告》中提出："鼓励中小学教师轮岗。促进教师在城乡之间、学校之间的交流，解决农村边远贫困地区教师短缺问题。各地要积极探索，采取有效措施，利用教师职务聘任制度等政策杠杆，借助财政转移支付手段，建立农村服务浮动工资制度和轮岗津贴制度，促进师范院校毕业生到农村任教。"① 因此，教师轮岗制是使农村教师队伍流动均衡，保证农村教师质量的措施之一。教师轮岗制是指在一定行政辖区范围内，教育行政部门依据一定的原则和标准，

---

① 梁东奇：《农村教师队伍现状、原因及改善对策研究》，硕士学位论文，华北师范大学，2004年。

强制所属行政区的教师在不同学校间定期或不定期进行岗位轮换的一种制度安排。教师轮岗制可以对农村教师的流动进行干预，使之合理化。要落实教师轮岗制度，使乐平市超编的城镇教师到农村学校任教，镇中心的教师到镇周边的农村学校执教，实现城镇学校和农村学校的教师定期交流，缩小城乡教师质量的差距，保证区域教师队伍质量的均衡。同时，可以学习成都武侯区教育局的教师轮岗模式，他们采用"捆绑式"的教师轮换模式。也就是说区县教育行政部门运用行政手段将两个具有独立法人资格的城市优秀学校和农村薄弱学校一对一捆绑结对，形成"两校一体"的发展模式。其中由城市学校的校长做正校长，而农村学校的校长做副校长，并规定城区教师晋升高级职称的条件之一为必须在农村学校工作满一年以上，这样既保证了农村教师队伍的质量，又会让农村教师安心目前的工作，也加强了农村教师和城镇教师的交流，有利于丰富农村教师的教育教学方法。乐平市教育局可以借鉴和学习这种"捆绑式"的教师轮换模式，让城镇的较好的中小学和农村偏远地区的中小学合作，定期实行农村教师和城镇教师的轮换制度，加强农村教师和城镇教师之间的交流与互动，既解决了城镇教师超编问题，也解决了农村教师缺编问题，提高了农村教师的教学质量，缩小城镇教师和农村教师教学质量的差距，进一步提高了农村的教育质量。

　　2. 完善教师聘用和调离制度

　　自乐平市实施教师统一公开招聘制度之后，农村教师的质量得到了保障，因此要继续完善教师公开招聘制度。首先，在实施教师统一公开招聘制度时要不断完善，做到真正的公平、公正、公开。其次，要加大农村学校对教师录用的权利。目前，乐平市农村教师的分配统一由教育局掌握，乐平市的农村完小人事调动和聘用由中心小学管理，中心小学人事调动和聘用由乐平市教育局负责；乐平市中学人事调动和聘用由乐平市教育局负责。这样一来，学校对教师的聘用和调离的管理便会受到限制。在教师人事管理制度上，要保障农村学校对教师的管理，尽量做到按照学校的需求分配教师，由于农村学校的校长及管理人员对本校教师的需求情况最熟悉，他们知道需要什么样的教师。按照农村学校对农村教师的需求来招聘教师，能保证学校被分配到的教师是该校真正所需要的。由于乐平市的教师调离完全由教育局掌握，这样，有些教师便可以不用和学校打招呼随意调离所在的农村学校。这样会造成这些学校无法做及时准备，导致学校在教师数量上来不及补充。因此，要保障农村学校对教师聘用和调离的权利，使农村教师不再轻易调离学校，以保障农村教师队伍的稳定性。

（三）加强教师在职培训力度，切实提升教师素质

教师职后培训是提高教师队伍整体素质的重要措施，农村教师通过在职培训，可以学习到更多的教育理论知识，从中发掘出更优质的教育方法，从而提高农村教育质量。通过调查发现，目前乐平市农村教师的培训机会不断增加，乐平市农村教师的整体素质较以往有所提升，因此要逐步继续加强教师职后培训的力度，提高农村教师队伍的整体素质和教学质量。

1. 增加教师培训投入

农村教师继续教育能否顺利开展，农村教师的在职培训能否顺利进行，最重要的是农村教师培训经费能否得到保障和落实。在培训经费的保障和落实的力度上，城镇学校的培训经费的保障力度比农村学校的培训经费的保障力度要大得多。因此要增加农村教师的培训经费，增强农村教师的培训力度，才能提高农村教师的素质水平。目前，有一些农村教师培训经费是归农村教师个人承担。因此，有些教师迫于生计压力，如果不是规定一定要参加的培训，他们会选择不参加培训。所以，学校要增加对农村教师进行培训的资金投入。同时政府也可以建立农村教师专项培训经费，中央和地方政府相应承担一些农村教师的培训费用，减轻教师的培训压力。

2. 强化教师在职培训

乐平市农村教师参加最多的教师培训为教育部门要求的在职教师远程培训、学校组织的培训以及农村教师的学历培训。由于互联网的普及，许多农村教师可以足不出户就接受到培训的课程，因此大部分教师的培训内容是接受教育部门要求的在职教师远程培训，之后才是

学校组织的培训。培训的主要内容为教育理论知识的传授，比较少注重教学方法及教学经验的传授。因此，首先，改善农村教师的培训内容，除了让农村教师接受基本的教育理论等方面的知识，还要加强农村教师教育实践的培训，提高农村教师教育经验。除此以外，学校可以定期让退休老教师进行经验面授，提高农村教师解决教育问题的能力。其次，教育部门可以定期组织城镇优秀教师下乡对农村教师进行培训，实现农村教师培训形式的多元化。同时，可以借鉴国外教师职内培训的经验，改善我国农村教师的职内培训方法和内容，进一步加强我国农村教师的素质。例如：日本有专门为教师培训的机构，这些机构得到教育部批准，专门为在职的教师提供最新的教育理论和最新的教育经验，使教师得到全面的发展。因此，教育部可以允许在农村建立专门的教师培训机构，对农村教师进行专业的职后培训，促进其教学能力的发展。最后，据了解乐平市，农村教师参加"国培"的指标很少，因此可以适当增加农村教师参加"国培"的指标，特别是偏远地区的农村学校教师参加"国培"的指标也要适当的增加。

因此，虽然乐平市农村教师队伍的培训机会不断增加，但是还需逐步加大农村教师的职后培训，完善落实农村教师继续教育的目的，切实提升农村教师的素质，从而改善农村教育的质量。

（四）提高农村教师工资待遇，留住农村优秀教师

乐平市农村教师工资待遇不及城镇教师的工资待遇，因此会影响乐平市农村教师留在农村学校的工作意愿和工作热情，尤其是不是本地的中青年教师，从而影响到农村教师队伍的数量、结构、流动等方面的稳定性。因此，要切实提高农村教师工资待遇来留住农村优秀教师，缓解农村教师的生活压力，保障农村教师队伍的稳定性。首先，提高农村教师的基本工资，增加农村教师的教龄和职称津贴标准，目前，在编教师的工资都是由教育部分配，在编农村教师的基本工资和城镇教师的基本工资基本一致。但是如果按照人性关怀的角度来思考，农村教师的生活环境、工作性质等远远劣于城镇教师。由于农村留守儿童比较多，有些农村教师除了承担教师的角色还承担了父母的

角色，因此农村教师在工作量和工作压力上高于城镇教师。因此，可以使农村教师的基本工资略高于城镇教师的基本工资，并提高农村教师的教龄和职称津贴标准，让农村教师愿意留在农村。其次，加大对农村"骨干教师"和"优秀教师"的奖励力度。加大对农村"骨干教师"和"优秀教师"的奖励力度可以提高农村教师工作的积极性，使农村教师工作热情提高。最后，提高农村教师的福利待遇。福利待遇的好坏可以影响到农村教师对工作的满意度和工作热情。在乐平市许多农村学校没有教师宿舍，这极大地影响到不是本地的教师前往农村教学的意愿。由于农村学校少而分散，有些教师住的地方离学校很远，他们每天要起早摸黑经过很远的路程去上班，有条件的教师开车去，没条件的教师便要坐班车去，有些老师甚至要骑自行车或步行去学校。因此，要想办法解决非本地农村教师的住宿问题。同时要为不住在学校的农村教师安排校车接送或者发给相应的路程补贴。一些家住得较远的农村教师中午一般留校，学校应建教工食堂解决这些教师的午餐问题。只有从各个方面真正关心农村教师，他们才会愿意留在农村学校任教。

（五）优化农村学校布局，改善农村学校办学条件

学校的办学条件直接影响了农村教师对工作的满意度。通过调查发现，乐平市农村学校的位置比较分散，有些农村学校也比较偏僻，这些都是导致乐平市农村教师往城镇流动的因素之一；同时农村学校的教育环境和城镇学校的教育环境的差距太大也是农村留不住教师的重要因素。因此，首先要调整农村学校的布局，改善农村学校的办学条件。目前通过政府的调整，乐平市的小学布局在渐渐地发生一些变化。通过调查发现一些学校已经撤点并校，教育资源逐渐在改善。抽样调查学校中Y中小学就是一个例子，自2008年撤点并校以后，学校办学条件得到较大的改善。Y中小学的石校长说："并校之后，我们学校增加了三个多媒体教室，近年来年轻的新教师的数量也在增加。"因此，为了继续改善农村学校的办学条件，乐平市政府应该采取一系列措施，应在坚持实事求是、因地适宜、统一布局、超前规划

的思想指导下，进一步优化农村学校的布局，缩小农村学校和城镇学校教育资源的差距。同时，要继续撤并不合格的农村小学，将不合格的农村小学兼并成中心小学、完全小学或者与农村中学兼并成为中小学，便于统一管理。与此同时要巩固农村中学的发展，改善农村中学学校的办学条件。撤点并校可以利用不同学校的办学资源，充分利用各个学校的办学条件，根本上改善农村教师的教育环境和工作条件，一方面避免了教育资源的浪费，另一方面又提高了农村教师队伍的待遇，使农村骨干教师愿意继续留在农村学校，新的教师愿意到农村学校任教。

（六）加强校园文化建设，提高农村教师工作热情

校园文化是学校教育价值观的体现，是学校的办学宗旨和办学理念，可以激发教师对学校的认同感，缓解农村教师的工作压力。切实加强农村教师的校园文化建设，使农村教师热爱自己的学校，愿意为自己的学校付出，从而提高教师的工作热情和工作满意度。根据调查发现，大部分农村学校的校园文化缺失，农村教师缺乏工作热情，特别是受过高等教育的年轻教师，缺失校园文化的农村学校无法使他们实现高层次的价值追求和精神追求。因此，农村学校要加强校园文化建设，首先，农村学校的校长和领导者们要树立"以教师为本"的指导思想进行教师管理工作，校长及有关校级领导要充分考虑教师的切身利益和感受，在城乡差距较大的恶劣条件下，使用"以教师为本"的方式留住教师。同时学校在农村教师职称评定、教师岗位提升等方面要采取科学全面的教师评价制度，评价制度不仅要体现农村教师教学业务方面，也要体现出农村教师的师德、教学热情等方面。其次，管理者和教师之间要做好沟通。通过和乐平市农村教师的交流发现，一些学校的农村教师不辞而别使学校来不及准备就缺失了一名教师资源，这其中是因为农村学校的管理者和农村教师缺乏交流而导致的。因此，农村学校的校长和其他管理者要充分和教师沟通，增进感情。同时校长和管理者要加强新教师与老教师之间的交往，创造不同学科、不同年龄阶段的农村教师之间交往的机会，例如：学校可以组织

农村教师举办联谊活动等，不仅丰富了农村教师身心，缓解农村教师的教学压力，也能使农村教师之间互相团结，互相理解，沟通感情，形成一个大集体。最后，学校在农村教师的评优评先上要建立公平竞争的机制。适当的竞争可以让农村教师实现自我价值，调动农村教师的积极性。因此，需要完善农村教师评优评先的制度，提高农村教师的教育积极性。但是评优评先要做到公平、公正、公开，否则会使农村教师产生不公平感，从而影响农村教师竞争的积极性。因此，评优评先的评价机制要多样化，要从不同的角度，通过不同的形式表现，使教师在不同的方面挖掘自己的优势，彰显个人的能力，体现成就感，从而提高农村教师的教学热情。

附录一　调查问卷

尊敬的老师：

您好！

我们正在进行一项关于城镇化进程中农村教师队伍变化的研究。为了了解城镇化进程对农村教师队伍的影响，我们制作了本问卷。问卷采用匿名的方式并只用于研究，我们将对问卷内容严格保密，请您真实地填写问卷。谢谢您的支持和帮助！

一、基本情况

1. 您的年龄：＿＿＿＿＿（周岁）

2. 您的教龄：＿＿＿＿＿（年）

3. 您的性别：A. 男　　B. 女

4. 您所教的科目是：（请将您任教的课程全部列出）＿＿＿＿＿＿＿＿＿＿

5. 您是您就职学校所在的村或镇的当地人吗？A. 是　　B. 否

6. 您是否是在编教师？A. 是　　B. 否

7. 您的最高学历是：A. 高中（含中专）　　B. 大专　　C. 本科　　D. 硕士及以上

8. 您就职的学校属于：A. 小学　　B. 初中　　C. 九年一贯制

学校

　　9. 您的职称是：A. 初级教师　　B. 中级教师　　C. 高级教师
D. 其他（请写出）_____

二、调查问题

　　1. 您在农村学校工作的原因是什么？

　　A. 自愿服从分配　　　　　　B. 主动投身农村教育事业

　　C. 学校离家近　　　　　　　D. 大学生支教

　　E. 同级学校间正常调动　　　F. 其他（请写出）_____

　　2. 据您所知，近五年来贵校每年教师流出数量有什么变化？

　　A. 增加　B. 先增加后减少　C. 没有变化　D. 先减少后增加

E. 减少

　　3. 据您所知，近五年来贵校每年流入教师数量有什么变化？

　　A. 增加　B. 先增加后减少　C. 没有变化　D. 先减少后增加

E. 减少

　　4. 您任教期间每年的工作量有什么变化？

　　A. 大量增加　B. 略有增加　C. 没有变化　D. 略有减少　E. 大
量减少

　　5. 您任教期间每年教的学生数量有什么变化？

　　A. 增加　B. 先增加后减少　C. 没有变化　D. 先减少后增加

E. 减少

　　6. 您现在任教了多少门课？

　　A. 1 门　　B. 2 门　　C. 3 门　　D. 4 门及以上

　　7. 您任教期间每年平均任教课程数量有什么变化？

　　A. 增加　B. 先增加后减少　C. 没有变化　D. 先减少后增加

E. 减少

　　8. 您目前每周任教的课时是：

　　A. 8 节及以下　B. 9—14 节　　C. 15—19 节　　D. 20 节及以上

　　9. 您任教期间每年平均任教课时数量有什么变化？

　　A. 增加　B. 先增加后减少　C. 没有变化　D. 先减少后增加

E. 减少

10. 您目前平均每月的收入是多少？

A. 800 元及以下　　　B. 801—1500 元　　　C. 1501—3000 元

D. 3001—5000 元　　　E. 5001 元及以上

11. 您任教期间每年的工资有什么变化？

A. 大量增加　B. 略有增加　C. 没有变化　D. 略有减少　E. 大量减少

12. 您对自己目前的工作满意吗？

A. 非常满意　B. 比较满意　C. 不太满意　D. 很不满意

13. 您对自己的工作不满意的原因是什么？（如果上题选 A 或 B，则可不填，本题可多选）

A. 工资待遇低　B. 生活环境差　C. 学校条件差　D. 教学压力大　E. 学校生源差　F. 绩效工资少　G. 其他（请写出）＿＿＿＿＿

14. 据您所知，贵校教师对现在的工作满意吗？

A. 非常满意　　　B. 比较满意　　　C. 不太满意　　　D. 很不满意

15. 您从到校工作至今工作压力有什么变化？

A. 大量增加　B. 略有增加　C. 没有变化　D. 略有减少　E. 大量减少

16. 您从到校工作至今参加过培训吗？

A. 经常参加　　　B. 有时参加　　　C. 很少参加　　　D. 从未参加

17. 贵校每年教师培训的次数有变化吗？

A. 大量增加　B. 略有增加　C. 没有变化　D. 略有减少　E. 大量减少

18. 您从到校工作至今参加过教育科研活动吗？

A. 经常参加　　　B. 有时参加　　　C. 很少参加　　　D. 从未参加

19. 您从到校工作至今您的教学热情有什么变化？

A. 大幅度提高　B. 略微提高　C. 没有变化　D. 略微降低　E. 大幅度降低

20. 您对现在的工作安心吗？

A. 非常安心　　　B. 比较安心　　　C. 不太安心　　　D. 很不安心

21. 如果有机会调往城镇学校工作，您愿意吗？

A. 非常愿意　　B. 比较愿意　　C. 不太愿意　　D. 很不愿意

22. 据您所知，贵校教师对调往城镇学校工作的愿望如何？

A. 很强烈　　B. 较强烈　　C. 不强烈　　D. 无愿望

23. 您认为教师之所以希望从农村学校调往城镇工作，主要原因是（可多选）

A. 农村教师工资待遇比城镇教师差　　B. 农村教师工作量比城镇教师大

C. 农村教育的社会环境比城镇差　　D. 农村教师进修机会比城镇教师少

E. 农村学校生源比城镇学校差　　F. 农村教师绩效工资比城镇教师少

G. 其他（请写出）＿＿＿＿＿＿＿

24. 关于城镇化对农村教师的影响，以下说法您支持哪些？（可多选）

A. 促进了城镇教师的发展　　B. 促进了农村教师的发展

C. 使农村教师愿意往城镇发展　　D. 使城镇教师愿意往农村发展

25. 关于城镇化对农村教育的影响，您支持以下哪些观点？（可多选）

A. 促使农村学校骨干教师往城镇流动

B. 促使城镇学校骨干教师往农村流动

C. 城镇学校生源增加，农村学校生源减少

D. 城镇学校生源减少，农村学校生源增加

26. 您觉得城镇化进程对农村学校教师的发展有什么影响？

附录二　访谈提纲

访谈者：×××

访谈对象：抽样调查学校的农村教师

访谈开场语：

　　老师您好！我们现正在做一项关于城镇化进程中农村教师队伍变化特征的研究。目的是为了了解在乐平市城镇化进程如此快速发展的时期，对于教师来说会有些什么样的影响？本次访谈调查最多耽误您几分钟的宝贵时间。访谈主要通过问答的形式进行，访谈的内容将严格保密！为了保证调查的有效性，请您能真实的回答每一个问题。感谢您的支持和配合！

　　访谈对话：

　　1. 您贵姓？

　　2. 您今年多少周岁？

　　3. 您现在是什么职称？

　　4. 您觉得城镇化进程的发展对农村教育发展有什么影响吗？

　　5. 您觉得城镇化进程的发展对您最大的影响是什么呢？

　　6. 您对目前的工作还满意吗？

　　7. 您目前的工作压力如何？

　　8. 如果给您可以到城镇学校工作的机会，您愿意吗？为什么？

　　9. 如果给贵校教师一个机会去城镇学校工作，他们愿意吗？为什么？

　　　　　　　　　　　　　　（执笔：李婷婷；指导：何齐宗）

第四章

城乡义务教育师资队伍
非均衡的现实与对策

一　研究的背景

　　义务教育均衡发展是近年来人们非常关注的热点问题。众所周知，影响义务教育均衡发展的主要因素是师资队伍。本研究将以城乡义务教育师资队伍的非均衡为切入点，通过实际调查对南昌县义务教育阶段城乡学校师资队伍的数量、结构、质量等进行比较、探讨。

　　南昌县义务教育的均衡发展取得了重要的进展。早在20世纪八十年代，南昌县便被评为"全国基础教育先进县"。近年来又先后荣获"全国教育先进县""全国'两基'教育工作先进县""全国幼儿教育先进县""全国特殊教育先进县"等荣誉。南昌县立足县域教育均衡化发展，创新出了"十统举措"，大大缩小了教育的城乡差别。该县成立了教师工资统筹统发中心，将全县城乡教师工资统一发放标准后集中到县财政进行统一发放，按规定将教职工工资直接划拨到个人账户，消除了全县城乡教师同工不同酬的差距，实现了工资统筹。按照教育财政拨款的增长高于财政经常性收入的增长、学校每年生均教育事业费逐年增长、在校学生人均教育费用逐年增长的要求，南昌县增加了对教育的投入，并将相关经费单独列项，统一划拨，实现了经费统拨。根据教师管理、工勤技能等岗位的不同特点，实行了分类考核、优绩优酬的原则，实现了津贴统发。全县义务教育免学杂费覆盖面达100%，高中助学金覆盖面达20%，中职助学金覆盖了所有农村籍学生和城镇贫困生，高考资助金覆盖了所有贫困新生，实现了助学统包。针对农村中学、小学教师公费医疗报销长期得不到解决的问

题，率先在全省推行了农村教师医疗保险制度，县财政每年安排 200
万元，为 6400 多名农村教师进行医疗投保，实现了医疗统保。县委、
县政府成立了县校舍危房改造中心，县长亲自挂帅，经过 7 年的努
力，消除了一、二类危房 13 万余平方米，实现了危房改造的"统
资"。此外，2007 年，南昌县重新拟定了教师的编制，明确了校际编
制调剂政策，实现了编制统管，还实现了校长统聘、师资统招以及资
源的统一配备。

　　南昌县在县域义务教育均衡发展方面进行了不少探索并取得了重
要成效。但不可否认的是还存在需要进一步解决的问题：一是教育经
费投入均衡问题。城乡学校经费投入和负债上存在差异，总体上城区
学校经费充裕，农村学校经费紧缺。二是办学条件均衡问题。城区学
校在办学场地面积、设备配置、师生比等方面要优于农村学校。三是
师资队伍均衡问题。城区学校教师在学历、职称、年龄结构、科研课
题、获奖、师资培训、编制配备等方面要优于农村学校。四是教育质
量均衡问题。城乡义务教育学校在教育质量上存在显著差异，城区学
校学生的学业成绩优于农村学校学生。另外，在初中生考入重点学校
人数上，城区学校较农村学校多。

　　基于此，我们深入南昌县进行调查，了解该县域内城乡师资配置
的现状，分析其师资不均衡的原因，并在此基础上提出了进一步实现
师资优化合理配置的相关对策。

二　基本概念的界定

（一）义务教育

　　2006 年，我国新修订的《义务教育法》第二条规定："国家实行
九年义务教育制度。"不同于选拔教育和精英教育，义务教育是国家
法律颁布并强制实施的教育，是在法律规定范围内的适龄儿童及少年
必须接受的教育，是国家、社会、家庭都有义务保障其顺利实施的教
育。这也是义务教育与其他形式的教育最本质的区别。义务教育不仅

是一项国民基础教育，更是一项公益性质的教育事业。在义务教育阶段，学校不得收取任何学杂费。[①]

义务教育的英文表述为 Compulsory Education，是一种普及性教育。它的普及性集中体现在义务教育的三个基本特征上——免费性、强制性和公共性。[②] 在三个特征中，核心特征是第一个即免费性，这也是义务教育区别于其他教育最本质之处。强制性是指在法律保障下，作为我国公民，都有权利和义务接受的教育，任何社会团体和个人，包括家长不得随意剥夺适龄儿童在义务教育阶段接受教育的权利。公共性是指义务教育作为国家的一项公益事业，尽力做到遍及大众，造福大众，使得人人有书读，人人能受益。

（二）教师资源

教师资源包括学校内的专任教师、管理人员、教学辅助人员和工勤人员。专任教师是指学校中直接从事教育、教学工作的专业人员；管理人员是指从事学校管理工作的人员；教学辅助人员是指学校主要从事教学实验、图书、电化教育以及卫生保健等教学辅助工作的人员；工勤人员是指学校后勤服务人员。[③]

在众多教育资源中，教师是最重要的组成部分，不仅是因为教师对整个教育质量的高低起决定性作用，更重要的是教师还是其他教育资源的使用者。学生的学习成长很大程度上决定于教师能否有效地加以引导。

（三）均衡与不均衡

《辞海》对"均衡"的解释是：均衡即平衡。矛盾暂时的相对的统一或协调。事物发展稳定性和有序性的标志之一。均衡是相对的，

---

① 崔红菊：《义务教育均衡发展政策研究》，硕士学位论文，厦门大学，2009 年。

② 黄丹：《重庆市忠县城乡义务教育非均衡问题研究》，硕士学位论文，西南大学，2007 年。

③ 白浩：《北京市义务教育教师均衡配置制度现状及优化研究》，硕士学位论文，首都师范大学，2012 年。

它与不均衡相反相成，相互转化。一般可分为动态均衡和静态均衡。①

当一个物体同时受到方向相反的两个外力的作用，这两种力量恰好相等时，该物体由于受力相等而处于静止的状态，这种状态就是均衡。② 这是物理学中对均衡概念的阐述。之后，马歇尔将这一概念引入经济学领域。③ 在经济市场中，人类的资源是有限的，完全的均衡分配也是不可能的，因此为了尽可能地达到市场的供需平衡，我们必须更加合理地分配这些资源，使经济中各种对立的、变动着的力量相当，达到相对均衡。市场均衡理论由此提出。

从某种意义上来说，教育均衡发展也是如此。当一个地区或学校目前的教育资源有限，优质教育稀缺，就会出现供需紧张。当优质师资需求量大于现有的师资储备量，就出现了师资的不均衡。我国人口密度大，导致教育资源无法满足人民日益增长的教育需求，无论是省际、城际还是校际之间都存在着师资不均衡问题，同一个地区城乡之间也存在师资不均衡。要实现教育均衡发展，首先要尽量做到教育资源配置的相对均衡。教育均衡发展是经济均衡发展的移植，更是人们对教育公平的一种美好理想。④

（四）师资配置均衡与不均衡

简单地说，师资配置就是不同区域内教师的分配情况。大的范围可以理解为省际之间的教师分配，小的范围也可以是城乡，甚至校际之间的教师分配差异。师资的不均衡配置则是指某一地区的学校存在师资方面的差异性，包括教师的数量、质量、结构、待遇、年龄层次等诸多方面的不合理性，优质的师资力量没能最大限度发挥其作用，相对劣质师资也没有得以再培养再扶植，同级的教师拥有相对不平等

---

① 夏征农：《辞海》（上），上海辞书出版社 1999 年版，第 119 页。

② 朱建伟：《区域义务教育阶段教师资源均衡配置政策研究——以上海市长宁区为例》，硕士学位论文，上海师范大学，2010 年。

③ 陈燕燕：《西部地区义务教育均衡发展研究》，硕士学位论文，广西师范大学，2006 年。

④ 彭青：《河北省义务教育均衡发展研究》，硕士学位论文，河北师范大学，2009 年。

的收入和社会待遇。

　　义务教育阶段师资的均衡配置主要指三方面的合理，即数量合理，结构合理，教师流动性合理。[①] 首先，数量合理主要是依据不同地区不同学校，学生人数的不同而产生的相对比例的教师数量。2001年，在国务院办公厅转发的中央编办、教育部、财政部《关于制定中小学教职工编制标准意见的通知》的要求中，关于教师的数量提出了明确的标准：城市小学生师比为 19 : 1、县镇为 21 : 1、农村为 23 : 1、城市初中生师比为 13.5 : 1、县镇为 16 : 1、农村为 18 : 1。[②] 学历结构、年龄结构、性别结构、职称结构以及学科结构等共同构成我们所说的结构合理。学历合理主要是对在职教师所应达到最低学历的规定。幼儿教师要求中专及其以上学历；小学和初中教师要求大专及其以上学历；高中教师要求本科及其以上学历；高校教师要求研究生及其以上学历。年龄结构要求主要是指教师队伍之间不能出现年龄层次的断层，要保持一定比例的年龄梯度，即老年教师、中年教师、青年教师之间保持 2 : 5 : 3。[③] 性别结构合理即男女教师的数量大致相当。关于职称结构合理，在小学阶段教师中具有中级职称的比例是38%，高级职称的比例应达到2%以上，而在初中阶段分别是38%和6.5%以上。最后，学科结构主要指教师在学习阶段所学专业和最后任教的科目是否对口。

　　当然，这里必须指明的是，我们说的均衡发展是相对的概念，绝非完全意义上的一刀切，也不是计划经济时代的平均分配。均衡配置的根本目的是为了缩小不同区域和校际间的师资差距，进一步落实教育公平原则。盲目而机械的平均主义，只会挫伤优质学校发展的积极性，导致优质资源的发展滞后。均衡化是一个长期而艰难的过程，我们要通过不停地探索与研究，逐步缩小地区、学校之间的差异。并且

　　① 夏征农：《辞海》（上），上海辞书出版社1999年版，第119页。

　　② 朱建伟：《区域义务教育阶段教师资源均衡配置政策研究——以上海市长宁区为例》，硕士学位论文，上海师范大学，2010年。

　　③ 教育部基础教育司编：《新编基础教育文件汇编》，北方交通大学出版社2003年版，第593页。

要依据不同地区和不同学校的特点，走个性化特色办学之路。

三　城乡义务教育师资队伍非均衡现状的调查
——以南昌县为例

我们以南昌县为研究对象，调查和分析该县义务教育阶段师资队伍的非均衡问题。在研究中，我们首先对南昌县县域义务教育阶段的师资情况进行整体分析，然后随机抽取县域 8 所学校作为样本学校进行调查和分析。

（一）南昌县城乡义务教育发展概况

为了发展农村教育事业，缩小城乡差距，南昌县从 2008 年开始，整合教育资源，调整学校布局，有效利用师资和物质资源。此外，为改善农村学生的学习生活环境，积极筹集资金，推进农村学校宿舍的建设。

南昌县有关部门认真落实义务教育经费用到实处，采取各种措施保障经费管理。2012 年，该县对中、小学阶段家庭经济困难的 6438 名寄宿生发放补助资金 881.2 万元。

南昌县针对农村教师看病难问题，实行《南昌县城镇居民基本医疗保险试行办法》。随着该项新规的出台，全县 7500 多名义务教育阶段的教师享受住院医疗保障，90 多万元资金转入教师专项医保用途。该县教师一直以来住院后报销难的窘境终于得到实质性解决。

南昌县城乡义务教育发展迅速。中学、小学入学率为 100%，巩固率为 100%，初中升学率高达 95% 以上。截至 2013 年，国家补助（杂费、公用经费）和免费教科书覆盖全县义务教育阶段所有学生。每年生均补助金额为小学每生 500 元、初中每生 700 元。省内财政拨款和地方教育税费是当地教育投入的主要财政来源。这里将目前从南昌县教体局收集的基本情况进行整理，以表格形式展现：

表 4 – 1　　　　　　　　**南昌县城乡义务教育基本情况比较**

	学校总数（所）		在校学生人数		专职教师人数		师生比	
	小学	初中	小学	初中	小学	初中	小学	初中
县城	9	3	16409	8100	760	400	21.59	20.25
农村	17	21	61037	49454	3600	1849	16.95	26.75

从表 4 – 1 数据可看出，南昌县中小学总数为 50 所，其中大部分学校分布在农村。城市小学 9 所，平均每校学生 1823 人，教师 84 人，城市初中 3 所，平均每校学生 2700 人，教师 133 人。农村小学 17 所，平均每校学生 3590 人，教师 211 人，农村初中 21 所，平均每校学生 2354 人，教师 88 人。

从学生平均人数看，农村小学平均人数明显大于城市小学，大部分农民偏向于让孩子就读农村小学。

从师生比看，根据 2001 年国务院办公厅转发中央编办、教育部、财政部《关于制定中小学教职工编制标准意见的通知》的要求，其编制标准为：城市小学生师比为 19 : 1、县镇为 21 : 1、农村为 23 : 1；城市初中生师比为 13.5 : 1、县镇为 16 : 1、农村为 18 : 1。[1] 由此来看，南昌县小学阶段农村师生比总体较国家标准偏低，县城师生比比较接近标准值，初中阶段农村和县城的师生比都较国家标准偏高。通常来说，师生比值越大，意味着每位教师教授学生数量越多，任务越重，但师资资源利用率高。相反，师生比值越小，虽然教师教授的学生数量越少，任务轻，但师资资源利用率低。农村小学生师比仅为 16.95 : 1，虽然这样教师面对的学生少了，能更好地关注到较多学生，以便因材施教，但却不利于农村教师优质配置和利用。

（二）义务教育阶段师资队伍的总体情况

关于师资队伍的状况比较，这里将从教师的最高学历、已聘职称、学历情况、总体数量、年龄、男女比例以及学科带头人情况，对

---

① 曹素琴：《江苏省义务教育阶段师资配置研究——以 A 区和 B 区的比较为例》，硕士学位论文，西北师范大学，2011 年。

南昌县的师资队伍进行整体分析。

1. 教师人数

表4-2　　　　　　　　　全县教师人数统计

学段	幼儿园教师	小学教师	初中教师	高中教师
人数（人）	94	4296	2332	798

总计：7520 人

　　表4-2 是南昌县教师的总数情况。全县共有教师 7520 人，其中代课老师 6500 人。实际教师数量比编教师数量多了近 1000 人。但实际情况是，县城学校出现一个教师带的班级人数平均 70 人，有些农村学校仍缺教师，甚至出现"空堂"的现象。在 6500 名代课教师中，学历层次不齐，本科学历、大专学历都有。大部分是年轻老师，任教时间不长，流动性很大。

2. 教师学历

表4-3　　　　　　　　　全县教师学历情况统计

学历层次	研究生	本科	大专	中专
人数（人）	69	3330	2630	1410

　　表4-3 是南昌县教师的学历统计情况。首先，南昌县整体师资水平属于中等，本科学历的为大多数，占 44.3%；其次是大专学历，占 35%；再次是中专学历，占 18.75%；研究生学历的只有 0.92%。该县教师学历水平虽以本科居多，整体情况较前几年有很大进步，但城乡教师学历水平差距依然比较明显。研究生学历的教师全部分布在县城学校，而中专学历的教师大部分分布在农村学校。

3. 教师职称

表4-4　　　　　　　　　全县教师职称情况统计

职称层次	高级	中级	初级
人数（人）	1275 人	4196 人	2049 人

从表4－4中可看出，在南昌县7000多名教师中，中级职称与初级职称的占到大多数，分别是55.8%和27.25%，而高级职称的教师只占16.7%。在访谈中，很多农村教师透露，之所以优秀师资不会选择留在农村，除了薪资和不受重视外，农村学校很少有指标评职称也是一个重要原因。

4. 义务教育阶段教师学历情况

表4－5　　　　　　　　南昌县中小学教师学历统计　　　　　　单位：人

	研究生	本科	大专	中专	高中	初中	不明确
小学	2	1166	1774	1359	47	5	7
初中	12	1458	729	33	15	0	2

从表4－5中可看出，无论初中还是小学，教师的学历还是以本科和大专生所占比例最大。其中在小学教师中，中专学历所占比例超过本科学历比例。研究生学历所占比例很小，尤其是小学阶段。高中和初中学历的老教师还有一定数量，都是农村教师。

5. 义务教育阶段已聘职称教师的学历情况

表4－6　　　　　　南昌县中小学已聘职称教师的学历统计　　　　　单位：人

	小学三级	小学二级	小学一级	小学高级	小学特高	小学暂无	中学三级	中学二级	中学一级	中学高级	中学暂无	总计
研究生	0	9	1	1	0	0	1	16	13	7	17	56
本科	0	80	938	195	10	31	6	940	677	436	59	3372
大专	0	176	1062	618	3	23	16	204	248	275	9	2634
中专	1	27	634	715	0	3	0	14	3	9	1	1407
高中	0	3	25	24	0	0	1	3	0	0	11	67
初中	0	2	3	0	0	0	0	0	0	0	0	5
未取得	0	0	7	0	0	0	0	0	0	0	2	9
总计	1	288	2670	1553	13	57	24	1177	941	727	99	7550

教师的职称是对其教学能力和教学经验的肯定。一般来说，教学水平越突出的教师，其可以聘任的职称也越高。学历是教师入职前的学科专业水平的体现，扎实的专业知识经过教学实践的磨练才能造就优秀的教师，而后期发展优秀的教师其专业知识也会随着经验的增长越来越系统化。因此，学历和教师所聘职称的关系是相辅相成，紧密相连的。没有专业的知识和相应的学历层次，很难竞聘职称，也很难与高职称的身份相符。因此。职称高的教师一定是专业知识和学历水平相当，教学经验又丰富的优秀教师。

从表4-6显示的数据可看出，南昌县师资队伍的整体学历水平还集中在大专和中专层次，研究生和本科生比例偏低。小学二级的教师中本科和大专学历人数居多，大专最多。小学一级教师学历集中在本科、大专和中专，大专居多。小学高级教师本应是小学阶段比较高层次的教师，但学历却很集中的在中专水平，小学阶段最高职称的特高教师没有研究生学历，13人中本科学历的占10个。在初中已聘职称教师中，本科和大专学历占多数，其中本科比例最大，中专比例明显减少。但是研究生比例依然很小。中学二级和一级的教师中本科学历占到总数的将近80%和72%。初中阶段的师资整体水平高于小学，配置更为合理。

6. 教师的性别比例

南昌县教师的男女比例相对较为合理。女性教师占45.89%，男性教师占54.83%，男性教师比例略高于女性教师。

7. 教师的年龄分布

教师的年龄层次与其能够投入工作的精力和整体师资队伍的活力与发展潜能息息相关。一般来说，师资队伍年龄结构太年轻化，大部分教师经验不足，很难把控课堂教学。但如果师资队伍呈老龄化趋势，就会导致整体缺乏活力，后续发展受到牵制。

在本研究中，青年教师年龄定义在25—40周岁以下，中年教师为40—50周岁，老教师为50周岁以上。从南昌县教师年龄分布比例看，30—40周岁，40—50周岁，50—60周岁教师所占比例最大，其中40—50周岁教师人数最多。年龄在20周岁以下的教师有19人，

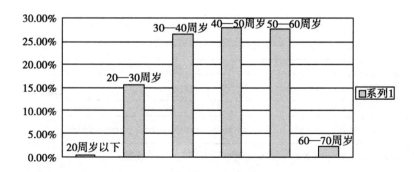

图 4 - 1　南昌县教师年龄段比例

20—30 周岁的教师 1194 人，30—40 周岁教师 2030 人，40—50 周岁教师 2140 人，50—60 周岁教师 2120 人，60—70 周岁教师 170 人。从调查数据看，南昌县教师的中坚力量在 30—50 周岁，负责主要教学任务。但 40—50 周岁中年教师的人数最多，这是师资队伍结构不合理所在。30—40 周岁的教师应该是教师中的主力军，他们相对年轻经验较丰富，和中老年教师比又更具活力和创新意识，更易吸收先进的教育理念和方法。

从对南昌县县城学校和农村学校的调查中发现，大部分 30—40 周岁的青年教师都集中在县城学校，其中县城小学 25—30 周岁教师居多，县城中学 30—40 周岁的教师居多，而农村学校的教师年龄结构不尽合理。尤其是农村小学，两极化分布严重，主体是老教师，还有一部分是刚毕业的年轻教师。

8. 教师队伍学科带头人情况

从图 4 - 2 的数据可以很明显地看出，南昌县教师中学科带头人偏少，省级学科带头只有 1 人，市级带头人也只有 6 人，县级带头人 301 人，校级带头人在本县学科带头人中所占比例最大，但也只有 77 人。

9. 骨干教师的人数

从图 4 - 3 的数据可以明显看出，和该县学科带头人情况类似，南昌县骨干教师人数也偏少，省级骨干教师 26 人，只占教师总数的 0.34%；市级骨干教师 44 人，占教师总数的 0.54%；县级和校级骨

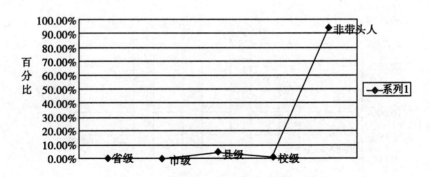

图 4 - 2　南昌县教学队伍学科带头人统计

干教师分别是 98 人和 125 人，分别占教师总数的 1.28% 和 1.63%。经调查发现，该县省级和市级骨干教师主要集中在县城中学。农村中学有部分校级骨干教师，而农村小学几乎没有骨干教师。

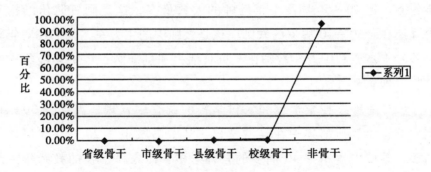

图 4 - 3　南昌县骨干教师人数统计

　　通过对南昌县城乡义务教育发展现状比较和师资队伍的各个方面的调查，可以得出如下结论：第一，南昌县城乡义务教育阶段学校教师总体数量不少，且农村大于城市教师数量，但实际教学中缺少教师近 1000 人；第二，南昌县城乡义务教育阶段农村学校教师老龄化程度较严重；第三，南昌县城乡义务教育阶段学科带头人级别的教师偏少，为数不多的几个省级学科带头人都在县城学校；第四，南昌县城乡义务教育阶段教师中以大专和中专学历为主，农村教师学历远低于县城学校；第五，南昌县城乡义务教育阶段高职称教师总体数量不多，且城乡分布不均。

（三）南昌县城乡义务教育阶段样本学校师资队伍的现状

为了更深入地了解南昌县城乡学校的师资队伍在义务教育阶段发展的非均衡性，我们对该县 8 所学校的教师进行了问卷调查，其中农村小学和中学各 2 所、县城小学和中学各 2 所。本次调查共发放问卷385，回收有效问卷 376 份，有效回收率为 97%。这里拟从教师基本情况、教师进修培训、教师职业满意度、教师收入和师资流动等四个方面论述南昌县义务教育阶段学校师资队伍的非均衡状况。

1. 教师的年龄结构

（1）城乡小学阶段师资队伍的年龄结构比较

图 4-4 的数据显示，在接受调查的 2 所农村小学和 2 所县城小学中，30—40 周岁的青年教师数量相当，农村小学 40—50 周岁的教师是县城小学的近 1 倍，51 周岁以上的老教师是县城小学的近 4 倍，而 20—30 周岁的青年教师却是县城小学的一半。可以很明显地看出，农村小学教师的老龄化程度远远超过县城小学。农村小学教师中，教龄在 20 周年以上的占到 53%，超过教龄在 6—10 年和 11—15 年的教师总数。

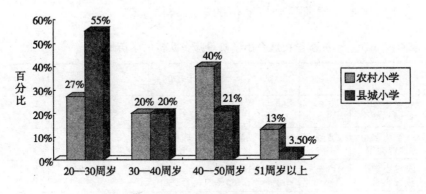

图 4-4　样本学校小学教师年龄情况

（2）城乡初中阶段师资队伍的年龄结构比较

图 4-5 的数据显示，在接受调查的 2 所农村中学和 2 所县城中学中，城市中学教师年龄分布相差较大，20—30 周岁的年轻教师在被调查的教师中没有，40—50 周岁教师仍占到非常大的比例，其次是30—40 周岁的青年教师，但两个比例相差不大，而 50 周岁以上的老

教师所占比例最低。可以看出城市中学教师的年龄集中在30—40周岁。农村中学则和农村小学类似，大部分教师的年龄集中在40—50周岁之间，30—40周岁的教师所占比例还不到一半。但可喜的是，50周岁以上的老教师相对农村小学明显较少，只占教师总数的4.5%。由此可以看出，在师资队伍方面，农村初中要优于农村小学，但与城市中学的差距仍然存在，不过差距在逐渐缩小。

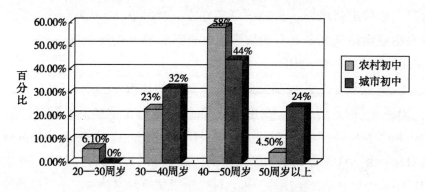

图4－5　样本学校初中教师年龄情况

2. 教师的学历结构

（1）城乡小学阶段师资队伍的学历结构比较

表4－7　　　　　样本学校城乡小学阶段师资队伍的学历情况

参加工作时的学历	中师	专科	本科	本科以上		
农村小学 县城小学	80% 35%	20% 34%	0% 31%	0 0		
第一学历取得的学校类型	普通中专	普通大专	普通师范院校	非师范院校		
农村小学 县城小学	11% 3.5%	40% 13%	49% 65%	0 12%		
目前学历	中师	专科	本科	硕士	重点师范院校	
农村小学 县城小学	49% 5.9%	18% 31%	33% 58%	0 0	0 3.5%	
最高学历取得的学校类型	普通中专	普通大专	普通师范院校	普通非师范院校	重点师范院校	重点综合大学	普通高校成教院
农村小学 县城小学	13% 0	0 9.4%	20% 29%	13% 8.2%	0 9.4%	0 1.1%	67% 29.4%

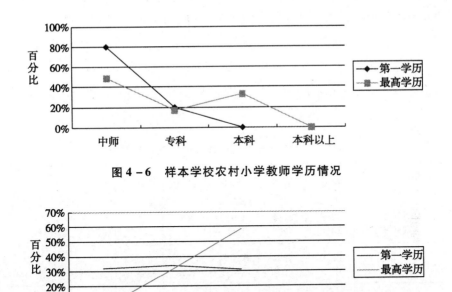

图 4－6 样本学校农村小学教师学历情况

图 4－7 样本学校县城小学教师学历情况

表4－7的数据描述了接受调查的样本学校小学教师的学历情况。而图4－6和图4－7则体现了农村小学教师和县城小学教师的第一学历和目前最高学历的情况。从图4－6可以看出，农村小学第一学历和目前最高学历都以中师学历居多。虽然目前本科学历教师比例已上升到33％，但他们的本科学历67％是通过成人自考或函授的方式取得，这种职后培训一般是形式大于内容，他们的教学能力和知识储备并没有得到质的提升，整体教学水平比起县城全日制本科毕业的青年教师仍有很大差距。从图4－7可以看出，县城小学教师在起初进入教师队伍的本科学历、大专学历以及中师学历所占比例差不多，而现在教师队伍整体提升很快，中师学历教师只占5.9％，本科占到了58％。因此县城小学教师的学历成长速度远快于农村小学教师。

（2）城乡初中阶段师资队伍的学历结构比较

表4－8的数据描述了接受调查的样本学校初中教师的学历情况，而图4－8和图4－9则反映了农村初中教师和县城初中教师第一学历和目前最高学历的情况。从图4－8可以看出，农村初中教师第一学

历虽然中师学历占了 52%，但他们的最高学历中本科学历已占到 77%，本科学历比重远大于专科和中师学历，并且教师获取最高学历的途径中正规的普通师范院校占到了 20%。县城初中教师与农村教师类似，本科学历占到了 76%，较农村初中教师更为先进的是中师学历为 0。

表 4 - 8　　　　　样本学校城乡初中阶段师资队伍的学历情况

参加工作时的学历	中师	专科	本科	本科以上			
农村初中	52%	27%	18%	0			
县城初中	28%	56%	16%	0			
第一学历取得的学校类型	普通中专	普通大专	普通师范院校	非师范院校	重点师范院校		
农村初中	14%	20%	56%	1.5%	7.6%		
县城初中	6%	32%	52%	0	10		
目前学历	中师	专科	本科	硕士			
农村初中	1.5%	25%	73.5%	0			
县城初中	0	24%	76%	0			
最高学历取得的学校类型	普通中专	普通大专	普通师范院校	普通非师范院校	重点师范院校	重点综合大学	普通高校成教院
农村初中	1.5%	12%	20%	7.6%	12%	3%	39%
县城初中	0	4%	16%	8%	12%	12%	48%

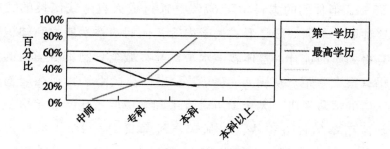

图 4 - 8　样本学校农村初中教师学历情况

3．教师的职称结构

（1）城乡小学阶段师资队伍的职称结构比较

图 4 - 10 数据显示，在调查的样本小学中，农村小学高级教师职

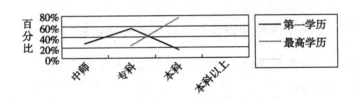

图 4 – 9　样本学校县城教师学历情况

称所占比例很小，仅为 19%。农村小教一级与县城小学差距较小持平，而小教二级比例明显超过县城小学，农村小学师资的职称水平集中在小教二级。在县城小学中，小教高级占的比例较大，明显高于农村小学师资的职称水平。

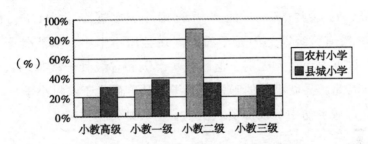

图 4 – 10　样本学校城乡小学教师职称情况

（2）城乡中学阶段师资队伍的职称结构比较

图 4 – 11 的数据显示，在接受调查的样本学校中，农村中学教师的职称结构优于农村小学教师，其中教高级和中教一级的教师比例还大于县城中学，尤其是中教一级职称的农村中学教师占大多数。

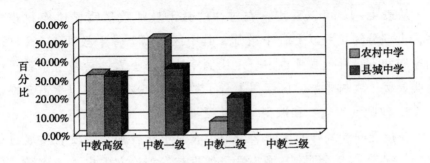

图 4 – 11　样本学校城乡初中教师职称情况

4. 骨干教师结构

（1）城乡小学阶段师资队伍的骨干教师结构比较

表 4 - 9　　　　样本学校城乡小学阶段师资队伍的骨干教师情况

骨干教师级别 学校类别	校级	镇乡级	区级	市级	省级	国家级	暂无
农村小学	6.7%	31%	0%	0%	0%	0%	47%
县城小学	8.2%	12%	4.2%	7.1%	2.4%	0%	67%

我们从表 4 - 9 中可以看出，无论农村小学还是县城小学，师资队伍中骨干教师数量都不多。农村小学的骨干教师也是集中在校级和乡镇级，在总共 37.7% 的骨干教师中，乡镇级占 31%、校级占 6.7%，没有区级以上的骨干教师。在县城小学中，虽然骨干教师人数较农村小学无太大区别，但区级、市级和省级骨干教师均占了一定比例。因此，县城小学的师资在骨干教师方面优于农村小学。

（2）城乡初中阶段师资队伍的骨干教师结构比较

表 4 - 10　　　　样本学校城乡初中阶段师资队伍的骨干教师情况

骨干教师级别 学校类别	校级	镇乡级	区级	市级	省级	国家级	暂无
农村中学	38%	21%	6.1%	3%	4.5%	4.5%	27%
县城中学	16%	28%	12%	15%	10%	8%	11%

从表 4 - 10 可以看出，农村初中骨干教师数量明显比农村小学多，大部分为校级以上骨干教师，其中区级以上骨干教师占 18.1%，国家级和省级骨干教师也占一定比例。从整体上看，县城中学骨干教师明显优于农村中学，区级以上骨干教师占 45%，市级以上占 33%。

5. 教师发表论文和取得学科优质课情况

在接受问卷调查的 8 所学校中，农村小学教师几乎没有发表过论文和取得学科优质课。县城小学虽然没有发表论文的也占大多数，但是在省级、市级，甚至国家级报刊发表过论文的教师也不在少数。县城小学师资的自我提升和对学科的研究积极性明显高于农村小学教师。

农村初中和县城初中教师在论文发表和取得学科优质课的方面，差异不明显。大部分初中教师都发表过论文，参与并取得优质课的教师数量较少且差异不明显，但县城初中教师发表国家级论文的教师多于农村中学。

6. 教师的学科结构

首先，南昌县中专学历的教师 1410 位，在接受问卷调查的 8 所学校中，中专学历的教师也占了很大比例。这些教师在中专学校学习时一般不细分学科专业，大多数教师当时所学的是普师。但是随后进入学校任职，尤其是小学当时教师职业门槛比较低，很多教师学非所教。即使后来由于积累相关学科教学经验而升入初中教书，其知识系统其实依然不完备。因此，农村学校的教师教非所学现象十分普遍。

在调查中了解到，大多数农村小学没有专门的音乐、体育和美术教师，要么是数学和语文老师代上，基本都流于形式；要么随意放放歌曲或玩玩游戏，甚至简单地让学生自习。由于小学三年级才开始有英语课，因此很多农村小学甚至没有专门的英语老师，等到三年级时临时找青年教师应付。

县城学校几乎都配有专门的音乐、体育和美术教师，但是人数很少，根本无法满足实际的教学需要。而且目前学校开设的副课比较多，80% 以上的主课老师都要兼教一门其他副课，尤其是课比较少的数学老师。以下是本人从接受调查的 S 小学收集的部分课表：

表 4 – 11　　　　　　　　样本学校县城 D 初中部分教师课表

A 数学老师	音乐课 3 节	科技课 2 节	信息技术 1 节
B 语文老师	语文课 8 节	英语课 3 节	地理课 1 节
C 英语老师	数学课 6 节	英语课 3 节	品德课 2 节
D 体育老师	体育活动 3 节	健康教育 2 节	音乐课 1 节
E 音乐老师	音乐课 4 节	健康教育 1 节	信息技术 1 节

7. 教师的进修培训情况

进修培训是指职后对教师的一种专业知识和教育教学水平拓展的

学习性培训。这既是教师自我学习需要的体现，也是学校对师资队伍后期发展的一种培养措施。如今"国培计划"的实施，在很大程度上普及了对教师的培训，而且几乎城乡学校的所有教师都有参与职后培训的机会。但是成效如何，这些培训对师资队伍发展的影响如何？本人将样本学校收集的数据进行了整理和分析，具体情况如下：

（1）教师参加培训的机会

表 4-12　样本学校城乡小学阶段师资队伍的参加教学培训机会的调查结果

职后是否参加教育培训	有	无		
农村小学	90%	10%		
县城小学	71%	29%		
参加过哪种级别的培训	乡（镇）	区级	市级	省级
农村小学	21%	0%	47%	32%
县城小学	20%	21%	26%	33%
平均每年参培的次数	1 次	2 次	3 次	3 次以上
农村小学	21%	0%	47%	32%
县城小学	44%	32%	12%	13%

根据表 4-12 的数据，可以看出农村小学教师参加培训的比例数大于县城小学。原因可能有以下方面：一是农村小学教师人数少，因此参加培训的机会多，而县城小学教师人数基数大，名额相对有限；二是农村教师普遍年龄较大，入职时的学历和专业水平都比较低，因此后期培训必须加强，而县城小学 30—40 周岁的教师较多，学历层次和专业水平也比较高。

在教师已经参与的培训中，省市级的培训居多，其次是乡镇的。县城小学的培训比较均衡，乡镇级、区级、省级的都有，保证每个参培教师根据自己的需求进修培训。

表 4-13　样本学校城乡初中阶段师资队伍的参加教学培训机会的调查结果

职后是否参加教育培训	有	无		
农村初中	68%	12%		
县城初中	80%	20%		

续表

职后是否参加教育培训	有	无		
参加过哪种级别的培训	乡（镇）	区级	市级	省级
农村初中	15%	11%	36%	35%
县城初中	14%	0%	38%	48%
平均每年参培的次数	1 次	2 次	3 次	3 次以上
农村初中	38%	38%	12%	12%
县城初中	32%	30%	8%	30%

根据表 4 - 13 的统计数据，相对县城初中，农村初中教师得到培训的机会就少了 12%。中学阶段，对教师专业系统性和知识体系要求比较高，而初中大家都会倾向去县城读书，因此县城教师培训就会更多，参加省市级别的培训比例也大于农村初中，尤其是省级培训机会。并且，参与 3 次以上的机会大于农村初中。

（2）教师参加继续教育的理由

图 4 - 12 的数据显示，农村小学教师对参加继续教育的态度不够积极，在表达参加继续教育的理由时，上级要求、教学需要、自我提升是依次呈高到低递减的。认为是上级要求才进行培训的占 40%，而教学需要和自我提升的比例为 60%。其中自我提升的比例只有 20%。再看县城小学，基本是呈现递增趋势，51% 的教师认为参加继续教育主要是自我提升的需要。

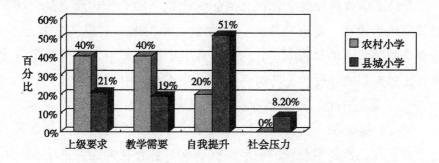

图 4 - 12　样本学校城乡小学教师参加继续教育的原因

因此，从对待继续教育的态度和接受继续教育的理由，可以明显地看出，县城小学教师的职业素养和自我学习的意识高于农村小学教师。

　　图 4 - 13 的数据显示，农村初中教师对参加继续教育的态度明显好于农村小学教师。在表达参加继续教育的理由时，上级要求、教学需要、自我提升依次呈低到高递增趋势，认为是上级要求才参加培训的占 18%，稍高于县城初中教师的比例，而教学需要和自我提升的总比例为 79%，其中自我提升的比例达 52%。再看县城小学，基本也是呈递增趋势，84% 的教师认为参加继续教育主要是教学和自我提升的需要，教学需要所占比例大于农村初中教师，但自我提升的比例却小于农村初中教师。

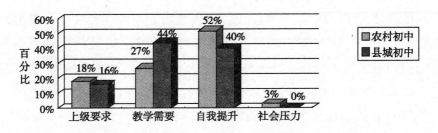

图 4 - 13　样本学校城乡初中教师参加继续教育的原因

　　因此，从对待继续教育的态度和接受继续教育的理由来看，南昌县农村初中教师的素质在逐渐提升，自我学习意识在加强，城乡初中师资队伍的差距低于城乡小学师资队伍。

　　（3）教师对继续教育的看法

　　农村小学教师对继续教育之类的深造机会的看法比较消极，60% 的教师认为没用，是形式主义，浪费精力和时间。觉得非常有意义，能提升教学水平的只占 6.7%。而在县城小学教师中，觉得非常有意义和比较有用能够使自己与时俱进的占到 42%，认为是形式主义的只占 25%，远低于农村小学教师的比例。

　　调查数据显示，这么大比例的教师认为继续深造之类的培训机会是形式主义，这说明教师的职后培养确实可能存在问题，没能充分有效地发挥其作用。但是继续教育是否有用更取决于教师的学习态度和求知欲。如果自身抱着没用的消极态度参加培训，确实很难学到真东西。

农村初中教师对参加继续教育的态度明显好于农村小学教师。城乡初中教师对继续教育之类的深造机会的态度基本一致，将近67%的教师认为继续教育有用，能学到知识。而认为培训是形式主义的，农村初中教师比例高于县城初中教师。

（4）教师平时阅读的时间

一个教师的阅读史就是他的成长史。教师的自我提升除了一线教学中的经验积累和职后的培训，还有就是自己业余时间的阅读情况。"书是人类进步的阶梯"，"读书破万卷，下笔如有神"，说的都是书籍带给我们的益处。读书也是一个教师自我修养的体现。

我们在问卷调查中发现，南昌县教师整体的课后阅读情况都不很理想。大多数农村小学教师很少阅读，即使看书也是小说之类，很少涉及专业相关的书籍。有些老教师表示教了这么多年，都烂熟于心，不需要看。选择一周1—5小时阅读时间的最多。县城小学教师选择1—5小时的比例也很大，但是6—10小时和11—15小时的教师明显比农村多。县城初中教师大多有阅读习惯，一般集中在11—15小时或15小时以上。

8. 教师的职业满意度

教师对职业的满意程度受多种因素的影响。对自身职业的满意度很大程度上影响着他们继续从教的决心，以及对教育事业的热爱和付出程度，也决定着师资队伍的稳定性。

根据问卷调查结果，我们发现城乡小学教师对教师职业很满意和较满意的比例差不多，但县城小学认为一般的教师也占了很大一部分，在"很不满意"这一选项中，农村小学教师的比例远大于县城小学教师，说明农村小学教师对自身工作存在很大意见。在调查中还发现，初中教师的职业满意度城乡差距不大，满意度均较高。

9. 教师的收入和师资流动情况

为了更全面地了解教师的职业满意度问题，分析影响师资队伍稳定性的诸多因素，分析教师流动的原因，我们对教师的收入状况进行了调查。

（1）教师收入问题的调查分析

南昌县从实行阳光工资和绩效工资后，城乡工资统筹发放，同工同筹，基本工资的收入差距大大缩小，以 1000—2000 元/月为最多，其次是 2001—3000 元/月。在中学阶段，城乡教师的收入差距也不大，大多在 1000—2000 元/月，其次是 2000—3000 元/月。虽然南昌县城乡教师收入差距不大，但教师的收入处于偏低水平，大家对目前的工资都不是很满意。另外，据访谈调查，虽然城乡教师的基本工资差不多，但由于农村教师社会地位不高，在农村不受重视，因此没有其他额外收入。但县城学校的教师不一样，补课等收入是基本工资的 3—4 倍。这是导致农村师资不稳定的重要原因，不少教师选择考公务员或调入县城学校。

以下是样本学校教师对自己的收入与其他人员相比的满意程度：

表 4 - 14　　　　　样本学校城乡小学阶段师资队伍的收入满意度　　　　（％）

满意度 / 比较对象	很满意		较满意		一般		不满意		很不满意	
	城	乡	城	乡	城	乡	城	乡	城	乡
中层干部	2	4	12	16	23	45	43	28	20	7
其他学科教师	9	8	35	54	28	20	18	15	10	3
同职称教师	20	32	50	55	15	6	7	6	8	1
当地公务员	0	0	6	5	23	37	58	46	13	12

表 4 - 15　　　　　样本学校城乡初中阶段师资队伍的收入满意度　　　　（％）

满意度 / 比较对象	很满意		较满意		一般		不满意		很不满意	
	城	乡	城	乡	城	乡	城	乡	城	乡
中层干部	1	2	13	14	20	40	54	28	17	10
其他学科教师	9	8	35	54	28	20	18	15	10	3
同职称教师	20	32	50	55	15	6	7	6	8	1
当地公务员	0	0	6	5	23	37	58	46	13	12

我们从表 4 - 14 和表 4 - 15 的数据可以看出，无论小学教师还是初中教师，无论农村教师还是县城教师，对教师职业的满意度都不高，特别是和当地公务员和中层干部相比，认为实际相差很大。与同学科同职称教师相比还是觉得比较满意，原因在于教师工资是按国家标准来套的，大家相差不大。需要指出的是，县城教师的职业满意度

更低。原因在于农村经济较落后，大家工资水平都不高，没有落差感。但县城经济比较发达，教师之间、教育与干部之间、教师与公务员之间的对比差距就会明显。

（2）师资流动问题的调查分析

第一，关于工作调动意愿的调查结果。

表4–16　　　样本学校城乡教师工作调动意愿的调查结果

调动意愿 学校类别	很想	比较想	不想	根本不想
农村小学	41%	51%	0%	8%
县城小学	31%	49%	21%	1.2%
农村初中	47%	39%	17%	0%
县城初中	60%	36%	2%	2%

从表4–16的调查结果中，我们可以看出教师中想要调动的占绝大多数。尤其是农村小学，选择"很想"和"比较想"的教师高达92%。

为了进一步了解教师调动的动因，这里拟作进一步的分析。

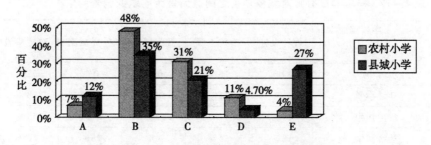

图4–14　样本学校城乡小学教师的调动意愿

注：A——工作条件好；B——待遇好的；C——气氛融洽，工作愉快；
D——解决夫妻和子女问题；E——有利于个人职业发展

由图4–14的数据分析得出，大部分教师最想调动到待遇好的，气氛融洽、工作愉快这两类学校。其实某种意义上说，待遇意味着物质条件，气氛融洽意味着精神环境。教师都想从物质和精神层面得到相应提升。图表中的数据显示，农村小学教师更注重待遇和气氛问题，而对于个人职业发展考虑得很少。相反，县城教师就比较注重个人的职业发展。因此，农村教师向城市的流动很大程度上是想提高自身的待遇和改善工作气氛。

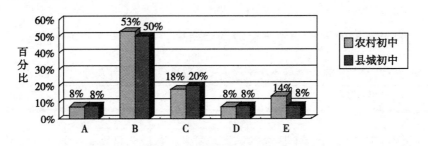

图4-15　样本学校城乡初中教师的调动意愿

注：A——工作条件好；B——待遇好；C——气氛融洽，工作愉快；

D——解决夫妻和子女问题；E——有利于个人职业发展

由图4-15的数据分析得出，初中阶段的教师大部分最想调动到待遇好的学校，其次才是气氛融洽与个人职业发展。城乡教师选择该项的比例几乎差不多。一般的教师都想调到待遇更好的学校。

第二，关于城乡学校之间最大差距问题的调查结果。

表4-17　样本学校教师对城乡学校之间最大差距问题的调查结果

学校差距　　学校类别	硬件设施	学校生源	教师水平	外界交流	教师待遇
农村小学	19%	16%	0%	0%	52%
县城小学	13%	41%	13%	4.7%	28%
农村初中	15%	17%	12%	4.5%	52%
县城初中	18%	24%	4%	28%	26%

表4-17的数据显示，对于"城乡学校之间最大差距"这一问题，农村教师近一半选择待遇问题，他们觉得城乡学校之间教师的待遇差距很大。县城学校虽然也有26.5%的教师选择待遇问题，但更多是关注学校生源和对外交流。在他们看来，县城中小学班级规模太大，而有些农村学校全校才几十个学生。与农村教师相比，县城中小学教师希望有更多的对外交流的机会，旨在获取新思想和新理念。

第三，关于教师所在学校师资存在最大问题的调查结果。

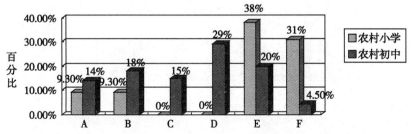

图4－16　样本学校农村教师关于所在学校师资存在问题的认识
说明：A——学历普遍不高；B——长期在一个学校工作，产生倦怠感；
C——教师缺乏后期自我学习意识；D——教师缺乏先进的教育理念；E——人
数不够，学科结构不合理；F——教师流动性太大

图4－16的数据显示，在接受问卷调查的农村小学教师中，普遍认为他们所在学校，学科结构不合理是最大问题。在接受问卷调查的4所农村学校，几乎都没有专门的音乐、体育、美术教师，一些信息技术、人文旅游课都是由主课老师兼教，有些学校甚至没有专业的英语教师，或者英语教师也不是毕业于英语专业。其次，由于农村学校教学环境和个人职业发展前途不理想等原因，教师流动性很大。而农村中学教师认为这些问题都存在，尤其是教师缺乏先进的教育理念，教师年龄结构老龄化。

第四，关于城乡师资发展非均衡性问题的调查结果。

图4－17的数据显示，52%的农村小学教师和39%的农村初中教师认为"城乡教师非均衡性发展问题很普遍，短期内无法解决"；认为问题"已经非常严峻，政府必须加大调整力度"的分别占36%和42%；认为"有差距但不是很明显"以及这是必然的，根本没办法解决"占的比例很小。说明教师们都意识到城乡师资队伍的非均衡性发展问题，但对解决这个问题还是有信心，认为非均衡性发展问题会逐步得到改善。

图4－18数据显示，县城教师27%和50%的认为"城乡教师非均衡性发展问题很普遍，短期内无法解决"；认为"已经非常严峻，政府必须加大调整力度"的占45%和30%；认为"有差距但不是很

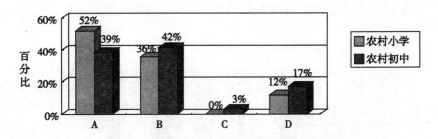

图4－17　样本学校农村教师关于城乡师资非均衡性的看法

说明：A——很普遍，短期内无法解决；B——已经非常严峻，政府必须加大调整力度；C——有差距，但是不很明显；D——这是必然的，根本没办法消除

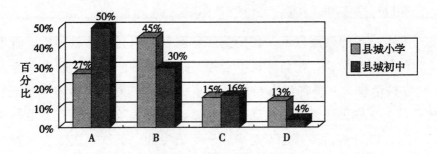

图4－18　样本学校县城教师关于城乡师资非均衡性的看法

说明：A——很普遍，短期内无法解决；B——已经非常严峻，政府必须加大调整力度；C——有差距，但是不很明显；D——这是必然的，根本没办法消除

明显""以及这是必然的，根本没办法解决"占的比例也很小。从以上数据我们可以看出，教师们都有意识到城乡师资队伍的非均衡性发展问题，并且认为这个问题比较严重，亟待解决。

四　南昌县城乡义务教育师资队伍非均衡问题的原因分析

从对南昌县师资队伍的整体和样本学校相结合的综合分析，可以看出县域内义务教育阶段师资队伍的非均衡问题，导致该问题的原因来自多个方面，包括师资管理、经济发展、相关政策等。

(一) 经济发展的差异

南昌县属于南昌经济发展中等偏上水平的县市，财政水平无法满足短时期内均衡发展县区和农村地区。教育是社会的一个重要部分，在城乡二元结构发展影响下教育也形成了二元结构。教育的投入制度上实行"各级政府分担，经费省级统筹，管理以县为主"，有限的资金主要投入县城学校。县城学校的硬件设施、教学环境、教师培训和教师待遇都远优于农村学校。在这种情况下，优秀毕业生和农村优质教师自然都会流向县城教育环境更好、发展前途更佳的学校，这也造成师资的不合理流动。城乡教师的学历结构、职称结构和在职培训都存在较大的差距。

(二) 教师管理制度的偏差

由于中国的特殊国情，一直坚持"先富一部分，再带动其他地区发展"的政策，因此当县域无法同时保证县城和农村两地的优质师资时，就会优先将优质的师资力量分配到县城学校，分配到重点学校，这些教师不仅包括优秀的高学历毕业生也包括农村的一些骨干中青年教师，这样本身师资就缺乏的农村学校，优秀教师就显得更加凤毛麟角。以县为主的管理体制，使县级单位掌握义务教育管理权，这些教育部门对教师资源的合理分配缺乏科学的规划，没有采取有效的鼓励性政策缩小城乡师资的差距。税费改革后，教育费附加等被取消，使得县级政府的教育支出加重，严格限定教师编制，减少农村教师人数就成为减少教育开支的有效办法。在人事制度上，教师的编制、职称名额、晋升机会、培训机会、工资待遇等，教育局都向县城教师倾斜，没有附加的政策吸引大学毕业生和县城优质教师向农村流动，这势必使得农村教师数量不足、质量偏低。[1]

---

① 李慧勤、刘虹：《县域间义务教育均衡发展的影响因素及对策思考》，《教育研究》2012 年第 6 期。

（三）政策制度的不健全

教育事业的发展和教育政策制度的实施有着密切的关系。教育部门的政策偏差很可能导致教育的失衡。第一，教育资源向县城学校倾斜，直接体现在财政和师资分配问题上。重点中学制度将学校区分为好、中、差几等，随着经济条件的改善和对子女教育的重视，人们都选择去重点学校，农村学校生源减少，发展缓慢，教师地位低，自然无法吸引优质教师。第二，各级教育行政部门把控教师人事调配权，校长没有实质权利，教师聘任制流于形式，部分县城中小学教师的编制超过预期，而广大农村中小学教师的编制明显不足。第三，关于教师流动的法制不健全。缺乏专门的法律文件来规范教师的流动行为，即使有相关法律涉及，但操作性不强，漏洞比较多，很难真正实行。第四，教师考核不够严格。师德与业绩是表明教师工作质量的关键。只有严格把控和切实做到严格教师考核，才能做到有效提高师资水平。

（四）城乡学校条件差距明显

南昌县农村学校和县城学校师生比差距很大，该县农村最偏远的一所小学才60余名学生，县城学校小学一个班最少65人，最多的有80多人。学校生源不好，学校的建设和硬件设施自然跟不上去，农村教师的福利和待遇更是无法提高。造成这种现状的原因在于人们对农村教育不满意，对农村教师不信任。随着农村经济的发展，城市化进程加速，很多家长都舍得花钱让子女到县城学校学习，造成县城学校生源激增，而农村生源锐减。加之农村教师的社会地位、经济待遇及其他条件与城区学校教师相比都较低，因而优质教师自然就偏少。

五　促进南昌县城乡义务教育师资队伍均衡发展的建议

基于对南昌县义务教育阶段整体和样本学校的调查和对该县师资

队伍非均衡发展的原因分析，同时借鉴已有的研究成果和实践探索经验，这里拟就促进南昌县城乡义务教育师资队伍的均衡发展提出对策建议。

（一）缩小城乡教师收入差距，帮助农村学校稳定和吸引优质师资

优质师资不均衡的主要原因在于教师的社会地位、工资待遇和工作条件差距较大。当一个教师有了社会地位，有了收入保障，有了发展和进步的空间，他们才会投入教育工作，才能安心教学，才能留守乡村。只有深刻地认识到这一点，才能真正找到有效解决师资配置非均衡问题的办法。提高贫困地区教师的工资待遇，缓解不合理单向流动趋势，是促进城乡义务教育均衡发展的首要措施。就南昌县而言，城乡教师的基本工资差距其实不大，但教师的总体收入却有明显的差距。由于城乡之间各种因素所导致的区域经济差异不可避免，因此城乡教师之间的收入差距也可以理解，但是如果差距过大，加上教学环境和后期发展等诸多考虑因素，很可能造成师资非良性流动，不利于教师队伍的稳定，影响教师资源的均衡配置。[①] 在这个大背景下，自2009 年 1 月 1 日起，全国中小学对教师实行绩效工资。这一举措是贯彻新修订的《义务教育法》的具体体现，为义务教育阶段教师资源均衡配置工作奠定了一定的基础。在教育投资体制上应变现行的地方负责、分级管理的教育投资体制为国家和省政府统筹的模式，加大国家和省区政府统筹的力度，扩大中央、省一级政府对教育的投资，由中央财政通过转移支付建立专项资金或由省级财政承担教师收入等方式保证教师工资的来源，减少区县政府财政实力对教师收入的影响。另一方面，可以适当运用利益导向作为手段来吸引优秀师范毕业生及城市学校的骨干教师。据了解，城市学校职称评定非常困难，工作压力也很大，而农村教师流向城市一是因为有人在县城买了房，上班来回不方便，二是希望自己的子女能接受更优质的教育。如果能对农村学

---

① 赵国君：《欠发达县域基础教育师资配置问题研究——基于河南省 S 县的个案分析》，硕士学位论文，苏州大学，2008 年。

校教师给予一定的政策倾斜，也许可以吸引一部分骨干教师，并且留住农村优质师资。县政府可以考虑依据地理位置、偏远程度、硬件设施、校园环境等诸多因素，将该区域内的学校进行划分，随其偏远和落后的程度给予相应的递增扶植力度，比如给予直接经济津贴，提供免费住房，缩短职称评定时间，提供更多职称指标和培训机会。这些措施可以促进师资双向流动，带动农村学校建设，缩小城乡教师发展的非均衡性。

（二）建立一体化的教师管理制度，打破城乡教师不平等待遇

1. 取消城乡教师编制的层级化，统一由市级管理

要缩小城乡教师的差距，实现师资均衡发展，就要从制度上打破城乡教师的层次划分，城乡所有教师都享有同等的编制，即城乡编制。在编制管理上，要对所有教师公平公正，取消对农村教师的歧视和一切不平等待遇，享有同等的培训和交流权利。同时，由于县级部门管理的相对落后性，对教师的管理可以打破县级层面，上升到市级层面，在更大范围内建立对教师实行统一的高层次的管理体系。好的管理才能培养出优秀的教师。[①]

2. 增加农村教师编制，清除不在岗教师

从对南昌县的调查结果来看，该县教师整体超编，但同时实际教师缺额也十分明显。因此相关政府和教育部门一定要深入调查，实事求是。一是学校教师编制核定要严格，确保数据真实可靠。要综合考虑学校班级数、师生比、地域差别等因素，实行动态管理，切不可僵化套用。在确定教师编制数量上还应考虑课程的安排和门类，保证学校课程门类丰富，配备相应专业的教师，重视学科结构的分布。二是对目前的编制进行严格清理，严查学校"在编不在岗"现象，消除学校编制的隐形浪费，腾出宝贵的教师编制，优先向农村学校提供新教师编制。

----

① 邓银成：《教育公平与教育的社会分层交流功能》，《教育研究与实验》2012 年第3 期。

3. 建立新的农村教师补充机制

从对南昌县整体和样本学校的调查数据可以看出，农村教师老龄化现象比较严重，必须引进年轻教师，以达到师资队伍年龄结构的合理化。这就需要县政府和教育部门通过调查，根据实际需求拟定各学校需要的各个学科的教师人数和编制数量。首先可以从学校内部着手，通过一些适当的补偿政策，让一部分老教师提前退休，这样就能空出一部分教师编制，加上根据实际情况适当调整增加教师编制数量，这样就有一定编制录用新教师。新教师的录用也可以采取多种方法选择需要的人才。比如师范类教师专场招聘会，招录优秀高校毕业生。此外结合各学校提出的对教师的专业和能力要求，发放一定编制指标，提前从师范院校招录适合条件的优秀毕业生，改善农村师资结构。①

4. 加强城乡教师交流，实现无阻碍流动

城乡之间教师的合理流动是必须的。长期在一个地方从教时间太久容易产生倦怠感，教师也无法获得教学上的交流和新体验。农村教师与城市教师的交流合作，互相吸取经验，这是缓解城乡差距，实现师资均衡的好办法。一方面，对农村教师来说，有机会到城市学校听课交流，可以吸收城市教师先进的教学理念和灵活的教学方法。对城市教师而言，适当的交流除了对自身教学有帮助外，更重要的是能了解农村孩子的需要，帮助农村教师解决实际问题。要加强教师流动的制度化建设，实现教师等教育资源城乡共享，农村教师可以申请来城市学校学习，城市的教师也可以主动去农村教学，真正实现校际之间无阻碍流动。可以对自动进行交流的教师给予一定的奖励，对于自愿到农村从教的城市教师更要给予经济和职称晋升的优惠政策。②

（三）完善各项政策制度，确保执行落实到位

1. 强化中心小学建设，稳定农村教师队伍

由于南昌县"点多面广"，地域面积大，村庄布局分散。以前很

---

① 阮筱棋：《我国义务教育均衡发展研究》，硕士学位论文，湖南科技大学，2009 年。

② 贾文华：《农村中小学教师角色认同、工作投入及其关系研究》，《教育研究与实验》2012 年第 3 期。

多农村学校以村庄为单位设立学校，不但造成师资的浪费，更不利于稳定师资队伍。因此，建议可以将几个周边的村庄的小型学校取消，只在村庄设立针对低年级的小学生的教学点，而在几个周边村庄选定一个中心地点，建立中心学校。这些学生1—3年级就近在教学点上学，等到高年级转至中心小学。这样，学生就学方便，又不浪费师资。更为重要的是，在选择村庄的教学点的教师上，完全可以选取本地的大专毕业生，提供一定经济补偿，这些大专毕业生家是农村当地的，生活成本低，有家人在身边，就愿意留在当地工作生活，师资稳定性高。反之，要是不就地取材，农村微薄的工资，生活成本负担重，加之生活环境差，学校很难留住教师。此外，中心小学要强化师资建设，加强跟城市学校的交流与合作，提供定期的多样化培训，将培训的考核结果与绩效工资和职位晋升相关联。要稳定农村教学点的师资，扩充中心学校生源，提高中心学校教师待遇，加速培养师资，尽快缩小与城市学校师资的差距。

2. 改善农村教师福利，满足教师合理需求

福利是教师除国家规定收入的额外优惠待遇，与教学业绩没有直接联系。江西自实行绩效工资以来，取消了很多福利。尤其是农村学校，本来政府财政补贴不足，学校生源不如城市学校，福利待遇差距大。在与教师访谈中，很多教师表示其实他们不是不肯待在农村学校，家在农村，上班也挺方便。但是福利太差，心理不平衡。其实农村学校也可以根据自身的特点改善教师的福利待遇。如在教师节和春节，县领导组织队伍亲自去学校发放小礼品，并组织文艺演出，与教师深切交谈，知道农村教师到底最需要什么，农村教育在一线到底有什么问题。这样既形成良好的交流，又让教师觉得关怀备至，自我满足感和尊重感上升，对职业的满意度和热爱感也会得到很大提升。①

（四）严把教师考核关卡，提高农村教师培训质量

首先，要改革教师考核评定标准，类似于新课标中对学生学习评

---

① 姜金秋：《西部农村学校教师的供求与激励》，《教师教育研究》2012年第1期。

价要注重三维性，从终结性评价逐渐转向形成性评价。对教师的评价也要全面，教学业绩只能作为对教师评价的一个方面，教师的职业道德、文化修养、合作精神等平时工作表现也要作为参考依据。[①] 结合教师基本素质以及工作过程表现才是最全面的。学校领导、学生家长、学生、其他同事以及教师自身都是参与评价的主体，他评与自评相结合。其次，要抓好教师的县本和校本的培训。农村教师觉得完全不适用于农村教育，大多是针对条件和设施比较好的城市学校。那么就应多开展针对农村当地的校本培训。此外，教师入职上要严把质量关，公正客观的审核教师相关水平。在城乡间建立一体化的师资建设制度，把城乡教师招聘、培训、晋升、考核一体化，用一个标准在县域内统一进行。[②]

附录一　南昌县城乡义务教育师资队伍调查问卷

尊敬的老师：

您好！

非常感谢您在百忙中抽出宝贵的时间回答我的调查问卷！该问卷的目的是为了真实反映常年在教育一线的教师们的生活现状、工作情况以及内心感受。本人将对您的回答严格保密，相关信息只用于论文的数据分析，不会对您产生任何负面影响。衷心感谢您对调查的支持与参与！

第一部分　基本情况

1. 您的性别是：A. 男　　B. 女

2. 您的年龄：A. 20—30 周岁　B. 31—40 周岁　C. 41—50 周岁 D. 51 周岁及以上

3. 截至 2012 年 11 月，您的教龄为：

A. 1—5 年　B. 6—10 年　C. 11—15 年　D. 16—20 年　E. 21 年及以上

---

① 张旺：《城乡教育一体化：教育公平的时代诉求》，《教育研究》2012 年第 8 期。

② 杨令平、司晓宏：《西部县域义务教育均衡发展现状调研报告》，《教育研究》2012 年第 4 期。

4. 目前您所任教的学校属于：

A. 农村中学　B. 农村小学　C. 城市中学　D. 城市小学

5. 您一周要上几节课？

A. 12 节以下　B. 13—18 节　C. 19 节及以上

6. 您任教的科目是＿＿＿＿＿＿

7. 您参加工作时的学历是：

A. 中师（含高中、中专）　　　B. 专科　　C. 本科　D. 本科以上

8. 您的第一学历取得的学校类型是：

A. 普通中专　　　B. 普通大专　　C. 普通师范院校

D. 非师范院校　　　E. 重点师范院校

9. 您的第一学历所学专业为：＿＿＿＿＿＿

10. 您目前的学历是：

A. 硕士　B. 本科　C. 专科　D. 中师（含高中、中专）

11. 您的最高学历取得的学校类型是：

A. 普通中专　B. 普通大专　C. 普通师范学校　D. 普通非师范类综合学校　E. 重点师范院校　F. 重点综合大学　G. 普通高校的成人教育院系　H. 其他院校

12. 您的最高学历所学专业为：＿＿＿＿＿＿

13. 您目前取得的专业技术职称是：

A. 小教高级　B. 小教一级　C. 小教二级　D. 小教三级　E. 中教高级　F. 中教一级　G. 中教二级　H. 中教三级　I. 未评职称

14. 您是哪一级的骨干教师？

A. 校级　B. 镇乡级　C. 区级　D. 市级　E. 省级　F. 国家级　G. 暂无

15. 您在教学方面取得过哪一级优质课？

A. 校级　B. 镇乡级　C. 区级　D. 市级　E. 省级　F. 国家级　G. 暂无

16. 您发表过何种级别的论文？

A. 区级　　　B. 市级　　　C. 省级　　　D. 国家级　　　E. 暂无

17. 您承担过何种级别的课题？

A. 区级　　　B. 市级　　　C. 省级　　　D. 国家级　　　E. 暂无

18. 您参与编写过何种级别的教科书？

A. 区级　　　B. 市级　　　C. 省级　　　D. 国家级　　　E. 暂无

第二部分　进修培训

1. 入职后，您是否参加过教育培训？

A. 有（继续答题）　　　　　B. 没有（跳转至3）

2. 您参加过哪个级别的教育培训？

A. 乡（镇）　　　B. 区级　　　C. 市级　　　D. 省级

3. 您平均每年参加各种形式的培训次数是：

A. 1次　　　B. 2次　　　C. 3次　　　D. 3次以上

4. 您自己是否想参加继续教育？

A. 是（继续答题）　　　　　B. 否（跳转至7）

5. 您想参加继续教育的理由是：

A. 上级要求　B. 教学工作需要　C. 自我提升需要　D. 社会总体压力

6. 您认为继续教育的最大作用是：

A. 提高教学水平　B. 提升自我修养　C. 岗位晋升快　D. 社会地位提高

7. 您不想参加继续教育的理由是：（可多选）

A. 感觉没必要，现在知识可以把书教好　B. 没有多余可支付教育的费用

C. 年纪大了，家庭琐事繁多，没有精力　D. 继续教育都是形式，学不到真东西

8. 您怎么看待继续教育之类的深造机会？

A. 非常有意义，能提升教学水平　B. 比较有用，能够使自己更与时俱进

C. 一般，自己用心点，能学到点知识　D. 没用，都是形式主义，浪费精力和金钱

9. 您平时一般一周花多少小时阅读？

A. 1—5 小时　B. 6—10 小时　C. 11—15 小时　D. 15 小时以上
E. 几乎不阅读

第三部分　职业满意度

1. 您对目前的工作是否满意？

A. 很满意　　　B. 较满意　　C. 一般　　D. 不满意　　E. 很不满意

2. 您认为制约自己专业发展的主要因素是：（可多选）

A. 身处农村学校，工作环境和教学条件不好　　B. 学生素质不高，学习积极性低下

C. 同事之间教学交流少，也缺乏高级教师的专业指导　D. 学校管理不合理

E. 教学工作太忙，没有精力和时间　F. 家庭需要照顾，没有多余精力和时间

G. 自己觉得没意义，提不起劲　H. 其他，如_____

3. 您对现在的教师职业感兴趣吗？

A. 感兴趣（继续答题）　　　　B. 不感兴趣（跳转至第 4 题）

4. 您感兴趣的理由是：（可多选）

A. 教师职业社会地位高　B. 教师工作稳定，有寒暑假

C. 收入高　　　　　　　D. 热爱教师工作，喜欢和学生在一起

E. 可以学到很多知识，丰富和提升自己　　F. 其他，如_____

5. 您不感兴趣的原因是：（可多选）

A. 感觉无用武之地，大材小用　　B. 没有培训或继续深造的机会

C. 缺乏晋升机会　　　　　　　　D. 收入不合理

E. 本来就对教师职业不感兴趣　　F. 学生水平不高，学习积极性低下

G. 学校管理不合理，环境不好　　H. 其他，如_____

6. 贵校对教师的评价标准主要是：（可多选）

A. 学生的考试成绩　　　　　　B. 教师受学生欢迎的程度

C. 教师的科研能力及成绩　　　D. 领导说了算

E. 其它，如_____

7. 您觉得怎样才能真正调动教师的积极性，提升教师职业满意度？（可多选）

A. 提高收入水平，尤其是农村偏远学校　B. 给予更多晋升机会

C. 多提供培训机会　D. 解决子女就学就业问题

E. 合理管理学校，提高学校教育环境　F. 其他，请予以补充

8. 如果还有选择的机会，您还愿意当教师吗？

A. 会　B. 看情况　C. 不会　D. 绝对不会

第四部分　收入和师资流动

1. 目前您的月收入是：_____元

2. 与下列人员收入水平相比，您的感受如何？（请在答案的序号上画√）

比较对象	很满意	较满意	一般	不满意	很不满意	说不清楚
中层干部	5	4	3	2	1	0
其他学科教师	5	4	3	2	1	0
同职称教师	5	4	3	2	1	0
本地公务员	5	4	3	2	1	0

3. 您收入的来源主要是：（可多选）

A. 工资　B. 奖金　C. 课时津贴　D. 福利　E. 家教　F. 兼职
G. 隐形收入

4. 您的工资是否能按时足额领取：

A. 按时且足额　B. 按时但是不足额　C. 不按时，足额　D. 不按时，不足额

5. 您想调动工作吗？

A. 很想　　　B. 偶尔想　　　C. 不想　　　D. 根本不想

6. 如果您想调动且有机会，您最想调到哪种学校？

A. 工作条件好的　　　　B. 待遇高的

C. 气氛融洽，工作愉快的　　D. 能解决夫妻和子女问题的

E. 有利于个人职业发展的

7. 您想调动的客观原因是什么？（可多选）

A. 工作压力大　B. 社会地位不高　C. 人际关系不融洽　D. 工资待遇差　E. 子女入学或就业环境差　F. 教育环境差，信息闭塞 G. 其他，如_____

8. 您想调动的主观原因是什么？（可多选）

A. 寻求一个更大的发展空间，实现自己的人生价值　B. 看见别的老师能调动

C. 离家太远，不好照顾家庭　　　　　D. 同事、领导关系不好

E. 其他，如_____

9. 你认为教师之所以希望从乡镇以下的学校调进县城或大城市，最主要的原因是：

A. 城市老师待遇更好　　　　　B. 城市老师社会地位更高

C. 农村教育环境比较差　　　　D. 农村教师的培训机会比城里少

E. 农村教师自我上升空间不大　　　F. 农村学生难教

G. 其他，如_____

10. 您认为您所在的学校，教师愿意留在该校任教的最主要原因是：

A. 工作稳定　B. 作为谋生手段

C. 教师社会地位高，受人尊敬　D. 喜欢教师职业，作为自我实现的手段

E. 家庭因素　F. 社会就业压力大

11. 如果实行城乡教师轮校任教制度，规定每个教师必须到城乡学校轮流任教几年，你赞成吗？

A. 非常赞成　B. 赞成，但不可能或很难实现　C. 不赞成

D. 这是不可能的

12. 您认为城乡学校之间最大的差距是什么？

A. 学校的硬件设施　　　　　B. 学校生源　　　C. 教师水平

D. 与外界的交流（信息）　　E. 教师待遇

13. 您认为您所在的学校的师资存在的最大问题是

A. 学历普遍不高　　　　　B. 长期在一个学校工作，产生倦怠感

C. 教师缺乏后期自我学习意识　　　D. 教师缺乏先进的教育理念

E. 人数不够，学科结构不合理　　F. 教师流动性太大

14. 您认为城镇教师和农村教师最大的差别是：

A. 专业知识和素养　　B. 教育理念　　C. 接受新信息的渠道

D. 工资待遇　　E. 学历水平　　F. 教学方法和手段

G. 个人品质

15. 就您对目前城乡师资队伍的了解，您对于城乡之间师资发展的非均衡性怎么看？

A. 很普遍，短期内无法解决　　B. 已经非常严峻，政府必须加大调整力度

C. 有差距，但是不很明显　　D. 这是必然的，根本没办法消除

16. 你认为采用下列哪2项措施更有利于吸引教师到乡镇以下的乡村校任教：

A. 对在乡镇以下学校教师实行专项"乡村教师岗位津贴"，并且越偏的学校津贴越高

B. 对长期坚持在乡镇学校工作的教师实行"乡村教师定期离职带薪免费进修"

C. 乡村教师比县城的教师更容易得到表彰奖励和职称晋升

D. 加大投入改善乡村学校的办学条件

E. 参展日本的教育政策，实行教师定期轮换政策

F. 制定城乡教师定期交流制度

G. 国家制定相关政策，输送大学生到乡镇中学支教

附录二　访谈提纲

一、针对南昌县教体局行政工作人员的访谈提纲

1. 教育发展的基本情况（含师生比，教学水平等）。

2. 教师队伍的基本情况（含教师人数、学生男女比例、师生比等）。

3. 师资配置情况（含教师的年龄结构、学历结构、职称结构、骨干教师情况等）。

4. 师资队伍发展对教育工作的影响。

5. 对更为有效的缩小城乡教师差距的建议。

6. 对如何合理发展师资队伍的政策性措施。

7. 对发展当地教育，解决当地教育问题的经验和已有成效。

二、针对样本学校领导的访谈提纲

1. 学校的基本情况。

2. 教师的基本情况。

3. 教师工资及福利。

4. 教师流动的基本情况。

5. 教师流动对学校发展的影响。

三、针对样本普通教师的访谈提纲

1. 您目前的职称是什么？您觉得职称聘任容易吗？

2. 您所在的学校有教师兼职或补课的情况吗？您有课外补课吗？

3. 您平时阅读吗？一般阅读多长时间一周？

4. 您有进修培训的机会吗？您怎么看待这些培训的？

5. 觉得培训或者和县城老师的互相听课活动成效怎么样？

6. 您觉得目前的经济待遇和社会地位情况怎么样？

7. 您所在学校的流动性大吗？一般是什么流动趋势？

8. 您平时上课使用多媒体吗？

9. 您平时和学生的关系怎么样？你觉得您的学生观是什么？

注：访谈提纲所罗列的是访谈的要点问题，具体提问和对问题的延伸性拓展，是根据当时的具体情况做出适时的调整和细微改动。

（执笔：刘琳；指导：何齐宗）

第五章

小学特级教师的学生观的调查与思考

教师的学生观是教师教育观念的重要内容，对教师的教学态度和教学行为起着指导作用，不同的学生观会带来不同的教育教学效果。特级教师是我国教师队伍中一个特殊的优秀群体，研究他们的学生观对于提升教师的教育理念具有重要的启示和借鉴意义。

一 调查的对象与方法

（一）调查的对象

江西省自 1980 年评选特级教师以来，共表彰过六批特级教师。具体情况是：1980 年 31 人、1991 年 96 人、1999 年 101 人、2005 年 90 人、2007 年 151 人、2011 年 233 人，总计 702 人。从总体上看，特级教师入选人数呈阶梯式增长。由于退休、工作调动等原因，江西省在岗特级教师的数量也在发生着变化。为了全面了解小学特级教师学生观的具体情况，有必要对小学在岗特级教师进行实际调查。在本研究中，笔者选取江西省小学在岗特级教师作为研究对象。同时，我们还随机选取其他方面情况相当的小学普通教师作为调查对象，以便与特级教师进行比较分析。

1. 小学特级教师的基本情况

表 5 - 1 　　　　　　　　调查对象的性别分布

性别	男性	女性	总数
人数（人）	12	56	68
百分比（%）	18	82	100

据随机抽取的特级教师样本发现，小学特级教师的男女比例差别较大，女性占总人数的82%，而男性仅占18%。

表5－2　　　　　　　　　　　　调查对象的地区分布

地　区	赣州	宜春	南昌	吉安	抚州	九江	上饶	新余	萍乡	鹰潭	景德镇	总计
人数（人）	14	12	7	7	7	6	5	3	3	2	2	68
百分比（%）	21	19	10	10	10	9	7	4	4	3	3	100

本次调查的68位小学特级教师分布在江西省的11个地级市。表5－2显示，赣州人数最多，为14人；宜春次之，12人；南昌、吉安、抚州各7人；九江6人；上饶5人；新余、萍乡各3人；鹰潭与景德镇各2人。

表5－3　　　　　　　　　　　　调查对象的学科分布

学科	语文	数学	外语	其它	总数
人数（人）	37	25	3	3	68
百分比（%）	55	37	4	4	100

注："其他学科"分别为科学、音乐、特殊教育。

表5－3显示，调查对象中语文学科最多，为37人，占总人数的55%；数学学科次之，为25人，占37%，英语仅占4%；其它学科分别为科学、音乐和特殊教育学科，占4%。从全省的情况来看，也呈现了语文学科特级教师人数最多，数学其次的特点。截至2011年年底，江西省全学段的在职特级教师中，语文学科的人数占总人数的28.8%，数学学科人数占23.8%，外语占9.7%。

表5－4　　　　　　　　　　　　调查对象的年龄分布

年龄	30—35周岁	36—40周岁	41—45周岁	46—50周岁	51—55周岁	56—60周岁	61—65周岁	总数
人数（人）	1	12	37	11	4	1	2	68
百分比（%）	1	18	55	16	6	1	3	100

在调查对象中，年龄最大者为63周岁，最小的为34周岁；特级

教师的主体分布在41—45周岁的年龄段，占总人数的55%；36—40周岁年龄段人数居第二位，占总人数的18%；46—50周岁的人数占16%；36—50周岁的教师占89%。可见，中青年教师是特级教师队伍中的主力军。

表5-5　　　　　　　　　　　**调查对象的教龄分布**

教龄（年）	16—20	21—25	26—30	31—35	36—40	41—45	总数
人数（人）	8	32	16	9	2	1	68
百分比（%）	12	47	24	13	3	1	100

在调查对象中，教龄最长的为41年，最短的为17年；主体是教龄21—25年，占总人数的47%；26—30年教龄的16人，占总人数的24%；31—35年教龄的人数占总人数的13%；21—30年教龄人数的比例最大。可见特级教师大多是教龄长达20年之久的教师。

表5-6　　　　　　　　　　　**调查对象的学历分布**

	第一学历（人）	百分比（%）	最终学历（人）	百分比（%）
初中	1	1	0	0
高中或中专	62	92	2	3
大专	4	6	10	15
本科	1	1	54	79
硕士及以上	0	0	2	3
总计	68	100	68	100

表5-6显示，第一学历为高中或中专的教师数量最多，比例高达92%，大专为6%；在最终学历中，本科学历人数最多，比例达79%；大专次之，为15%；硕士学历教师为2人。可见，特级教师非常注重学历的提高和素养的提升。根据调查发现，特级教师获取最终学历的方式最多的是函授或电大，人数为49人；其余19人是通过自学考试的方式获取了最终学历。

通过对江西省小学特级教师的抽样调查，笔者得出以下结论：一是男女教师比例差别较大，女性明显多于男性；二是特级教师人数分布在全省的11个地区，具有代表性，能体现江西省小学特级教师的

特点；三是语文、数学学科的特级教师人数最多；四是年龄以 36—50
周岁居多，教龄大多在 20 年以上；五是特级教师都比较注重自身学
历的提高。

2. 小学普通教师的基本情况

笔者随机抽取的 68 名小高职称的普通教师，其教龄、职称、学
历等都与特级教师相当，详情见表 5 - 7 与图 5 - 1。

表 5 - 7　　　　　　　　　　调查对象的基本情况

项　目		人数（人）	占总数比例（%）
性别	男	17	25
	女	51	75
年龄	30—35	14	21
	36—40	17	25
	41—45	28	41
	46—50	6	9
	51—55	2	3
	56—60	1	1
教龄	10—15	14	21
	16—20	9	13
	21—25	32	47
	26—30	8	12
	31—35	4	6
	36 年以上	1	1
职称	小学高级	50	74
	小学特高	18	26
学科	语文	31	46
	数学	20	29
	英语	2	3
	其它	15	22
第一学历	高中或中专	47	69
	大专	15	22
	本科	5	8
	研究生	1	1

续表

项　目		人数（人）	占总数比例（％）
最终学历	高中或中专	1	1
	大专	16	24
	本科	50	74
	研究生	1	1

注："其他学科"为：体育6名、美术5名、音乐2名、科学和信息技术各1名

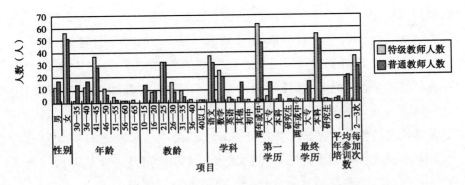

图 5-1　特级教师与普通教师基本情况

（二）调查的方法

由于研究对象分布在不同地区，考虑到人员的零散性，自2013年10月至2013年11月，笔者通过电话确认及邮件往来的方式发放问卷。通过电话确认，以邮件的形式发放问卷83份，回收问卷68份，回收率82％，有效问卷100％。笔者设计的《江西省小学特级教师学生观调查问卷》分为六个维度：学生整体观、学生发展观、学生差异观、学生评价观、学生主体观、学生权利观，每个维度又分为若干具体方面。根据研究的需要，笔者随机抽取68名分布在江西省各市的小学普通教师，对这类教师的学生观也进行了问卷调查，以便与小学特级教师的学生观进行对比分析。

二　调查的结果与分析

（一）学生整体观

1. 对学生是"完整的人"的认识

调查结果显示，从教师所欣赏的学生类型可以看出（见图5－2），50%的特级教师倾向于"喜欢动脑思考，思维活跃的学生"；28%的特级教师倾向于欣赏"有个性，对事物有独特见解的学生"；16%的特级教师欣赏"善于合作，组织能力较强的学生"。而对于普通教师而言，44%的教师更倾向于"善于合作，组织能力较强的学生"；34%的教师欣赏"喜欢动脑思考，思维活跃的学生"；22%的教师选择"有个性，对事物有独特见解的学生"。特级教师与普通教师都没有选择"基础知识掌握扎实的学习尖子"。由此可以看出，两类教师都不是特别看重学生的学习成绩，他们更注重学生的思维、实践能力及个性的养成。相比普通教师而言，特级教师更注重学生思维能力的发展。

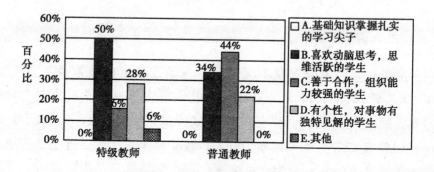

图5－2　您最欣赏的学生类型

2. 对学生全面发展的认识

从表5－8可以看出，83%的特级教师认为学生是否优秀应关注学生各方面的全面发展，13%的特级教师看重学生的思想品德，4%的特级教师看重学生的活动能力。与特级教师相比，普通教师关注学生各方面全面发展的人数比特级教师略少。但无论是特级教师还是普通教师，在对待学生全面发展这一问题上都一致认为，一位优秀的学生应该是全面发展的。

表 5 - 8　　　**您评判一个学生是否优秀时最看重的是哪方面?**

总人数（68人）	特级教师	选择比例（%）	普通教师	选择比例（%）
学习成绩	0	0	0	0
活动能力	3	4	4	6
思想品德	9	13	16	23
各方面全面发展	56	83	48	71

（3）对学生全方位评价的认识

表 5 - 9　　　**"每个学生都有其优点，有人考试不行但有**
其他智力与才能"，您认为此观点

总人数（68人）	特级教师	选择比例（%）	普通教师	选择比例（%）
合理	60	88	56	82
有点合理	7	10	10	15
不太合理	1	2	2	3
不合理	0	0	0	0

　　表 5 - 9 显示，特级教师与普通教师的选择并无太大差异。88%
的特级教师和82%的普通教师都认为每个学生都有各自的优点，即使
考试方面不如别人，但一定有其它的智力与才能。10%的特级教师和
15%的普通教师认为此观点有点合理，2%的特级教师和3%的普通教
师认为此观点不太合理。

（二）学生发展观

1. 对学生天性的认识

　　图 5 - 3 显示，44%的特级教师认为孩子天性善，55%的特级教师
认为孩子天性是中性的，需要后天的教育与培养，1%的教师对孩子的
天性没有清晰的认识；在普通教师中，34%认为孩子的天性善；65%认
为孩子的天性是中性的，需要后天的教育与培养。总体来看，在对待孩
子天性问题上，特级教师比普通教师表现出更乐观与积极的态度。

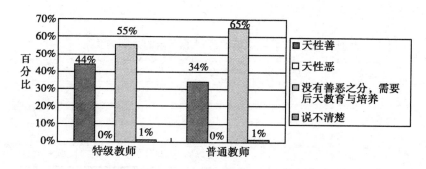

图5-3　你如何看待学生的天性？

2. 对学生发展潜能的认识

图5-4显示，认为"三岁看大，七岁看老"合理的特级教师人数占7%，认为有点合理的人数达50%，即57%的特级教师都认为此观点有道理。34%的特级教师认为此观点不太合理，9%的特级教师认为此观点不合理。而对于普通教师而言，21%的教师认为此观点合理，53%的教师认为有点合理，即74%的教师认为此观点有道理，只有16%的人认为此观点不太合理，10%的教师认为不合理。这说明，对于学生发展潜能的认识，普通教师与特级教师的整体表现都存在问题。而普通教师选择"合理"与"有点合理"的人数更高出特级教师17个百分点。

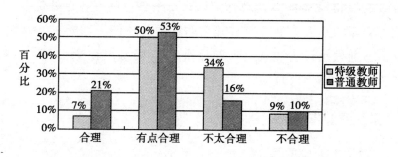

图5-4　您如何评价"三岁看小，七岁看老"的观点？

3. 对学生发展存在障碍的认识

对于"您在课内外是否帮助过学生克服学习中的焦虑、自卑等不良情绪？"这一问题，84%的特级教师选择了经常帮助，16%的教师选择了有时会帮助；66%的普通教师选择经常帮助，25%的教师选择有时帮助，9%的教师选择很少帮助。可见，在帮助学生克服发展中存在的障碍方面，特级教师与普通教师都表现出了积极的态度，而特级教师比普通教师表现得更为积极和主动。

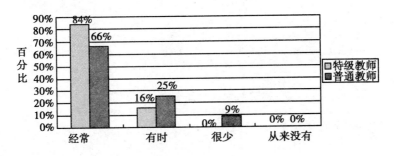

图5-5 您在课内外是否帮助过学生克服学习中的焦虑、自卑等不良情绪？

（三）学生差异观

1. 对"班级中学生个体差异"的认识

上述调查结果显示，58%的特级教师对班上学生之间的个体差异基本了解，31%的特级教师对班上学生之间的个体差异很了解，10%的特级教师仅了解少数学生的个体差异。这说明，特级教师大多承认学生之间的个体差异，对学生的差异有较好的了解。而普通教师群体中35%的教师仅了解少数学生，很了解与基本了解的人数也低于特级教师的人数。可见，与普通教师相比，特级教师更了解学生差异性。从调查中还发现，无论是普通教师还是特级教师，语文和数学教师对学生个体差异的了解要好于其他学科教师。这可能是由于这两科教师课时多，与学生接触时间多，而其他学科教师由于接触时间相对较少，对学生个体间差异了解就相对较少。

2. 对差异化教学方式的认识

特级教师针对"根据学生的差别调整教学内容和方式、选择不同的教学情境和学习资料"这一观点，有1%的特级教师认为为了统一进度不能这样做，27%的特级教师认为应该这样做并能够做到，72%的特级教师认为应该做但很难做到。对普通教师而言，1%的教师认为为了统一进度不能这样做，46%的教师认为应该这样做并能够做

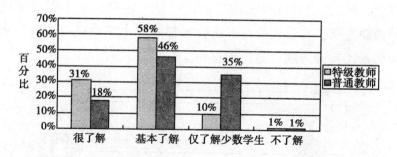

图 5 - 6　对班级学生之间个体差异的了解情况

到，53%的教师认为应该做但很难做到。（详见图 5 - 7）

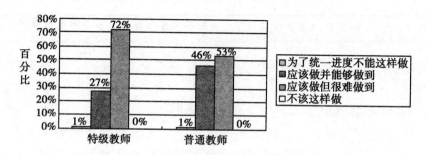

图 5 - 7　对"教师应根据学生的差别调整教学内容和方式、
选择不同的教学情境和学习资料"的态度

（四）学生评价观

1. 对"学生评价目的"的认识

从图 5 - 8 中可以看出，85%的特级教师认为考试分数是激励学生、改进其不足之处，促进学生潜能发展的依据，74%的普通教师也认同此观点；5%的特级教师认为考试分数是对学生学业水平进行区分，判定其好坏的依据；13%的普通教师认同此观点。在这个选项上，普通教师的人数多于特级教师。进一步调查发现，特级教师能更好地权衡考试分数对于学生评价的价值。而普通教师普遍存在着矛盾的心情：一方面，他们已认识到传统评价的弊端，想加以改变；另一方面，由于没有合适的评价方法，还有意无意地把学习成绩当作主要的评价手段。

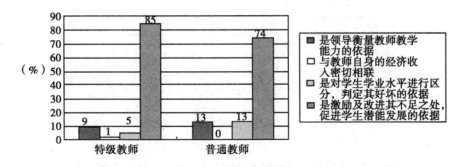

图 5 – 8　您认为学生考试分数的高低意味着什么?

2. 对"学生评价方式"的认识

从表 5 – 10 可以看出,特级教师与普通教师在对学生学习评价的方式上并无明显差异,"日常观察""考试成绩""作业质量"的选项排在前三位。同时,成长记录袋的方式也是教师们普遍采用的方式。这说明,教师日常教学中最常用的评价方式是表现性评价和考试相结合的方式。进一步的调查显示出考试分数在教师心中的位置。

表 5 – 10　　　您对学生学习评价的主要依据是什么（多选）

总人数（68 人）	特级教师	总人数（68 人）	普通教师
日常观察	67	日常观察	64
考试成绩	52	考试成绩	42
成长记录袋	41	成长记录袋	32
作业质量	47	作业质量	42
情景测验	27	情景测验	23
其它	1	其他	0

从图 5 – 9 可以看出,49% 的特级教师很少会以考试成绩排名为依据来评价学生的发展,并将成绩好的学生树立为其他学生的榜样;44% 的特级教师有时会用这种方式,4% 的特级教师从来不会用这种方式。而对普通教师而言,57% 的教师有时会采取这种方式,27% 的教师很少会用这种方式。可以看出,考试排名现象依旧存在,只是特级教师在这一问题上比普通教师表现更为理性。

3. 对学生评价标准的认识

图 5 – 10 显示,72% 的特级教师认为不能仅用考试分数评价学

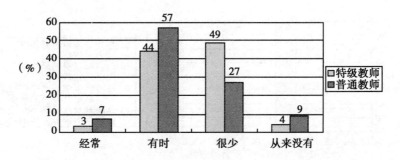

图5－9　您是否会以考试成绩排名为依据来评价学生的发展
并将成绩好的学生树为其他学生的榜样？

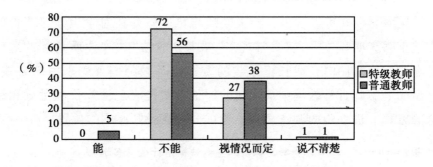

图5－10　您认为根据考试分数能否全面客观地评价学生？

生，27％的特级教师认为要视情况而定；56％的普通教师认为考试分
数不能全面客观评价学生，38％的普通教师认为要视情况而定。总体
来看，特级教师与普通教师都认为考试分数不能全面客观地评价学
生，考试只是其中的一种评价手段，但特级教师的选择比普通教师更
为积极。

表5－11　若学生对问题的回答与标准答案不符时您如何处理

总人数 （68人）	特级教师	选择比例 （％）	普通教师	选择比例 （％）
欣赏、鼓励其观点	25	37	29	43
尊重并尽量引导到标准答案 上来	37	54	36	53
否定并告知标准答案	0	0	0	0
其他	6	9	3	4
批评训斥	0	0	0	0

从表 5 - 11 可以看出，特级教师与普通教师的选择差异性不大，37％的特级教师能欣赏并鼓励学生的不同观点，54％的特级教师尊重学生的回答但仍会尽量将学生引导到标准答案上；43％的普通教师能欣赏并鼓励学生的不同观点，53％的普通教师会尽量将学生引导到标准答案上。这反映出无论是特级教师还是普通教师，将近 1/3 的教师都有能尊重学生观点的意愿，并且能欣赏学生的个性化表现。但同时这两类教师中各有超过一半的教师认为，即使他们尊重学生的观点，但受传统评价标准的影响，最终还是会将学生引到标准答案上。

（五）学生主体观

1. 对学生主动意识的认识

针对"您对学生在教学中提出教学建议的态度"这一问题，特级教师与普通教师都基本选择了"很重视"与"比较重视"（见图 5 - 11）。59％的特级教师选择了很重视，41％的特级教师选择了比较重视；49％的普通教师选择了很重视，50％的普通教师选择了比较重视。

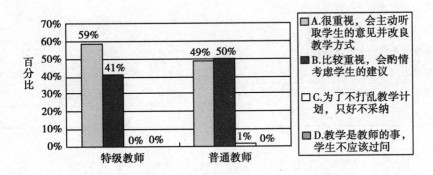

图 5 - 11　您对学生在教学中提出教学建议的态度

在传统教学方式中，教师一直以单向输出知识的角色出现在课堂上，从学生角度说很容易抑制学生创造性和个性的发挥。从图 5 - 12 可以看出，对于"教师讲课时，学生一定要认真听，不能插嘴"这个观点，40％的特级教师不赞同，37％的特级教师不太赞同，20％的特

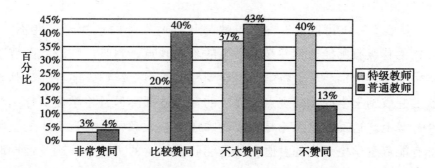

图 5 - 12　您对"教师讲课时学生一定要认真听，不能插嘴"的态度

级教师比较赞同；对于普通教师而言，13％的教师不赞同，43％的教师不太赞同，40％的教师比较赞同。

据图 5 - 11 与 5 - 12 数据，我们可以清晰地发现，特级教师尊重学生的主体地位，注重学生主动的意识，而普通教师则更重视教师的权威。

2. 对师生关系的认识

表 5 - 12　　　　　您认为理想的师生关系有何特点（多选）

总人数（68 人）	特级教师	普通教师
师生之间像朋友一样亲近与交流	56	53
平等合作的关系	57	49
学生始终认为教师都是对的	2	5
师生之间经常碰撞出思想的火花	60	49
以学生为中心	28	32
信奉师道尊严，学生以尊师为前提	10	14

从表 5 - 12 可以看出，特级教师在对理想师生关系的认识上，"师生之间经常碰撞出思想的火花""平等合作的关系""师生之间像朋友一样亲近与交流"排在前三位；而普通教师的回答显示，"师生之间像朋友一样亲近与交流""平等合作的关系""师生之间经常碰撞出思想的火花"也排在前三位。这说明无论是特级教师还是普通教师，大多都希望与学生建立民主、平等、合作的师生关系。

从图 5 - 13 可以看出，特级教师的师生关系要好于普通教师，94％

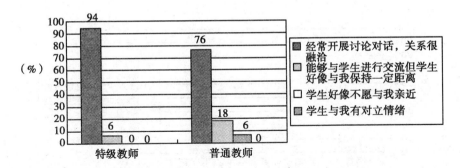

图 5 - 13　教师在课堂教学中与学生之间的关系情况

特级教师能与学生经常开展讨论对话，关系很融洽，6% 的特级教师能够与学生进行交流，但学生好像与其保持一定距离；76% 的普通教师能与学生经常开展讨论对话，关系很融洽，18% 的普通教师能够与学生进行交流，但学生好像与其保持一定距离。在师生关系上，特级教师比普通教师表现更为积极。结合表 5 - 12，我们还发现，特级教师在师生关系中，表达的希望与实践是相符的；而对于普通教师而言，虽然有与学生融洽相处的愿望，但实际情况与愿望还有差距。

3. 对教师角色的认识

对于"您认为老师应该扮演什么样的角色？"这一问题，特级教师和普通教师选择最多的是"引导者""朋友和知己""示范者""知识的传授者"，特级教师与普通教师的选择没有明显差异。可见，绝大多数教师已摆脱了单一的"知识传授者"的传统教育观念，逐步向学生学习的引导者的角色转变。

表 5 - 13　　您认为教师应该扮演什么样的角色？（多选）

总人数（68 人）	特级教师	普通教师
引导者	63	59
朋友和知己	53	48
示范者	49	46
知识的传授者	48	46
研究者	35	27
模仿的榜样	31	26
家长的代理人	7	2

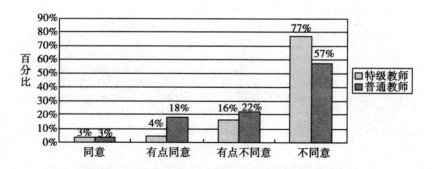

图 5 - 14　您对"教师应与学生之间保持距离，以维持教师的尊严，教什么和
如何教应该由教师决定，学生的任务是接受教师教导。"的态度

从图 5 - 14 可以看出，77%的特级教师不同意此观点，16%的特级教师有点不同意；对于普通教师而言，57%的教师不同意此观点，22%的普通教师有点不同意。两者之间有一定的差距，特级教师比普通教师表现得更加积极。结合表 5 - 13，特级教师前后之间的表达都比较相符，而普通教师希望成为学生的"引导者""朋友和知己"等角色，但在现实当中有将近 21%的教师认为教师要维护自己的权威，教师对学生有绝对的主导权。

（六）学生权利观

1. 对学生受教育权利的认识

图 5 - 15 显示，从总体看，大部分教师都能自觉履行国家规定，尊重学生受教育的权利，97%的特级教师从来没有不让某个或某些学生参加考试的现象，3%的特级教师很少有这样的情况；86%的普通教师从来没有不让某个或某些学生参加考试，10%的普通教师很少有这种情况，3%的普通教师有时发生这种情况，1%的普通教师经常有这种情况出现。两类教师比较而言，虽然大部分教师都能够尊重学生的受教育权利，但普通教师与特级教师相比略有差距。

2. 对学生人身权利的认识

从图 5 - 16 可以发现，25%的特级教师从来没有打骂或严厉训斥过学生，63%的特级教师很少有此举动，12%的特级教师有时会有；

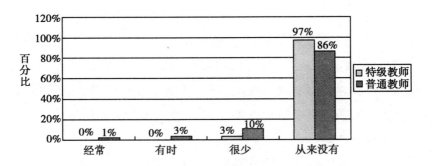

图 5 - 15　当面临重大考试时，您是否会不让某个（些）学生参加考试？

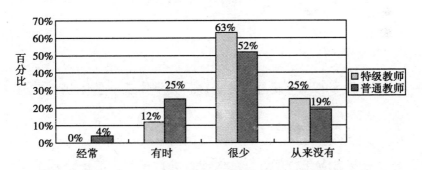

图 5 - 16　教师打骂或严厉训斥学生的情况

19%的普通教师从来没有打骂或严厉训斥过学生，52%的普通教师很少有此举动。从以上调查结果，我们发现，两类教师大部分都能尊重学生的人身权利，但特级教师比普通教师在尊重学生人身权利方面表现得更好，在普通教师中分别有25%和4%的教师选择了"有时"与"经常"，这说明部分普通教师对学生人身权利的认识还不够。

3. 对学生财产权利的认识

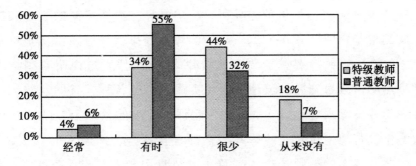

图 5 - 17　教师没收学生在课堂上玩弄的东西的情况

从图 5 - 17 可以看出，18% 的特级教师从来没有过没收学生财物的情况，44% 的特级教师很少有此情况，34% 的特级教师有时会没收；7% 的普通教师从来没有过此情况，32% 的普通教师很少有此情况，55% 的普通教师有时会没收；6% 的教师经常会没收。可以看出，两类教师的选择都集中在"有时"或"很少"，特级教师的情况比普通教师要好一些。

三　结论与建议

（一）基本结论

1. 特级教师的学生观总体较合理，其整体观、主体观和权利观尤为突出

在学生的整体观上，他们认识到学生是完整的人，主张学生的全面发展，对学生的发展要进行全面的评价；在学生的主体观上，对学生、教师的地位及如何处理师生关系都有较合理的认识。在学生的权利观上，教师对学生的受教育权、人身权、财产权的认识都较为积极。当然有些特级教师的学生观或多或少还有传统理念的痕迹。比如，在对学生发展潜能的认识问题上，"您如何评价'三岁看大，七岁看老'？" 57% 的特级教师选择了"合理"与"有点合理"。由此可见，虽然他们都意识到学生是不断变化发展的，但是潜意识的选择与新课改体现的理念之间还是有一定差距。在对差异化教学方式的认识上，对"教师应根据学生的差异调整教学内容、选择不同的主题和提供不同的学习资料"这一问题，72% 的教师选择了"应该做但很难做到"，只有 27% 教师选择了"应该做并能够做到"。这说明有些特级教师虽然明白因材施教的道理，但在实践中由于各种因素的制约，差异性教学并不能很好地落实。在对学生评价标准的认识上，就"在课堂教学中，若学生对问题的解答与标准答案不符，您通常的做法是"这一问题，54% 的教师选择了"尊重并尽量引导到标准答案上"。可见，特级教师虽然能尊重学生，但传统单一的评价标准仍然体现在一

些特级教师身上。

2. 特级教师的学生观比普通教师更为积极和合理

具体来说，虽然在"学生的整体观"上，特级教师与普通教师之间的选择并无多大区别，但是"学生的发展观"中，"对学生天性的认识"和"对学生发展存在障碍的认识"都显示出特级教师比普通教师更加积极；在学生的差异观、评价观、主体观和权利观中，特级教师也比普通教师更了解班级学生之间的差异，更懂得分数不能全面客观地反映学生的素质，更能体现学生的主体地位及尊重学生的权利。

3. 部分特级教师的学生观与教学实践不一致

部分特级教师的学生观表现出理论与实践不一致的情况，其中的原因可能是由于部分特级教师其教学经验的丰富性，所以并没有通过严密的思维逻辑分析其学生观的合理性，却直接从实际教学活动中总结了经验性的认识，并继续让这种经验性的认识在教育实践中发挥着重要的作用。

4. 部分特级教师还受传统学生观的影响

由于特级教师都是具有至少二十年以上教龄的教师，可以说，他们经历了传统教学观念与现代教学理念相互碰撞的时期。即特级教师的现代学生观是历史与文化发展的结果。特级教师的学生观不是静止的，而是不断变化的。它体现着时代的文化意义与历史意义，不同时期教师的学生观念水平不同，从而也就导致特级教师对学生的认识水平会受那个时代发展的影响，这种影响可能是积极的，也可能是消极的。

（二）主要建议

教师对学生的积极态度对小学阶段儿童的发展具有积极的作用，如果学生得到教师的尊重与信任，他们就会树立起自尊心和自信心，就会有成功的体验；反之则会形成自卑心理，就会有消极悲观的情绪体验。所以教师应该在充分了解学生心理发展特点的基础上，形成正确的学生观。针对特级教师学生观存在的问题，这里提出以下几点建议。

1. 强化教学反思，不断改进和完善学生观

特级教师把教育理念内化为教师个人教育观念的能力毋庸置疑。然而，由于特级教师教育经验都比较丰富，使得部分教师满足于实践经验水平，忽视教育理论素养的提高。教育理论是不断发展的，因此教师的学习应是终身的。只有不断地用新的教育理论武装自己，学生观才会与时俱进。特级教师的学生观需要接受教育实践的检验，通过检验发现教师理论层面的学生观与在教学实践中表现出的学生观之间的差异，这时特级教师要带着两者之间的差异重新回到学生观的教育理论视野中，进行再一次的审视。这是一个反复循环的过程，而教学反思在其中起着重要的作用。当特级教师把自身的学生观放在教学实践中不断进行批判性的反思时，就是特级教师学生观与其在实践中的表现相互磨合的时期。而这个阶段特级教师可以通过写教育日记、分析教学案例等方式，通过质的研究反思自身学生观还存在哪些问题，通过反思使自己的学生观不断改进和完善。

2. 完善在职培训，提高教育理论水平

特级教师大多都是具有多年丰富教学经验的教师，这会导致他们出现教学经验凌驾于教育理论的情况。在这种情况下，很有必要定期对特级教师进行在职培训。有人认为特级教师群体已是教师队伍的领军人物，他们的教育观念已十分先进、他们的教学实践经验已十分丰富，不需要特别对他们再进行职业培训，而更应该让他们去培训其他的青年教师。然而任何事物都是不断变化发展的，他们也应该随着时代的发展时刻接受新的知识和理念。特级教师通过培训自觉地掌握新的学生观，消除传统落后的学生观，并将其付诸于教育实践，使自身的教学思维与实践适应新的学生观的要求。通过培训使特级教师以研究者的眼光审视自身教育理论和教育实践中存在的问题，不断提升自己的教育教学水平。

3. 减小班级规模，为差异性教学创造良好条件

我国不少地方在试行进行小班教学，小班教学有利于特级教师更好地照顾学生之间的差异性，能根据学生的能力、兴趣、学习方法的不同，提出不同的教学目标，创建不同的教学情境，有的放矢地进行

教学活动。班级规模越大，学生之间的个体差异就越大，特级教师的差异性教学就更难展开；班级人数越多，学生之间的沟通与合作也更难进行，师生之间的感情也比较脆弱。而如果班级人数较少，不仅可以提高学生的学习效率，而且师生之间的互动频率增多，自然教师对学生的个体差异就更了解。减小班级规模可以使特级教师照顾到每个学生的发展需求，根据学生的特点和优势实行因材施教。当前，小学的大多数班级规模偏大，教师很难在课堂上照顾到每位学生的学习需要，这也是为什么有的特级教师学生观不能得到落实的重要原因。在调查中他们都提到，"我们想因材施教，可是班级学生太多了，很难真正展开。"可见，班级规模的大、小在客观上成为阻碍特级教师实施差异化教学的重要原因。只有想办法缩小基础教育的班级规模，特级教师的差异教学才能真正落到实处。

4. 转变传统观念，评价标准多元化

以往教师对学生的评价以获取知识的多少为标准。特级教师对"尽量把学生引导到标准答案上"的做法或多或少是受传统教育观念影响的结果。特级教师对学生的标准化评价，不仅抹杀了学生的个体差异性，限制了某些学生个性与创造力的培养，更发挥不了评价的激励作用。针对这一问题，特级教师首先要转变观念，在评价对象上要从"抽象的人"转向"具体的人"，针对不同的学生采用不同的评价标准；在评价方式上不应立足于标准化，应给学生发挥主观能动性的空间，鼓励和肯定学生的创造性。另一方面，在学校层面上，要营造教师个性化评价的环境。学校应对教师个性化教学持宽容、民主的态度，使教师有足够的空间对学生实施个性化的评价。只有在相对自由的教学环境中，教师才更易形成自己的教学风格。

附录一　江西省小学特级教师学生观调查问卷

尊敬的老师：

您好！

为了解我省小学教师的学生观情况，我们特进行此次调查，希望得到您的支持。我们的研究旨在考察我省小学教师学生观的整体情况，并不针对某位教师个人，您的回答仅作为研究之用。我们将对您的回答严格保密，请您放心填写自己真实的想法与感受。真诚感谢您在百忙之中配合本次调查！

一、基本情况

1. 您的性别是：A. 男　　　B. 女

2. 您的年龄是：（　　　　　）周岁

3. 您的教龄是：（　　　　　）年

4. 您任教的课程是：（　　　　　）

5. 您的第一学历是：A. 高中或中专　B. 大专　C. 本科　D. 硕士及以上

您的最终学历是：A. 高中或中专　B. 大专　C. 本科　D. 硕士及以上

您的最终学历获得的方式是：A. 全日制院校学习　B. 函授或电大　C. 自学考试

6. 您平均每年参加教育教学培训的次数是：

A. 没有　B. 1 次　C. 2—3 次　D. 3 次以上

二、请选择您最认可的一个选项（注：只选 1 项，如有多选项会备注）

1. 您怎样看待孩子的天性？（　　　）

A. 天性善　B. 天性恶　C. 没有善恶之分，需要后天教育与培养　D. 说不清楚

2. 您如何评价"三岁看大，七岁看老"的观点？（　　　）

A. 合理　　　　B. 比较合理　　　C. 不太合理　　　　D. 不合理

3. 您在课内外是否帮助过学生克服学习中的焦虑、自卑等不良情绪？（　　　）

A. 经常　　　B. 有时　　　C. 很少　　　D. 从来没有

4. 您最欣赏以下哪种类型的学生：（　　　）

A. 基础知识掌握扎实的学习尖子　　　　B. 喜欢动脑思考，思维活跃的学生

C. 善于合作，组织能力较强的学生　　　D. 有个性，对事物有独特见解的学生

E. 其他＿＿＿＿＿＿

5. 您评判一个学生是否优秀时最看重的是哪方面？（　　）

A. 学习成绩　　　B. 活动能力　　　C. 思想品德　　　D. 各方面全面发展

6. "每位学生身上都有不同的优点，某同学可能在考试方面不如别人，但他一定有强于考试方面的其它智力与才能"，您认为这句话：（　　）

A. 合理　　B. 有点合理　　C. 不太合理　　D. 不合理

7. "用成长的尺度去评价一个学生的学习效果，比简单地给学生一个分数更为重要"，您认为这句话：（　　）

A. 有道理　　B. 有点道理　　C. 有点没道理　　D. 没道理

8. 您是否会以考试成绩排名为依据来评价学生的发展，并将成绩好的学生树为其他学生的榜样。（　　）

A. 经常　　　B. 有时　　　C. 很少　　　D. 从来没有

9. 您认为根据考试分数能否全面客观地评价学生？（　　）

A. 能　　　B. 不能　　　C. 视情况而定　　　D. 说不清楚

10. 您对学生学习评价的主要依据是：（　　）（多选）

A. 日常观察　B. 考试成绩　　C. 成长记录袋

D. 作业质量　　　E. 情景测验　　F. 其他＿＿＿＿＿＿

11. 您认为学生考试分数的高低意味着什么？（　　）

A. 是领导衡量教师教学能力的依据

B. 与教师自身的经济收入密切相连

C. 是对学生学业水平进行区分，判定其好坏的依据

D. 是激励及改进其不足之处，促进学生潜能发展的依据

12. 您在教学前对班上学生之间个体差异的了解情况是：（　　）

A. 很了解　　　B. 基本了解　　　C. 仅了解少数学生　　　D. 不了解

13. 您认为您所教班级中学生之间哪些方面的个体差异对学生发

展的影响较大?（按影响程度大小列举前三项）

A. 体质　B. 知识水平　C. 学习动机　D. 学习兴趣　E. 学习能力　F. 学习方式　G. 交往能力　H. 家庭环境　I. 发展的潜能 J. 其他：_____

排序为：①_____ ②_____ ③_____

14. 有人认为"教师应根据学生的差别调整教学内容和方式、选择不同的教学情境和学习资料"，您对此观点的态度是：（　）

A. 为了统一进度不能这样做　　　　B. 应该做并能够做到

C. 应该做但很难做到　　　　　　　D. 不该这样做

15. "教师讲课时，学生一定要认真听讲，不能插嘴。"您对此观点的态度是：（　）

A. 非常赞同　　　B. 比较赞同　　　C. 不太赞同　　　D. 不赞同

16. 您在课堂教学中与学生之间的关系情况：（　）

A. 经常开展讨论对话，关系很融洽

B. 能够与学生进行交流，但学生好像与我保持一定距离

C. 学生好像不愿与我亲近

D. 学生与我有对立情绪

E. 其他_____

17. 您认为理想的师生关系是（　）（多选）

A. 师生之间像朋友一样亲近与交流　　B. 平等合作的关系

C. 学生始终认为教师都是对的

D. 师生之间经常碰撞出思想的火花

E. 以学生为中心

F. 信奉师道尊严，学生以尊师为前提

18. 教师应与学生之间保持距离，以维持教师的尊严，教什么和如何教应该由教师决定，学生的任务是接受教师教导。您对此观点表示：（　）

A. 同意　　　B. 比较同意　　　C. 不太同意　　　D. 不同意

19. 在教学活动中，如果学生向您提出教学建议，您会认为：（　）

A. 很重视，会主动听取学生的意见并改良教学方式

B. 比较重视，会酌情考虑学生的建议

C. 为了不打乱教学计划，只好不采纳

D. 教学是教师的事，学生不应该过问

20. 您认为老师应该扮演什么样的角色？（　　）（多选）

A. 知识的传授者　　B. 学生的领导者　　C. 引导者　　D. 示范者

E. 朋友和知己　　　　F. 家长的代理人　　G. 模仿的榜样

H. 研究者

21. 您的育人信念是：（　　）

A. 相信只有不会教的老师，没有教不好的学生

B. 赞同"上等学生不教而成，下等学生虽教无成"

C. 学生学得好不好，主要是靠学生自己的努力

D. 必须是教师与学生共同努力才能达到好的结果

22. 在课堂活动中，若学生对问题的回答与标准答案不符时，您通常会：（　　）

A. 欣赏、鼓励其观点　　　　B. 尊重并尽量引导到标准答案上

C. 否定并告知标准答案　　　D. 批评训斥　　　　E. 其他_____

23. 在您的教学生涯中，您打骂或严厉训斥过学生吗？（　　）

A. 经常　　　B. 有时　　　C. 很少　　　D. 从来没有

24. 当面临重大考试时，出于某些原因您会不让某个（些）学生参加考试吗？（　　）

A. 经常　　　B. 有时　　　C. 很少　　　D. 从来没有

25. 如果学生在课堂上玩弄某些东西，您会予以没收吗？（　　）

A. 经常　　　　B. 有时　　　　C. 很少　　　　D. 从来没有

26. "我真心热爱并愿意为小学教师这一职业奋斗终生"您对此观点的态度是：（　　）

A. 同意　　　B. 比较同意　　　C. 不太同意　　　D. 不同意

27. 您从教的主要原因是：（　　）

A. 出于理想，兴趣爱好　　B. 毕业分配　　C. 家庭环境影响

D. 长辈的要求和希望　　E. 教师有寒暑假，工作相对稳定，工作

自主性强等　F. 其他_____

28. 在日常教育教学过程当中，家长会向您提出各种教育教学的建议吗？（　　）

　　A. 经常　　　　　B. 有时　　　　C. 很少　　　　D. 从来没有

29. 每位老师的学生观都会有所不同，下列是造成这些不同可能的原因。请您按照以下原因的重要程度由高到低予以排列：

　　A. 学历　B. 教龄　C. 性格　D. 教学实践　E. 受教育经历

　　F. 个人生活经历　G. 责任心、爱心等个人品格　H. 学校工作环境　I. 其他：_____

　　由高到低：_____

30. 以下是影响您学生观形成的一些因素，请按对您影响程度的高低进行排序：

　　A. 以前教过我的老师的观念与行为　B. 自身的工作体验与实践

　　C. 专家学者提出的教育理论

　　D. 教育部门的教育政策与法规

　　E. 一起工作的同事的影响

　　F. 自己做学生所受教育的经历

　　G. 自学教育方面的书籍或杂志

　　H. 教研和科研活动或学校的业务学习

　　I. 向优秀的和有经验的老师请教　　J. 其他：_____

　　由高到低：_____

附录二　特级教师访谈提纲

1. 您觉得"好学生"的标准是什么？您对学生最基本的要求是什么？

2. 您认为作为一名教师，应该具备怎样的学生观？

3. 在您谈到的这些学生观内容中，您觉得有重点之分吗？如果有，哪些内容更加重要？

4. 您觉得一位优秀的教师应该具备哪些素养？在您所列举中，您觉得哪些最为关键？

5. 在您的职业生涯中，影响您自己学生观形成的因素有哪些？您是怎么形成这些观点的？您在落实这些学生观的时候遇到了哪些问题？请说出具体的实例。

6. 在您的教育教学中，有没有一些成功的教学事例，是由于您具备某种科学的学生观或是由于您学生观的改变所导致的？

7. 您认为现在的学生有哪些优势与不足？

8. 新课程认为"每个学生都有成功的潜能"，您对此有何看法？

9. 新课程提出"学校中不存在差生"的观点，您对此有何看法？您认为是什么原因产生了"差生"？平时您是如何与"差生"进行沟通的？

10. 您对于违纪的学生一般的惩罚措施是什么？

11. 您觉得测定及区分学生的学习成绩高低对学生有什么影响？这种评定方式重要吗？

12. 在您看来目前教师学生观的现状是怎样的？比较好的状态体现在哪些方面？存在的问题有哪些？在您看来，在形成、逐渐完善教师的学生观的过程中还应该做出哪些努力？

（执笔：杨柳；指导：何齐宗）

后　记

　　本书是 2013 年度教育部人文社会科学研究项目"高校青年教师教学胜任力测评与发展研究"（13YJA880023）、江西省社会科学规划项目"高校中青年教师教学胜任力及其提升策略研究"（12JY04）、江西省教育科学规划专项课题"城镇化进程中县域农村教师队伍的变化特征研究"（13ZCZX00）、江西省高校人文社会科学重点研究基地"江西师范大学教师教育研究中心"的成果。

　　本书主要以专题的形式呈现。全书共分为五个专题，另加一个附录。五个专题分别是我国高校教师胜任力研究的述评、高校青年教师教学胜任力模型构建与测评、城镇化进程中农村教师队伍的变化特征、城乡义务教育师资队伍非均衡问题、小学特级教师的学生观。第一个专题分析了近年来我国高校教师胜任力研究的背景、取得的进展、存在的问题，并对未来的研究提出了设想；第二个专题主要是构建高校青年教师教学胜任力的模型并对实际的测评结果进行了分析与讨论；第三个专题为在实际调研的基础上揭示城镇化进程中农村教师队伍的变化特征并提出了相应的对策建议；第四个专题分析了城乡义务教育阶段师资队伍非均衡的问题与导致问题的原因，针对存在的问题提出了促进城乡义务教育师资队伍建设的建议；第五个专题从学生整体观、发展观、差异观、评价观、主体观、权利观等方面分析了当前小学特级教师的学生观，并就特级教师改进学生观提出了具体的建议。附录是关于我国教师胜任力的主要文献缩引，该缩引收录了 2003—2014 年我国教师胜任力研究的主要成果，旨在为我国学者进一步研究教师胜任力问题提供一定的参考和借鉴。

　　本书的主要执笔者按内容出现的先后顺序如下：何齐宗、熊思鹏、李婷婷、刘琳、杨柳。各个专题的具体执笔者均在文后作了注明。除本人撰写的内容外，在组编的过程中对各个专题均进行了不同程度的修改和完善。

　　本书在编写过程中参考和吸收了国内外的相关研究成果和资料，借此机会向各位作者表示衷心的感谢！书中存在的不足和问题，敬请读者批评指正！

何齐宗

2016 年 3 月于南昌